智慧建筑电气丛书

智慧高铁站房建筑
电气设计手册

U0347253

中国勘察设计协会电气分会
中国建筑节能协会电气分会　　组编
亚太建设科技信息研究院有限公司

机械工业出版社
CHINA MACHINE PRESS

本书内容包括总则，变配电系统，自备电源系统，电力配电系统，照明配电系统，电气线路及布线系统，防雷、接地与安全防护，火灾自动报警及消防监控系统，建筑节能与机电设备管理系统，高铁站房通信信息专用系统，优秀高铁站房建筑案例等 11 章。

本书编写原则为所介绍的设计方法应具有前瞻性、准确性、指导性和可操作性；编写要求为正确全面、有章可循、简明扼要、突出要点、实用性强和创新性强。

本书适用于电气设计人员、施工人员、运维人员等相关产业的电气从业人员，以供其进行智慧高铁站房建筑电气设计及研究时参考。

图书在版编目（CIP）数据

智慧高铁站房建筑电气设计手册／中国勘察设计协会电气分会，中国建筑节能协会电气分会，亚太建设科技信息研究院有限公司组编. -- 北京：机械工业出版社，2024. 9. --（智慧建筑电气丛书）. -- ISBN 978-7-111-76385-7

Ⅰ. U291. 1-62

中国国家版本馆 CIP 数据核字第 2024DZ5836 号

机械工业出版社（北京市百万庄大街 22 号　邮政编码 100037）
策划编辑：张　晶　　　　　责任编辑：张　晶　范秋涛
责任校对：丁梦卓　张　薇　　责任印制：李　昂
北京捷迅佳彩印刷有限公司印刷
2024 年 9 月第 1 版第 1 次印刷
148mm×210mm・10. 125 印张・289 千字
标准书号：ISBN 978-7-111-76385-7
定价：79. 00 元

电话服务　　　　　　　　　网络服务
客服电话：010-88361066　　机　工　官　网：www. cmpbook. com
　　　　　010-88379833　　机　工　官　博：weibo. com/cmp1952
　　　　　010-68326294　　金　书　网：www. golden-book. com
封底无防伪标均为盗版　　机工教育服务网：www. cmpedu. com

《智慧高铁站房建筑电气设计手册》
编委会

主　编：欧阳东　正高级工程师　国务院特殊津贴专家
　　　　　　　　会长　　　　　中国勘察设计协会电气分会
　　　　　　　　主任　　　　　中国建筑节能协会电气分会
　　　　　　　　社长　　　　　亚太建设科技信息研究院有限
　　　　　　　　　　　　　　　公司

副主编：容　浩　正高级工程师　副总工程师　中南建筑设计院
　　　　　　　　　　　　　　　　　　　　　股份有限公司

主笔人：

余道鸿　正高级工程师　一院电气所总监　北京市建筑设计研究院
　　　　　　　　　　　　　　　　　　　　股份有限公司

黄晓波　正高级工程师　副总工程师　　　华东建筑设计研究院有
　　　　　　　　　　　　　　　　　　　限公司

王云鹏　正高级工程师　机电深化中心　中南建筑设计院股份有
　　　　　　　　　　　副总工　　　　限公司

谢夕闪　高级工程师　　第三建筑院　　中国建筑西北设计研究
　　　　　　　　　　　副总工　　　　院有限公司

陈　车　正高级工程师　机电二院副总工　中信建筑设计研究总院
　　　　　　　　　　　　　　　　　　　有限公司

许嘉宏　正高级工程师　轨道交通院电气　中国建筑西南设计研究
　　　　　　　　　　　总工　　　　　院有限公司

莫理莉　高级工程师　　建筑三院电气　华南理工大学建筑设计
　　　　　　　　　　　副总工　　　　研究院有限公司

邓世勇　正高级工程师　电通院通信信息　中铁第五勘察设计院集
　　　　　　　　　　　副总工　　　　团有限公司

崔振辉	高级工程师		中国建筑设计研究院有限公司
编写人：			
海　伟	高级工程师		同济大学建筑设计研究院（集团）有限公司
邓　梦	正高级工程师	电通院电力所副所长	中铁第五勘察设计院集团有限公司
彭　杨	高级工程师	第一机电院主任工	中南建筑设计院股份有限公司
程　明	高级工程师	机电三院电气副总师	华东建筑设计研究院有限公司
陈建群	高级工程师	第四机电院副总工	中南建筑设计院股份有限公司
高晓盼	工程师		中国建筑西北设计研究院有限公司
杨　智	高级工程师	机电一院院长	中信建筑设计研究总院有限公司
韩钰婷	高级工程师	轨道交通院副总工	中国建筑西南设计研究院有限公司
陈晓明	高级工程师	建筑三院电气副主任	华南理工大学建筑设计研究院有限公司
李金隆	高级工程师	电通院信息专业负责人	中铁第五勘察设计院集团有限公司
吕小征	高级工程师	电化电信院专业审定人	中国铁路设计集团有限公司
樊金龙	高级工程师	副总裁	中国建设科技集团股份有限公司
刘玉龙	高级工程师	技术总监	北京京能科技有限公司
熊文文	中级工程师	副院长	亚太建设科技信息研究院有限公司

于　娟	中级工程师	主任	亚太建设科技信息研究院有限公司
马小荣	华北区 PB 渠道经理		ABB（中国）有限公司
刘　鹏	高级工程师		华为技术有限公司
戚军武	董事长	高级工程师	上海领电智能科技有限公司
王正飞	市场部长		重庆磐谷动力技术有限公司
白忠东	科技中心总监	高级工程师	中电电气（江苏）变压器制造有限公司
李志佳	技术总监		深圳市泰和安科技有限公司
何志华	副总经理		北京明日电器设备有限责任公司
孙巍巍	总经理		天津市中力神盾电子科技有限公司
石　进	总经理		深圳市查知科技有限公司
李　烽	上海区经理		安科瑞电气股份有限公司
曹　洋	总经理		湖北恒亦明科技有限公司
郑建平	电缆研发高工		江苏亨通电力电缆有限公司
曹成坚	技术总工		武汉羿施达电力技术有限公司
张　晋	总工程师		北京首控电气有限公司
郑旭东	总经理		爱瑟菲（北京）智能科技有限公司
杜　伟	技术总工程师		科华数据股份有限公司

梁舒展　总经理　　　　　　　　　深圳市科华恒盛科技有
　　　　　　　　　　　　　　　　限公司

姚海松　副总经理　　　　　　　　浙江台谊消防股份有限
　　　　　　　　　　　　　　　　公司

郭　军　副总经理　　　　　　　　广州市瑞立德信息系统
　　　　　　　　　　　　　　　　有限公司

审查专家：

熊　江　正高级工程师　总工程师　中南建筑设计院股份有
　　　　　　　　　　　　　　　　限公司

李炳华　正高级工程师　集团总工程师　悉地（北京）国际建筑
　　　　　　　　　　　　　　　　设计顾问有限公司

前　　言

为全面研究和解析智慧高铁站房建筑的电气设计技术，中国勘察设计协会电气分会、中国建筑节能协会电气分会、亚太建设科技信息研究院有限公司，组织编写了"智慧建筑电气丛书"之七《智慧高铁站房建筑电气设计手册》（以下简称"《高铁站房设计手册》"）。本书由全国各地在电气设计领域具有丰富一线经验的青年专家组成编委会，由全国知名电气行业专家作为审委，共同就智慧高铁站房建筑相关政策标准、建筑电气和节能措施和数据分析、设备与新产品应用、高铁站房建筑典型实例等内容进行了系统性梳理，旨在进一步推广新时代双碳节能建筑电气技术，助力智慧高铁站房建筑建设发展新局面，为业界提供一本实用工具书和实践项目参考书。

《高铁站房设计手册》编写原则为其内容的前瞻性、准确性、指导性和可操作性；编写要求为正确全面、有章可循、简明扼要、突出要点、实用性强和创新性强。具体内容包括总则，变配电系统，自备电源系统，电力配电系统，照明配电系统，电气线路及布线系统，防雷、接地与安全防护，火灾自动报警及消防监控系统，建筑节能与机电设备管理系统，高铁站房通信信息专用系统，优秀高铁站房建筑案例等 11 章。

《高铁站房设计手册》提出了"智慧高铁站房建筑的定义"：根据高铁站房建筑的标准和用户的需求，统筹土建、机电、装修、场地、运维、管理、工艺等专业，利用互联网、物联网、AI、BIM、GIS、5G、数字孪生、数字融合、系统集成等技术，进行全生命周期的数据分析、互联互通、自主学习、流程再造、运行优化和智慧管理，为客户提供一个低碳环保、节能降耗、绿色健康、高效便利、成本适中、体验舒适的人性化的高铁站房建筑。

《高铁站房设计手册》提出了智慧高铁站房建筑的十大技术发展趋势：智慧高铁站房供电监控（SCADA）平台对接技术，热释离子探测创新技术，一体化智能配电与控制技术，PLC数字化照明系统，直流智慧照明系统，智慧母线系统，智慧能源与碳管理系统，智慧防雷与接地监控技术，智慧消防技术，智慧提质增效技术等。

《高铁站房设计手册》提出了智慧高铁站房建筑的十大电气设计关键点：高铁站房重要用电负荷的可靠性保障设计关键点，铁路站房自备电源系统设计关键点，供电干线路由设计关键点，铁路站房照明设计关键点，电缆的阻燃级别设计关键点，电气竖井及布线系统设置设计关键点，四电用房的防雷击电磁脉冲及屏蔽措施设计关键点，高大空间火灾探测器的选择设计关键点，低碳节能与机电设备智慧管理设计关键点，从全程全网的角度进行通信系统设计关键点等。

《高铁站房设计手册》力求为政府相关部门、建设单位、设计单位、研究单位、施工单位、产品生产单位、运营单位及相关从业者提供准确全面、可引用、能决策的数据和工程案例信息，也为创新技术的推广应用提供途径，适用于电气设计人员、施工人员、运维人员等相关产业的电气从业人员，以供其进行智慧高铁站房建筑电气设计及研究时参考。

本书在编写过程中，得到了电气分会的企业常务理事和理事单位的大力支持，同时对ABB（中国）有限公司、华为技术有限公司、上海领电智能科技有限公司、重庆磐谷动力技术有限公司、中电电气（江苏）变压器制造有限公司、深圳市泰和安科技有限公司、北京明日电器设备有限责任公司、天津市中力神盾电子科技有限公司、深圳市查知科技有限公司、安科瑞电气股份有限公司、湖北恒亦明科技有限公司、江苏亨通电力电缆有限公司、武汉羿施达电力技术有限公司、北京首控电气有限公司、爱瑟菲（北京）智能科技有限公司、科华数据股份有限公司、深圳市科华恒盛科技有限公司、浙江台谊消防股份有限公司、广州市瑞立德信息系统有限公司等 19 家企业在编写过程中给予的大力帮助，表示衷心的感谢。

由于本书编写均由设计师和企业专家在业余时间完成，编写周期紧，任务重，同时受其技术水平所限，而且有些技术问题也是目前的热点、难点和疑点，争议很大，故书中内容仅供参考，有不妥之处，敬请读者批评指正。

中国勘察设计协会电气分会　　　　会长
中国建筑节能协会电气分会　　　　主任
亚太建设科技信息研究院有限公司　社长

目　　录

第1章　总　则

1.1　总体概述

1.1.1　中国的铁路网规划（至 2035 年）

2004 年 1 月，国务院审议通过了《中长期铁路网规划》，它是指导中国铁路走向 2020 年的总体建设规划。

2016 年，经国务院批准，国家发展和改革委员会联合交通运输部、中国铁路总公司联合下发了《中长期铁路网规划》，进一步推进我国铁路的持续发展。

2019 年，党中央、国务院印发了《交通强国建设纲要》，提出到 2035 年，基本建成交通强国。

2020 年，国铁集团出台《新时代交通强国铁路先行规划纲要》，纲要中提出主要任务包括构建现代高效的高速铁路网，构筑一体衔接顺畅的现代综合枢纽。

1. 高速铁路网

《新时代交通强国铁路先行规划纲要》中提出，贯通高速铁路主通道，优化提升高速铁路通道网络功能和级配结构。科学有序推进区域性高速铁路建设，扩大高速铁路网覆盖范围。适时推进既有高速铁路通道的平行线路建设，强化繁忙高速铁路主通道能力。建成以高速铁路主通道为骨架、区域性高速铁路衔接延伸的发达高速铁路网，构建快速综合交通网的主骨架。

2. 现代综合枢纽

构筑一体衔接顺畅的现代综合枢纽。按照"零距离"换乘要求，建设以铁路客站为中心的综合客运枢纽，强化枢纽内外交通有机衔接，促进客站合理分工及互联互通，推进干线铁路、城际铁路、市域（郊）铁路和城市轨道交通"四网融合"及与机场高效衔接，实现方便快捷换乘。

1.1.2 高铁站房的定义分类

2016 年修订的《中长期铁路网规划》中明确高速铁路定义范围，即主通道原则采用时速 250km 及以上标准，其中贯通特大城市的主干线铁路可采用时速 350km 标准。区域铁路连接线原则采用时速 250km 及以下标准。城际铁路原则采用时速 200km 及以下标准。对于主干线＋区域铁路连接线＋城际高速铁路设置的站房或客运枢纽均可视为高铁站房。

1. 高铁站房的规模

根据《铁路旅客车站设计规范》（TB 10100—2018）（2022 年局部修订）的规定，铁路车站建筑规模按表 1-1-1、表 1-1-2 确定。

表 1-1-1　高速铁路与城际铁路客站建筑规模

建筑规模	高峰小时发送量 PH／人
特大型	$PH \geqslant 10000$
大型	$5000 \leqslant PH < 10000$
中型	$1000 \leqslant PH < 5000$
小型	$PH < 1000$

表 1-1-2　客货共线铁路客站建筑规模

建筑规模	最高聚集人数 H／人
特大型	$H \geqslant 10000$
大型	$3000 \leqslant H < 10000$
中型	$600 \leqslant H < 3000$
小型	$H < 600$

根据《综合客运枢纽设计规范》（JT/T 1453—2023）的规定，铁路主导型综合客运枢纽按表1-1-3确定。

表1-1-3　综合客运枢纽级别划分

级别	一级综合客运枢纽		二级综合客运枢纽		三级综合客运枢纽		四级综合客运枢纽	
发送量	年度日均总发送量 x/万人次	年度日均对外运输方式总发送量 x/万人次	年度日均总发送量 x/万人次	年度日均对外运输方式总发送量 x/万人次	年度日均总发送量 x/万人次	年度日均对外运输方式总发送量 x/万人次	年度日均总发送量 x/万人次	年度日均对外运输方式总发送量 x/万人次
铁路主导型综合客运枢纽	$x \geqslant 10$	$x \geqslant 5$	$2 \leqslant x < 10$	$1 \leqslant x < 5$	$1 \leqslant x < 2$	$0.5 \leqslant x < 1$	$x < 1$	$x < 0.5$

注：年度日均总发送量和年度日均对外运输方式总发送量两者满足条件之一即可认定其等级。

2. 高铁站房的形式

高铁站房主要由车站广场、站房、站场客运设施（站台、雨棚等）三大部分组成。站房内按功能又分为公共区、办公区和设备区。

根据铁路站房与站场的关系，高铁站房可以分为表1-1-4所示形式。

表1-1-4　高铁站房的形式

铁路站房与站场的关系	铁路车站形式
按平面关系	线侧式、线端式、上下叠合式
按高程关系	线下式、线平式、线上式

1.1.3　各章介绍

第1章主要内容包括关于我国高速铁路网的发展规划及高铁站

房的定义、分类及形式等介绍，同时列举了与高铁站房电气设计相关的规范标准等，回顾了高铁站房的发展历程，列表明确了智慧高铁站房电气发展趋势及设计关键点。

第 2 章主要内容包括高铁站房的高压配电系统、变压器、低压配电系统及其变配电所的设计技术要点，以及针对智慧变配电监控系统、高铁站房供电监控（SCADA）系统和机器人巡检等创新技术的阐述。

第 3 章主要内容包括高铁站房采用柴油发电机组及不间断电源（UPS）作为应急电源，智慧自备电源创新技术结合热释离子探测技术、锂电池监控预警及 UPS 电池创新技术。

第 4 章主要内容包括从高铁站房配电间设置、站房常用用电设备配电出发，对应用到的电气设备，如塑壳断路器、微型断路器、剩余电流动作保护电器、接触器、热继电器、变频器、软启动器、电动机保护器、故障电弧保护器、防火限流保护器、配电箱（柜）等进行介绍。

第 5 章主要内容包括铁路作为我国交通客运的主要形式，在现代社会经济快速发展中起着不可或缺的重要作用，站房发挥其功能的同时，照明起到十分重要的作用。应急照明涉及灾害发生时人员生命安全保障，随着照明技术的迅速发展，相关法规和标准不断健全和完善，得到了广泛的应用和发展。

第 6 章主要内容包括电气线路及布线系统承担着电能传输到电力用户的重要任务。该系统的安全稳定运行对于保障电力系统的整体性能和电力用户的正常用电至关重要。电气线路及布线系统章节内容适用于民用建筑（站房）室内电缆线路及室内绝缘电线、封闭式母线槽等高低配电线路布线系统的选择和敷设。电气线路及布线系统对线缆阻燃、耐火等性能特点及适用情况进行详细分析，对智慧站房线缆选择及敷设方式要求予以明确，对线缆工程量不同计算方法进行思考及探讨，最后对智能电缆及智慧母线等新产品进行了介绍。

第 7 章主要内容包括根据高铁站房建筑的规模及特点，明确了其防雷类别分类原则，介绍了各类高铁站房建筑物防雷措施、重要机房的屏蔽要求及电涌保护器的选择和安装；阐述了其接地系统及接地装置的特点及四电机房接地、铁路贯通地线的连接等要求；分析了高铁站房建筑电气安全设计的基本原则、特殊场所电气安全要求及杂散电流腐蚀防护措施。智慧防雷与接地监控技术是近年来智慧高铁站房建筑防雷技术的主要发展方向，包含雷电预警系统、直击雷智慧监测系统、智慧接地电阻监测系统及智慧电涌保护器监控系统等子系统。

第 8 章主要内容包括高铁站房作为人员高度集中的聚集场所，发生火灾人员疏散及火灾救援难度大，为能及时扑灭初期火灾和引导人员疏散，最大限度地减少因火灾造成的生命和财产的损失，在站房内应配置完备的消防设施。火灾自动报警及消防监控系统属于电气消防的一部分，也是建筑消防设施的重要组成部分，系统实现对整个站房火灾自动监测与报警、消防设备的联动控制，及时排除火灾灾害，组织指挥抢险救援工作。同时详细介绍了系统的技术特征和设计要点。

第 9 章主要内容包括讲述建筑节能与机电设备管理系统，分析高铁站房的节能和机电设备管理系统的特点，首先是明确变配电所电气设备、电梯、扶梯、空调、通风遮阳设备、灯具等主要电气设备的选择及节能要求；接着提出供配电系统、照明系统等节能的控制要求及措施和电气运维管理的节能要求及措施，分析能效管理和建筑设备管理系统的特点；然后，明确太阳能利用、光储直柔微网和智慧充电桩等新型能源系统要求；最后，分析智慧环境监测与管理、智慧能源与碳管理及一体化智能配电与控制等三项机电设备管理与节能创新技术。

第 10 章主要内容包括介绍高铁站房通信、信息专用系统内容，其中通信部分主要介绍传输、数据网、综合视频等内容，由于通信是一个全程全网的系统，站房在通信系统中仅属于一个设备节点，故通信部分每一个系统基本先介绍整条铁路的系统架构，再点出站房设置的通信内容；信息部分主要介绍客票系统，旅客服务与生产管控平台，综合显示、客运广播、旅客运输安全检查等旅客服务信息系统，门禁系统以及办公等其他信息系统；最后与其他章节一样，介绍了通信信息系统正在尝试的部分创新技术。

第 11 章主要内容包括以近年竣工通车的雄安高铁站房和大兴机场（高铁）站房两个大型高铁站房建筑为例，对高铁站房建筑中电气设计相关节能及智慧电气技术应用情况进行介绍。本章内容涵盖高铁站房建筑内供配电系统、低压配电系统、配电线路布线系统、电气照明系统、建筑物防雷及接地系统、电气消防系统等基本电气系统的配置情况，并重点对高铁站房建筑中实际应用的智能照明控制、新型建筑设备监控及能效管理、智慧防雷监控等智慧电气技术的设置情况进行详细介绍。

1.2 设计规范标准

1.2.1 国家标准

1）《铁路车站及枢纽设计规范》（GB 50091—2006）。

2）《铁路旅客车站建筑设计规范》（GB 50226—2007）（2011年版）。

3）《城市客运交通枢纽设计标准》（GB/T 51402—2021）。

4）《公共信息导向系统 设置原则与要求 第 3 部分：铁路旅客车站》（GB/T 15566.3—2020）。

5）《公共信息导向系统 评价要求 第 2 部分：铁路旅客车站》（GB/T 38604.2—2020）。

1.2.2 行业标准

1）《铁路通信设计规范》（TB 10006—2016）。

2）《铁路信号设计规范》（TB 10007—2017）（2024 年局部修订）。

3）《铁路电力设计规范》（TB 10008—2015）。

4）《铁路电力牵引供电设计规范》（TB 10009—2016）。

5）《铁路工程节能设计规范》（TB 10016—2016）。

6）《铁路工程设计防火规范》（TB 10063—2016）。

7）《铁路客运服务信息系统设计规范》（TB 10074—2016）。

8）《铁路照明设计规范》（TB 10089—2015）。

9）《铁路房屋建筑设计标准》（TB 10097—2019）。

10）《铁路车站及枢纽设计规范》（TB 10099—2017）。

11）《铁路旅客车站设计规范》（TB 10100—2018）。

12）《铁路防雷及接地工程技术规范》（TB 10180—2016）。

13）《铁路建设项目预可行性研究、可行性研究和设计文件编制办法》（TB 10504—2018）。

14）《高速铁路设计规范》（TB 10621—2014/XG1—2023）（2024年局部修订）。

15）《铁路电力变配电所综合自动化系统装置》（TB/T 3517—2018）。

16）《交通建筑电气设计规范》（JGJ 243—2011）。

17）《综合客运枢纽智能化系统建设总体技术要求》（JT/T 980—2015）。

18）《综合客运枢纽智能化系统信息交换技术规范》（JT/T 1117—2017）。

19）《综合客运枢纽设计规范》（JT/T 1453—2023）。

1.2.3　其他标准及规定

1）《铁路信息机房通用技术规范》（Q/CR 571—2017）。

2）《铁路供电调度控制（SCADA）系统主站》（Q/CR 796—2020）。

3）《中国铁路总公司铁路建设管理办法》（铁总建设〔2015〕78号）。

4）《铁路技术管理规程（普速铁路部分）》（2014年版）。

5）《铁路技术管理规程（高速铁路部分）》（2014年版）。

6）《铁路客站站房照明设计细则》。

7）《关于铁路站房 LED 照明设计研讨会会议纪要》（鉴电函〔2018〕151号）。

1.3 高铁站房发展历程及趋势

1959 年建成的北京站是新中国第一代铁路客站的经典之作，自此形成了"铁路站场＋旅客站房＋交通广场"的三要素模式。

改革开放后，铁路客站建设迎来新的发展机遇。1987 年建成的上海站首创"南北开口＋高架候车"的线上车站类型，这是第二代铁路客站的典型代表。

1997 年，国务院批准了《铁路总公司高速列车建设方案》，这被认为是中国高铁的起点。21 世纪初，随着中国高速铁路技术的快速发展，催生出以高铁站为代表的第三代铁路客站。

1.3.1 第三代铁路客站

以高铁站为代表的中国第三代铁路客站的技术创新，主要体现在零距离换乘、无缝衔接的综合交通理念上。以北京南站、武汉站、广州南站、上海虹桥站为代表的我国第三代铁路客站，形成以高铁客站为中心、无缝衔接其他交通形式的综合客运枢纽。

1.3.2 第四代铁路客站

2016 年 6 月，国务院常务会议对铁路发展提出要求：按照零距离换乘要求，同站规划建设以铁路客站为中心、衔接其他交通方式的综合交通体，形成"畅通融合、绿色温馨、经济艺术、智能便捷"的现代化交通枢纽，这也成为第四代铁路客站建设的重要指导原则。

1.3.3 高铁站房发展

中国新一代高铁站房具备以下四个特征：站城融合、综合开发、智慧车站、安全运营。

根据 2016 年修订的《中长期铁路网规划》，提出构建北京、上海、广州、武汉、成都、沈阳、西安、郑州、天津、南京、深圳、合肥、贵阳、重庆、杭州、福州、南宁、昆明、乌鲁木齐等综合铁路枢纽。

2021 年 11 月，交通运输部、国家铁路局、中国民用航空局、国家邮政局、中国国家铁路集团有限公司印发了《现代综合交通枢纽体系"十四五"发展规划》，规划提出"着力推进综合交通枢纽多层级一体化发展"和"强化综合交通枢纽智慧安全绿色发展"。具体包括"强化综合交通枢纽城市内畅外联""促进综合交通枢纽港站一体化建设""加快综合交通枢纽智能化升级""增强综合交通枢纽安全保障能力""推动综合交通枢纽绿色低碳发展"。

1.3.4　智慧高铁站房电气发展趋势及设计关键点

随着高铁站房的建设、发展，从变配电、自备电源、电力配电、电气照明、布线、防雷接地与安全、消防、节能与机电设备管理、通信信息等方面符合如下发展趋势的高铁站房可称为智慧高铁站房。

智慧高铁站房电气发展趋势见表 1-3-1。

表 1-3-1　智慧高铁站房电气发展趋势

发展趋势	内容
高铁站房智慧变配电监控系统创新技术	随着智慧终端产品的不断丰富以及智慧科技技术的快速发展，高铁站房智慧变配电监控系统依托于感知、测量、传输、接口、软件等技术更新迭代以及铁路站房管理制度的完善，逐步整合诸如机器人巡检系统等各类辅助监控系统功能、渐次提升系统整体 RAMS 性能（即可靠性、可用性、可维护性、安全性）、有效增强与高铁供电监控 SCADA 系统平台的适配水平，从而全面提升高铁站房变配电系统的安全性、可靠性、连续性和节能性，进而实现高铁站房变配电所由数字化、智能化到智慧化的跃迁
热释离子探测创新技术	自备电源安全防护方案采用热释离子探测技术，能对电源环境的安全隐患（如设备、材料、电缆、接头过热，以及电气设备异常放电、电池热失控等）进行监测、诊断及预警，可有效预防火灾风险。热释离子探测器具备特征气体探测可选功能
一体化智能配电与控制技术	集低碳节能控制理念与计算机、网络通信、配电控制技术为一体，采用模块化、数字化成品集成、标准化接线，将机电系统集成于同一监控平台

发展趋势	内容
PLC 数字化照明系统	PLC 数字化照明系统利用已有供电线路，实现照明智能化的物联网光环境系统，其采用全数字光源与物联网相互融合，可实现整个高铁站房的光源集中管控，光源亮度、色温、场景智能可调，可合理实现能源的节约，提供舒适、健康的照明环境，同时使运行管理变得更加方便、快捷、合理
直流智慧照明系统	直流智慧照明系统采用直流集中供电方式，解决了传统交流配电方式下 LED 灯具寿命瓶颈难题，可显著提高照明配电系统安全性；通过云智能管控软件，实现对 LED 灯具的智能调控
智能母线系统	当连接母线的智能母线接头单元三相节点工作温度超出正常值或因母线过载、绝缘层老化等其他不良因素引起母线异常时，能及时发出故障报警信号，确保母线长期在安全状态下运行
智慧防雷与接地监控技术	包含雷电预警系统、智慧直击雷监测系统、智慧接地电阻监测系统及智慧电涌保护器监控系统等子系统，能通过对雷电防护装置进行实时监测的方式，自动掌握装置的使用状态、劣化信息等，确保在雷击发生前防护装置的功能正常，同时有利于提高巡检效率，降低巡检成本
智慧消防技术	将物联网、大数据、云计算、安消一体化等现代信息技术应用到高铁车站消防系统建设中是未来消防设计的发展方向和趋势。通过搭建消防物联网云平台，实现对消防设施设备运行情况的全方位监测，与消防管理系统相关联，实现动态感知、智能研判、精准防控，使车站的消防工作实现信息化、智慧化
智慧能源与碳管理	对高铁站房的能源进行统一管理，进行站房能源微网的能量采集、能流调节等，实现园区能源使用的经济调度、对接电网互动、碳盘查（能源监测、能源量化、碳排折算、碳排报告）管理、碳交易等
智慧提质增效技术	利用人工智能和计算机视觉技术对高铁站房累积的视频数据进行分析，进而监测和分析旅客的行为模式，来检测并预警可能存在的异常或威胁性行为，从长远看，可以逐步降低安检人员劳动强度，是高铁站房信息系统的一个技术发展趋势

智慧高铁站房电气设计关键点见表 1-3-2。

表 1-3-2　智慧高铁站房电气设计关键点

设计关键点	内容
重要用电负荷的可靠性保障设计	高铁站房是承载大量旅客的重要交通建筑类型，属于人员密集场所，其用电负荷中涵盖大量与旅客服务、防火防灾、行车安全等相关的负荷，虽然规范将其中大部分定义为一级负荷，但实际设计过程中考虑到其重要程度，具备条件时车站运营方通常会要求将其负荷等级适当提高，保障这些重要用电负荷的可靠性
自备电源系统设计	高铁站房自备电源通常采用柴油发电机组和不间断电源 UPS。合理设计柴油发电机组及 UPS 供电系统，可更好地保障高铁站房内的特级负荷。智慧自备电源创新技术，电池探测、预警、检测技术，兼顾了可靠性和安全性
供电干线线路设计	对于一些大型站房，供电干线应避免穿越铁路线间，以免影响列车安全运行
站房照明设计	高铁站房照明系统灯具外观选型、光源选择、灯光控制直接影响站房的整体观感、旅客舒适度。应急照明系统是人员生命安全的保障，在发生灾害时为人员逃生提供基本的照度并通过标志疏散灯引导人员离开危险区
电缆的燃烧性能设计	特大型高铁站房电缆的阻燃级别为 A 级，大中型铁路旅客车站电缆的阻燃级别为 B1 级，小型铁路旅客车站电缆的阻燃级别为 C 级
电气竖井及布线系统设置	电气竖井的位置应根据主干路走向及管理权限分布情况确定，建议设置在乘客不易到达的区域。高铁站房建筑在建成运营后，考虑候车厅内餐饮招商、广告运营情况的变化，电气竖井内宜预留一定空间
四电用房的防雷击电磁脉冲及屏蔽措施设计	为了保证高铁列车的正常安全运行，四电用房内的设备需要屏蔽掉外来不良信号的干扰，高铁站房工程常采用法拉第笼来实现电磁屏蔽，从而使站房内设的通信设备、电子计算机、精密仪器以及自动控制系统免遭雷电电磁脉冲的危害
高大空间火灾探测器设计	高铁站房候车层一般为高大空间，火灾探测器的选型与设置难度较大且至关重要，需要根据高铁站房空间结构形式及消防性能化设计需求，将多种高大空间火灾探测技术有效地组合，才能实现快速准确的探测，使火灾能够在第一时间得到处理

设计关键点	内容
低碳节能与机电设备智慧管理设计	在满足高铁站房运营需求和室内环境质量的前提下，合理采用节能技术和设备管理技术，改善室内环境，提高能源利用效率，促进太阳能利用等新型能源系统在建筑应用，降低建筑能耗，灵活管理能源的柔性控制和碳指标
全程全网的角度进行通信系统设计	高铁通信是一个全程全网的系统，站房在通信系统中仅属于一个设备节点，因此进行通信设计时，应从全线的角度考虑系统组成、设备配置等内容

第2章 变配电系统

2.1 概述

2.1.1 变配电系统设计原则及特点

高铁站房变配电系统的设计应保证电力供应的安全性、可靠性、可维护性和可扩展性。

在符合供电可靠和运营管理方便的情况下,高铁站房可与相邻线共用电力设施,共用的电力设施应满足高铁站房变配电系统的标准要求。

高铁站房的电力供应应保证各级变配电系统的相互匹配,并具备一定的抗风、抗雨、抗雪、抗冰等自然灾害的能力,除发生不可抗因素外,其稳定性应满足全天 24h 的运营及维护需要(含"维修天窗"时间),并符合不同负荷等级的供电要求。

高铁站房变配电系统的供电能力应适度超前,充分考虑站房规模的影响、车站业务及商业运营的发展需求,供电主干线线路和关键配电设施宜按规划一次建成。

变配电系统设计应通过选用节能型设备和元件、采用节能技术和自动化技术等措施,有效地节约能源消耗量、降低运营成本,助力高铁站房绿色低碳设计与运营目标的实现。

2.1.2　本章主要内容

本章主要内容包括高铁站房的高压配电系统、变压器、低压配电系统及其变配电所的设计技术要点，以及针对智慧变配电监控系统、高铁站房供电监控（SCADA）平台对接和机器人巡检等创新技术的阐述。

本章讨论对象为高铁站房变配电系统。上级（变）配电所、外部电源线路、电力贯通线路、站场及站区内其他（变）配电所、可能设置于站房内的通信信号专用变配电室等均不在本章讨论范围内，有涉及时仅进行叙述性介绍。

进行高铁站房变配电系统设计时，除参考本章内容外，应遵循我国现行国家标准、规范、规程及技术法规的规定，还应符合铁路相关行业标准及铁路内部使用相关标准的规定。

2.2　高压配电系统设计

2.2.1　供电电源要求及电压选择

在高铁站房前期设计阶段，应明确外部电源需求情况、设计数据、供电可靠性的相关信息等，并取得当地供电部门确认的供电方案，签订供电意向协议书。

1. 供电电源要求

一般情况下，高铁站房变配电系统的外部电源由当地供电部门提供。在技术经济合理时，高铁站房可从牵引变电所取得电源。

高铁站房的外部电源容量需求应结合负荷近远期规模统筹考虑，尤其应关注大型旅客站房商业预留情况，经分析计算得出配电变压器总装机容量，并向上级供电单位提供。应根据高铁站房的负荷等级情况，向上级供电单位提出对外部电源的回路数量、专用性和关联性等要求。

特大型旅客站房应设置应急备用发电机组用作自备电源，其具体要求详见本书第 3 章。

2. 电压选择

高铁站房变配电系统的供电电源电压应根据用电容量、电源线路长度、当地公共电网现状及其发展规划等因素，经技术经济比较确定。

多数情况下，供电电源电压与当地公共电网提供的电源电压等级一致，采用 10（20、6）kV；对于特大型旅客站房等负荷高度集中的地区，电源线路较长、变压器安装容量较大情况下，经技术经济比较合理时，存在采用 35kV 电源电压的可能。

供电电源在高铁站房变配电系统受电端的电压偏差允许值应符合下列规定：电压等级 10（20、6）kV 及其以下的，为供电电压额定值的 ±7%；电压等级 35kV 及其以上的，供电电压正负偏差绝对值之和不超过额定值的 10%。

2.2.2 高压配电系统架构

高铁站房变配电系统通常位于高压配电系统的末端，高压配电部分通常仅设置变压器保护或仅作为现场检修断点，其中装设高压开关柜的常见类型包括进线柜、电压互感器柜、线路出线柜和变压器出线柜；高压配电系统的外部供电电源进线、计量、分段及馈线等功能，通常在其上级配电所设计实现。

高铁站房变配电所上级配电所的高压配电系统主接线形式选择，应综合考虑供电电源情况、负荷性质和容量大小、变压器容量及台数、进出线回路数等因素，力求接线简单、运行可靠、灵活以及操作、维护方便，还应考虑预留发展余地、尽量节约投资及降低运行费用。

1. 高铁站房变配电所上级配电所的常见高压配电网络形式

高铁站房变配电所多数采用 10（20）kV/0.4kV 系统，少量采用 35kV/0.4kV 越级降压系统，6kV/0.4kV 系统较为罕见，因此在实际项目中高铁站房变配电所上级配电所主要选用 10（20）kV 配电所，偶有 35kV 配电所的情况。

高铁站房变配电所上级配电所常采用的高压配电网络形式有树干式、放射式、混合式、环形式，各类形式的简要描述及优缺点详见表 2-2-1。在高铁枢纽、特大型客站内，综合考虑其高压配电点位众多、用电负荷相对分散、负荷等级参差不齐、用电容量差别明显等特点，并兼顾技术经济性，通常选用混合式高压配电网络。

表 2-2-1　常见高压配电网络形式

高压配电网络形式	简要描述	优缺点
树干式	由配电所引出的每个配电回路供给多个变电所或多台高压设备，适用于二级及以下等级负荷的供电	系统简单、控制方便 基建投资较低 发生故障时影响范围大
放射式	由配电所引出的每个配电回路供给单个变电所或单台高压设备，适用于特级、一级负荷或功率较大的用电设备组的供电	系统简单、控制方便 供电线路通道多、占地广 基建投资较高 发生故障时影响范围小
混合式	树干式与放射式混合使用的配电网络，既可为特级、一级负荷供电，又能兼顾二级及以下等级负荷供电	系统复杂度及控制难度较低 基建投资适中 可根据负荷重要程度选择配电网络形式
环形式	由配电所引出的多个树干式配电回路，每两个回路终端相连形成环形网络，根据供电电源及负荷情况确定其运行方式，通常双电源同时运行时采用开口运行方式、双电源主备运行时采用闭口运行方式，适用于特级、一级负荷的供电	系统复杂度及控制难度较高 基建投资高 供电可靠性高 电力线路检修时可切换电源 故障时可切换故障点缩短停电时间

2. 高铁站房变配电所上级配电所的常用高压主接线形式

高铁站房变配电所上级配电所的供电电源多数为双电源同时运行，实际项目中常见的高压主接线形式为单母线分段带母联，如图 2-2-1 所示。

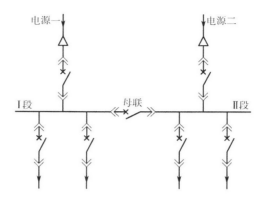

图 2-2-1 高铁站房变配电所上级配电所常用高压主接线形式

3. 高压配电系统其他要求

（1）高铁站房变配电所上级配电所高压出线应根据实际情况选择按线路保护或变压器保护进行设计。

（2）高铁站房变配电所上级配电所的母联投入方式宜按如下方式选择：

1）有人值守时，母联采用手动投入方式。

2）无人值守且重要性高时，母联采用自动投入方式。

3）有合环运行要求时，采用连接片（压板）方式，选择手动/自动投入。

（3）高铁站房变配电所上级配电所的高压计量柜设置数量与其电源数量相同。

（4）高铁站房变配电所内需为变压器设置现场高压开关柜，避免隔室操作。上级配电所出线采用线路保护时，该高压开关柜应按变压器保护设计；上级配电所出线采用变压器保护时，该高压开关柜仅作为现场检修断点，但需注意应将变压器温度信号及开门信号传送至上级配电所出线柜内。

2.2.3 高压变配电系统设备选择

（1）高铁站房变配电所及其上级配电所采用的高压配电系统

设备，应符合国家、地区和行业的有关产品技术标准，优先选用技术先进、安全可靠、经济适用、节能环保的成套设备和定型产品，并宜选用免维护、少维修的设备。

（2）高铁站房变配电所宜采用户内成套配电装置且宜选择 GIS 高压开关设备；设计速度 300km/h 及以上的高铁变配电所宜选择 GIS 高压开关设备，其他速度铁路变配电所可选择 GIS 或 AIS 高压开关设备。

（3）高压电器及开关设备的选择，应按使用地区的海拔、污染、温度、湿度、风速、覆冰、振动、撞击或摇摆等条件确定其使用环境条件，同时按电压、电流、频率、开断电流等主要额定特性参数以及承受过电压能力和绝缘水平等条件确定其系统运行条件，并按短路条件进行动稳定、热稳定校验。

（4）高压成套设备的额定绝缘水平应满足当地供电主管部门或上级变电站提供的技术要求，无具体技术要求时可参照《高压开关设备和控制设备标准的共用技术要求》（GB/T 11022—2020）第 5.3 节的规定执行。

（5）高压成套设备的电源进线开关应根据电网运行要求和变压器容量，选用断路器、开关或隔离电器；当电源由本单位总配变电所引来时，进线开关可采用带熔断器的开关、隔离电器或隔离触头组。

（6）变配电所主母线、贯通母线的电压互感器前应装设隔离开关；接在母线上的避雷器和电压互感器，可合用一组隔离开关或隔离端口；对接在变压器引出线上的避雷器，不宜装设隔离开关。

（7）高压成套设备宜优先采用下进线、下出线方式，并应具备下列"五防"功能：防止误分、误合断路器；防止带负荷拉合隔离开关；防止带电挂接地线（含接地开关）；防止带接地线关（合）断路器（隔离开关）；防止误入带电间隔。

（8）计量柜中电流互感器变比宜由当地供电主管部门或上级变电站提供设定值；保护用电流互感器的参数选择满足继电保护动

作可靠性的要求；电流互感器二次回路不宜设有切换功能，如设置需采取防止电流互感器二次侧开路的措施；电流互感器二次回路必须且只能一点接地；35kV 及以下系统配电装置的电流互感器宜选用树脂浇注绝缘结构。

（9）供计量和继电保护用电压互感器的二次输出电压为100V，提供操作机构电源的电压互感器二次输出电压为 110V 和220V；除开口三角形线圈外，电压互感器二次侧应装设空气开关或熔断器保护；电压互感器二次回路只允许一点接地；35kV 及以下系统配电装置的电压互感器宜选用树脂浇注绝缘结构。

（10）GIS 高压成套设备配电装置的接地开关配置应满足运行维修的要求：

1）与高压配电装置连接并需要单独检修的电气设备、母线和出线，均应装设检修用接地开关，该接地开关应能切断系统对地电容电流和电感电流。

2）出线回路的线路侧接地开关应采用具有关合动稳定电流能力的快速接地开关。

3）接地开关产品应符合《高压交流隔离开关和接地开关》（GB/T 1985—2023）中的有关规定。

（11）GIS 高压成套设备配电装置，应在设备套管与架空线路连接处装设避雷器，且宜采用敞开式金属氧化锌避雷器；其他装设避雷器的要求详见本书第 7 章。

（12）GIS 高压成套设备的进线电源侧和出线线路侧应装设带电显示装置，带电显示装置产品应符合《高压带电显示装置（VPIS）》（GB 25081—2010）的有关规定；没有设置接地开关的高压柜应选用强制型带电显示装置，以实现开关柜检修门的闭锁功能。

（13）高铁站房变配电所上级配电所典型高压一次系统示意（以 10kV 系统为例）如图 2-2-2 所示，高铁站房变配电所内典型高压一次系统示意（以 10kV 系统为例）如图 2-2-3 所示。

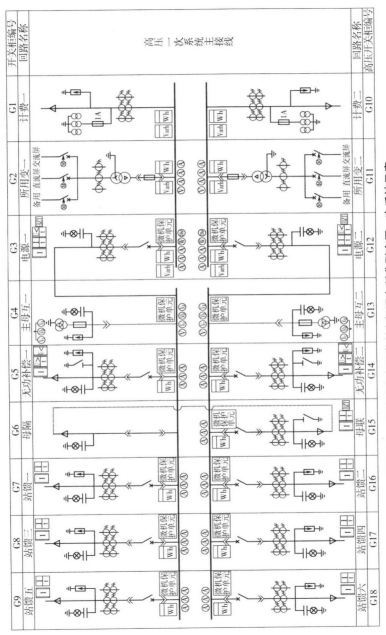

图 2-2-2　高铁站站房变配电所上级配电所典型高压一次系统示意

注：本图仅为常见形式之一，实际工程中应结合当地供电部门要求调整。

开关柜编号	G1	G2	G3	G4	G5	G6	G7	G8	G9
回路名称	计费一	所用变一	电源一	主母互一	无功补偿一	母隔	站馈一	站馈三	站馈五
高压一次系统主接线									
回路名称	计费二	所用变二	电源二	主母互二	无功补偿二	母联	站馈二	站馈四	站馈六
高压开关柜编号	G10	G11	G12	G13	G14	G15	G16	G17	G18

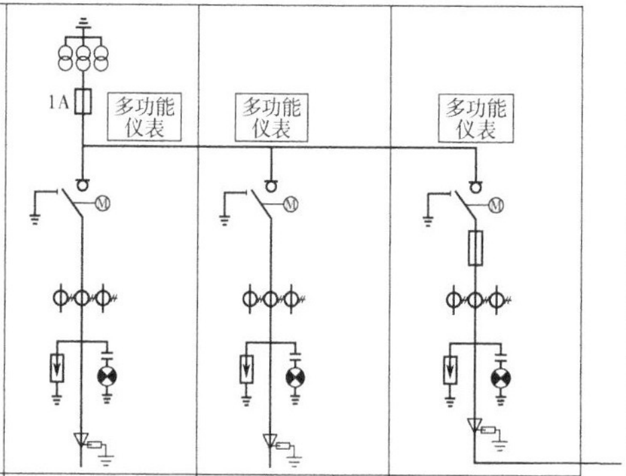

图 2-2-3 高铁站房变配电所内典型高压一次系统示意（左图预留一路高压出线、右图无预留）

注：图中型号、整定值等仅供参考，实际工程中应由设计确定。

右图（无预留）

一次主接线			多功能仪表	多功能仪表	多功能仪表
回路名称			PT	进线	变压器
主要电器元件	负荷开关SFL			630A	630A
	熔断器SFLAJ				75A
	电流互感器LMZKI-10		100/1A	100/1A	75/1A
	电压互感器		3个	3个	3个
	避雷器GKBLQ-17/45		3个	3个	3个
	带电显示器		3个		
	温度在线监测装置			1个	1个
	多功能仪表/RTU		1个	1个	1个

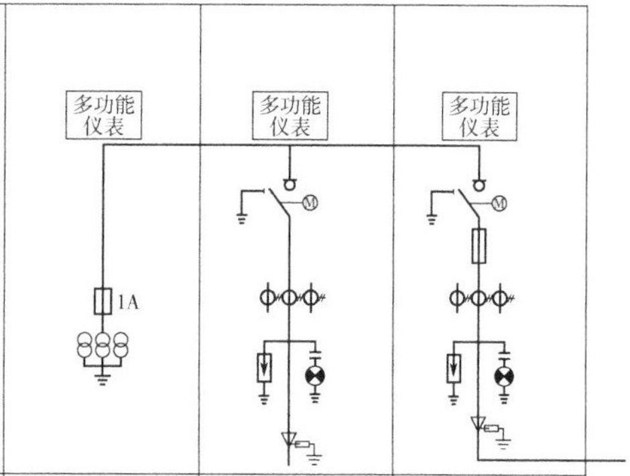

左图（预留一路高压出线）

一次主接线			多功能仪表	多功能仪表	多功能仪表
回路名称			进线+PT	出线	变压器
主要电器元件	负荷开关SFL		630A	630A	630A
	熔断器SFLAJ				75A
	电流互感器LMZKI-10		100/1A	50/1A	75/1A
	电压互感器		3个	3个	3个
	避雷器GKBLQ-17/45		3个	3个	3个
	带电显示器		3个	3个	3个
	温度在线监测装置		1个	1个	1个
	多功能仪表/RTU		1个	1个	1个

2.3 变压器设计

2.3.1 变压器负荷率

变压器负荷率的选择要综合考虑外部电源条件、高压主接线形式等，通过负荷计算确定；实际项目中，高铁站房变配电系统选用的变压器负荷率计算值建议控制在 60% ~ 80%，最高不超过 85%。

2.3.2 变压器选择

（1）高铁站房变配电系统的配电变压器选择应根据负荷性质、用电容量、环境及运行条件确定，并应选择低损耗、低噪声的变压器，实际项目中通常采用干式变压器。

（2）高铁站房变配电系统的配电变压器，根据不同的区域供电条件其高压侧额定电压通常在 6 ~ 35kV，低压侧额定电压则均为 0.4kV；配电变压器宜选用联结组为 D，Yn11 的变压器，有利于提高低压侧单相接地故障灵敏度、限制对上级电网的 $3n$ 次谐波污染和提升三相不平衡负荷的容纳能力。

（3）干式变压器的正常使用条件应符合《电力变压器 第11部分：干式变压器》（GB/T 1094.11—2022）第4.2节的规定；高铁站房变配电所位于海拔超过 1000m 的高海拔区域时，选用的干式变压器应根据其所在高度进行温升限值及绝缘水平的修正，具体规定详见《电力变压器 第11部分：干式变压器》（GB/T 1094.11—2022）第10.3节及第11.2节；当干式变压器安装于其他非正常使用条件下时，设计方应提示并协助变压器产品的供、需双方就其技术要求达成共识。

（4）干式变压器绝缘系统耐热等级不应低于 F 级（155 级），必要时可选用 H 级（180 级）；干式变压器应配装过热保护装置，其主要功能包括温度传感器断线报警、风机启停、超温报警/跳闸、三相绕组温度巡回检测及最大值显示等。

（5）干式变压器与高低压配电装置同室设置时，应装设防护等级不低于IP2X的外壳；需注意罩壳应具有良好的自然通风条件，并应采取变压器加温控自启动风机等有利于空气对流通风散热的措施。

（6）配电变压器台数应根据负荷特点和经济运行条件进行选择。当符合下列条件之一时，宜装设两台及以上变压器：

1）有大量特级、一级或二级负荷。

2）季节性负荷变化较大。

3）集中负荷较大。

（7）由双重电源供电且装设两台及以上变压器的变配电所，当其中任一台变压器断开时，其余变压器的容量应满足所有特级、一级和二级负荷的用电。

（8）选用的干式变压器能效等级不应低于3级。10kV级30～2500kVA干式变压器的空载损耗及负载损耗应符合《电力变压器能效限定值及能效等级》（GB 20052—2024）中与设计要求的能效等级对应的规定，6kV级30～2500kVA、20kV级50～2500kVA与35kV级50～2500kVA干式变压器的空载损耗及负载损耗应符合《干式电力变压器技术参数和要求》（GB/T 10228—2023）中的规定；与能效等级3级/2级/1级对应的干式变压器损耗水平代号分别为12/14/18（适用于硅钢片铁芯型）或15/17/19（适用于非晶合金铁芯型）；变压器节能的其他内容详见本书第9章。

2.4 低压配电系统设计

2.4.1 负荷分级及负荷计算

1. 负荷分级

在进行高铁站房电气设计时，首先要对用电负荷进行合理的分级，根据负荷等级确定供电方式。

综合相关国家及行业规范的规定，高铁站房用电负荷的分级情况可参考表2-4-1。

表 2-4-1　高铁站房用电负荷分级表

负荷级别	用电负荷名称	备注
特级	特大型车站、集大型车站及其他车站等为一体的大型综合交通枢纽站中不允许中断供电的重要场所的用电	
一级	特大型车站、国境站和集大型车站及其他车站等为一体的大型综合交通枢纽站的旅客站房、站台、天桥、地道用电、防灾报警设备用电	最高聚集人数为4000人以上
	特大型车站、国境站的公共区域照明	
	客票系统和旅客服务信息系统的用电负荷（主要包括客票系统设备、旅客服务信息系统集成平台设备、网络及安全防护系统设备、客运广播系统设备、列车到发通告系统、候车检票区域列车到发主显示屏、其他显示屏、视频监控系统设备、旅客携带品安全检查系统设备、自主查询系统设备、求助系统设备）	中小型车站的候车检票区域列车到发主显示屏、其他显示屏和求助系统设备用电的负荷分级可按二级设计
	与行车密切相关的通信、信号、信息、灾害监测系统用电	
二级	大型车站、中型车站、集中型车站及其他车站等为一体的综合交通枢纽站的旅客站房、站台、天桥、地道、防灾报警设备用电	最高聚集人数为4000人以下
	大型车站、中型车站的公共区域照明、管理用房照明及设备用电	
	特大型车站、大型车站、国境站的旅客用电梯、自动扶梯、国际换装设备、行包用电梯、带式输送机、送排风机、排污水设备用电	
	特大型车站的冷热源设备用电	
	车站的驻站警务室用电	
	为通信、信号、信息主要设备配置的专用空调用电	
	接触网远动开关操作电源	
	中间站公共区域照明	

负荷级别	用电负荷名称	备注
三级	不属于特、一、二级的其他用电负荷	

注：1. 本表所列负荷分级是以《民用建筑电气设计标准》（GB 51348）的附录 A 表 A 为基础，结合《铁路电力设计规范》（TB 10008）及《高速铁路设计规范》（TB 10621），针对高铁站房相关的用电负荷重新整理编制。对于未列出的用电负荷，如其用电性质相当于一级或二级负荷时，由设计方会同铁路站房用电部门比照上述原则进行分类。

2. 铁路站房用电部门可能根据其项目特点及保障要求，对指定负荷类型提出较规范更高的等级要求，此时可据其要求进行相应设计。

3. 防用电负荷级别可按《民用建筑电气设计标准》（GB 51348）的规定执行。

2. 负荷计算

负荷计算是进行电气设计的必要工作。有功功率、无功功率、视在功率和功率因数补偿等负荷计算可作为按发热条件选择变压器、开关设备、导体和电器元件等的依据，并用来计算电压损失和功率损耗；尖峰电流计算可作为检验电压水平和选择保护设备的依据；特、一、二级负荷计算可作为确定备用电源或应急电源容量的依据；季节性负荷计算则可作为变压器配置及经济运行方式的依据。

不同的设计阶段可根据设计输入条件的情况选择适合的负荷计算方法。方案设计阶段一般采用单位指标法，初步设计和施工图设计阶段则通常采用需要系数法。

采用需用系数法进行负荷计算时，需注意如下要求：

（1）将用电设备按其性质分为不同的用电设备组，再确定设备容量。

（2）根据用电设备的工作制，将不同负载持续功率下的额定功率或额定容量，统一换算为规定负载持续功率下的有功功率。

（3）成组用电设备中包含备用设备时，备用设备的功率不应纳入负荷计算中。

（4）比较消防设备计算负荷与火灾时切除的非消防设备计算负荷的大小，前者较大时计算负荷值为消防设备计算负荷与火灾时未切除的非消防设备计算负荷之和，后者较大时计算负荷值为所有非消防设备计算负荷。

2.4.2 谐波治理及无功补偿

1. 无功补偿

高铁站房变配电系统的无功补偿设置应符合下列规定：变配电所无功补偿应以配电变压器低压侧集中补偿为主、高压补偿为辅，补偿后在用户高峰负荷时变压器高压侧功率因数不应低于0.9。

实际项目中，仅采取提高自然功率因数措施通常无法达到上述无功补偿的要求，因此需根据计算选用人工补偿装置，使功率因数达到规定值。人工补偿装置一般采用并联电容器，它具有投资省、损耗小、安装维护方便、能自动投切等优点，也是节约电能的一项有效措施。

初步设计阶段可按变压器容量的30%估算低压侧集中补偿容量，补偿后功率因数应满足当地供电部门关于功率因数补偿的具体要求；当地供电部门未提供具体要求时，可按补偿后功率因数不低于0.95进行补偿容量的计算；单台低压电容器柜补偿容量不宜大于300kVar。

为避免谐波产生的谐振过电压烧毁电容器，在并联电力电容器组回路中串接电抗器。当配电系统中存在大量整流电源、变频装置等晶闸管设备，谐波含量以5次谐波为主时，并联电力电容器组串联电抗器比率宜为4.5%～7%；当配电系统中存在大量气体放电光源、个人计算机、日用电子设备等非线性负荷，谐波含量以3次谐波为主时，并联电力电容器组串联电抗器比率宜为12%～14%。

2. 谐波治理

当配电系统中存在谐波源负荷时，将对公用电网产生污染，其形成的危害主要有：

（1）使电网元器件产生附加的谐波损耗，降低用电设备的使用效率，大量的 3 次谐波电流可能导致中性线过热甚至引发火灾。

（2）使电动机产生机械振动、额外噪声和过电压，使变压器局部严重过热，使电容器、电缆等设备或线路过热、绝缘老化、寿命缩减以至提前损坏。

（3）引起公用电网中局部的并联谐振或串联谐振，从而放大谐波，导致上述危害程度升高，甚至引起严重事故。

（4）导致继电保护和自动装置的误动作，使电气测量仪表计量发生错误。

（5）干扰邻近的通信系统，轻则增加信号传输噪声、降低通信质量，重则导致信息丢失、使通信系统无法正常工作。

《电能质量 公用电网谐波》（GB/T 14549—1993）规定了供配电系统中的谐波电压和在公共连接点注入的谐波电流允许限值。实际项目中，铁路站房变配电系统设计所采取的谐波治理措施主要包括根据谐波源特征在适当位置装设无源滤波装置、有源滤波装置或有源无源组合型滤波装置；合理选择谐波含量较高的谐波源设备供电回路的中性线截面；为无功补偿电容器组串联适当参数的电抗器，等等。

2.4.3　低压配电系统架构

高铁站房通常有占地面积大、建筑规模大、用电用户多的特点，尤其是用电用户类型，不仅有铁路内部多个不同的管理部门，还包括商户、市政公交、邮政、公安等其他用户。高铁站房内的用电设备较为分散、种类多、容量大、供电可靠性要求高。

高铁站房低压配电系统设计应满足不同用户的使用、计量与维护管理的需要，满足不同负荷类型的供电要求，同时还应满足相关规范的有关规定。

实际工程中，高铁站房变配电所的低压系统较多采用带母联的单母线分段接线方式，典型低压主接线示意如图 2-4-1 所示。

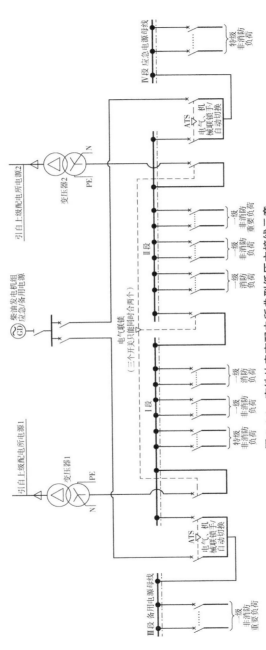

图 2-4-1 高铁站房变配电所典型低压主接线示意

注：本示意图参考国标图集《〈建筑电气与智能化通用规范〉图示》（24DX002-1）第40页绘制。

2.4.4 低压配电系统设备选择

（1）高铁站房变配电所的低压配电系统设备，应符合国家、地区和行业的有关产品技术标准，优先选用技术先进、简单可靠、经济合理、使用便捷、操作安全的成套设备和定型产品。

（2）低压配电系统设计应根据工程规模、负荷性质、用电容量及发展趋势等因素综合确定，应满足供电可靠性和电能质量的要求，可在一定程度上适应用电需求调整及设备检修的需要。

（3）低压电器的选择条件和基本要求可参考表2-4-2。

表2-4-2　低压电器的选择条件和基本要求

选择条件	类别或项目	基本要求
正常工作条件	电压	额定电压应与所在回路的标称电压相适应；额定冲击耐受电压与安装场所要求过电压类别相适应
	频率	应符合所在回路的标称频率
	电流	额定电流不应小于所在回路的负荷计算电流；切断负荷电流的电器应校验其断开电流；接通和断开启动尖峰电流的电器应校验其接通、分断能力和操作频率
	额定工作制	种类包括8h工作制、不间断工作制、断续周期工作制或断续工作制、短时工作制和周期工作制等
保护选择性	全选择性	在两台串联的过电流保护装置的情况下，负荷侧的保护装置实行保护时不导致另一台保护装置动作的过电流选择性保护
	局部选择性	在两台串联的过电流保护装置的情况下，负荷侧的保护装置在一个给定的过电流值及以下实行保护时不导致另一台保护装置动作的过电流选择性保护
短路条件	可能通过短路电流的低压电器	应满足在短路条件下短时耐受电流的要求
	需要断开短路电流的低压电器	应满足在短路条件下分断能力的要求

选择条件	类别或项目		基本要求
使用环境条件	正常环境条件	周围空气温度	不超过 +40℃，且 24h 内的平均温度值不超过 +35℃；下限为 -5℃
		海拔	不超过 2000m；高于 2000m 时需考虑空气冷却作用和介电强度下降
		湿度	最高温度 +40℃ 时，相对湿度不超过 50%；较低温度下允许有较高的相对湿度；对因温度变化而产生的凝露应采取有效措施
		污染等级	对安装在外壳中的电器或本身带有外壳的电器，其污染等级可选用壳内的环境污染等级，通常根据程度由低到高可划分为 1~4 四个污染等级；工业用电器一般用于污染等级 3 的环境，家用及类似用途的电器一般用于污染等级 2 的环境
	多尘环境		根据空间场所的灰尘沉降量由低到高可划分为 I、II、III 三个级别，依次为清洁、一般多尘和多尘；存在非导电灰尘的一般多尘环境宜采用防尘型（IP5X）电器，多尘环境或存在导电性灰尘的一般多尘环境宜采用尘密型（IP6X）电器，导电纤维环境应采用 IP65 级电器
	化工腐蚀环境		腐蚀环境类别的划分应根据化学腐蚀性物质的释放严酷度、地区最湿月平均最高相对湿度等条件确定，通常据其程度由低到高划分为 0、1、2 类三个级别，依次为轻、中等和强腐蚀环境；户内防腐型低压电器分为 F1、F2 两个级别，设计时按设备类型和户内腐蚀环境进行分类选择
	高原地区		海拔超过 2000m 的地区为高原地区；高原地区宜采用相应的高原型产品，标识为 G；普通型低压电器在海拔 2500m 时能够保持 60% 的耐压裕度，可在其额定电压下正常运行

（续）

选择条件	类别或项目	基本要求
使用环境条件	高原地区	普通型低压电器在高原地区使用时应符合下述原则：①绝缘允许极限工作温度每升高1℃，降低1%额定容量；②电气间隙和漏电距离的击穿强度，每升高100m降低0.5%～1%，最大不超过1%
	热带地区	热带地区根据常年空气的干湿程度分为湿热带和干热带；低压电器相应地选用湿热带型（TH）产品或干热带型（TA）产品

（4）变压器低压侧总开关和低压母线分段开关应选用选择性断路器（即具备短路延时保护功能的断路器），当母线为双电源时，该断路器两侧应设有隔离器或隔离触头组。

（5）同一母线段上设有多个固定式低压配电装置时，为控制检修停电范围，应在低压出线开关电源侧设置隔离器或隔离触头组；存在电源反馈可能的固定式低压配电装置，宜在低压出线开关负荷侧设置隔离器或隔离触头组。

（6）变压器低压侧引至低压柜主进开关的母线额定电流、低压柜内水平主母线额定电流、低压柜主进开关框架电流及脱扣器额定电流，宜按变压器低压满载电流的120%～140%选择。

（7）自备电源与市电电源间必须有联锁，两类电源的断路器间应采用电气闭锁和机械联锁或采用双电源转换开关，以防止市电停电或检修时自备电源反馈造成危害和损失，为保证安全，断开处应明显且直观。自备电源系统的要求详见本书第3章。

（8）低压配电系统设备的外露可导电部分，与接地装置间必须设有可靠的电气连接，成排的低压配电装置两端均应与接地装置连接，并注意做好变配电所内的等电位联结；低压配电系统设备的PE干线接地应采用不少于两根导体在不同位置与接地网相连接。接地安全系统的要求详见本书第7章。

（9）高铁站房变配电所典型低压成套柜主要类型示意如图2-4-2所示。

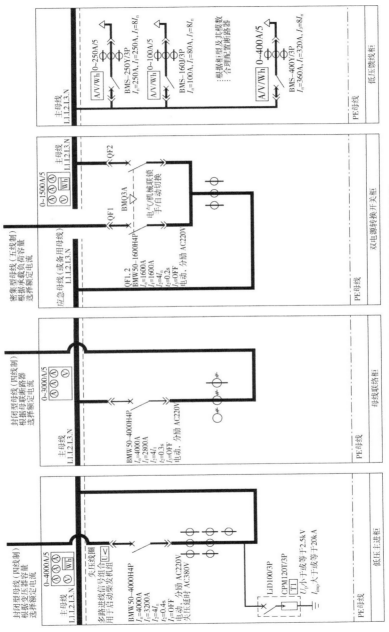

图 2-4-2 高铁站站房变配电所典型低压成套柜主要类型示意

2.5 变配电所设计

2.5.1 所址选择及所区布置

（1）所址选择应符合下列要求：

1）接近负荷中心。

2）进出线方便。

3）设备运输方便。

4）周围环境宜无明显污染。空气污染时，变配电所所址宜设在受污染影响最小处。

5）所区地坪或基础台面高程宜位于 50 年一遇高水位以上，无法避免时所区应有可靠的防洪措施或与地区的防洪标准相一致，并应高于内涝水位，且不低于由其供电的通信、信号等重要用电设施的室内地坪或基础台面高程。

6）不应设在有剧烈振动、高温、滑坡或塌陷可能的场所。

7）应避免设在爆炸危险场所内。若布置在危险场所内或与危险场所的建筑物毗连时，应符合《爆炸危险环境电力装置设计规范》（GB 50058—2014）的规定。

8）与其他建筑合建时不应设在厕所、浴室或其他经常积水场所的正下方，且不宜与上述场所相毗邻。

（2）所区布置应符合下列要求：

1）所区总平面布置应紧凑合理，并预留远期扩建的位置。

2）变配电所所内应设置便于设备运输、消防、巡视和检修用的道路。

3）所区的设计坡度，应根据设备布置、土质条件、排水方式和道路纵坡确定，宜为 0.5% ~ 2%，最小不应小于 0.3%，局部最大坡度不宜大于 6%，平行于母线方向的坡度，应满足电气及结构布置的要求。

4）电缆沟及其类似沟底纵坡不宜大于 0.5%。

5）所区内建筑物内的地面标高，宜高出室外地面 0.3m，室外电缆沟壁宜高出地面 0.1m。

（3）变配电所典型布置示意（以 10kV/0.4kV 变配电所为例）如图 2-5-1、图 2-5-2 所示。

2.5.2　与相关专业的接口

1. 一般要求

进行高铁站房变配电所设计时，应向站场、线路、房建等专业提出要求，在用地、场址布置、通所道路、排水等方面实现总体性最优；应向相关专业提出所内的设备布置、基础、安装以及沟、槽、管、洞、井等要求，在主体工程中统筹设计；当有通风、空调、给水排水、消防等特殊要求时，应提供给相关专业以便其合理配套。

高铁站房变配电所与通信、信号、防灾等设备系统机房共址布设时，应做好统筹布置，降低相互间的干扰。

应做好与国家电力部门用电需求等协调工作，明确接口界面，并符合相关标准和规定的要求。铁路外部电源宜符合减少接口数量、利于产权划分和管理的原则。

变配电所综合视频监控系统设计应满足电力远程监控要求；变配电系统与其他设备系统的接口应满足运营管理的需要；在满足通常、兼容和管理需要的前提下，应力求简化接口设备，避免重复设置。

高铁站房变配电系统与电力配电系统的设计分界点一般为低压配电柜出线开关下口，常规设计通常在变配电系统的低压柜内实现非消防负荷回路强切功能、电气火灾监控功能，对于低压配电干线所带负荷容量较大、涉及范围较广的情况需与电力配电系统设计人员协商设置部位。

2. 对房建专业的要求

（1）适当安排建筑物内各房间的相对位置，使配电室便于进出线，低压配电室应靠近变压器室；考虑到远期发展，高低压配电室、控制室宜留有适当数量的备用柜位。

（2）高铁站房变配电所采用双层或多层布置时，其变压器室应设于底层。

（3）高铁站房变配电所应考虑设备吊装孔或设备吊装平台等设备运输措施，并预留设备运输通道条件。

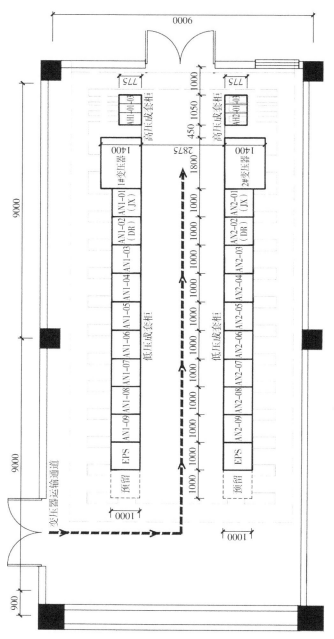

图 2-5-1 高铁站房变配电所（2台变压器）典型布置示意

高压柜编号	G14	G13	G12	G11	G10	G9	G8	G7	G6	G5	G4	G3	G2	G1
回路名称	综合负荷贯通二	综合负荷贯通一	综合负荷贯通母互	综合负荷贯通母线	综合负荷贯通调压	站馈五	站馈三	站馈一	母隔	无功补偿一	主母互一	电源一	所变一	计费一

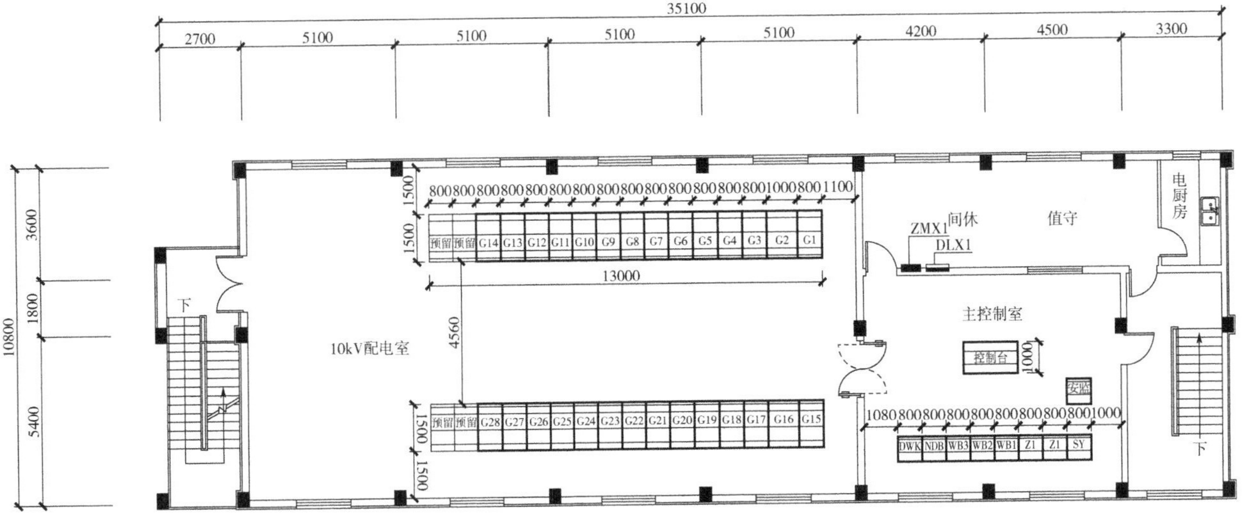

高压柜编号	G28	G27	G26	G25	G24	G23	G22	G21	G20	G19	G18	G17	G16	G15
回路名称	综合负荷贯通二	综合负荷贯通一	综合负荷贯通母互	综合负荷贯通母线	综合负荷贯通调压	站馈五	站馈三	站馈一	母隔	无功补偿一	主母互一	电源一	所变一	计费一

图 2-5-2　高铁站房变配电所上级配电所及其控制室布置示意

（4）有人值班的变配电所应设单独的值班室，值班室与高压配电室应直通或经过通道相通，值班室应有门直接通向户外或通向走道。

（5）变配电室、变压器室、电容器室的门应向外开；相邻配电室之间有门时，应设双向开启或向低压方向开启。

（6）变配电所设于地下室时，应注意以下事项：

1）严禁设置装置有可燃性油的电气设备的变配电所。

2）柴油发电机室、控制区、重要变电所的值班室，应为单独房间。

（7）地震基本烈度超过7度的地区，配电装置设计应按有关的抗震规定采取抗震措施，电器应能承受相应地震烈度的地震力。

3. 对暖通专业的要求

变配电所各有关房间对采暖、通风的要求见表2-5-1。

表2-5-1　变配电所各有关房间对采暖、通风的要求

项目	高压配电室（有充油电气设备）	低压配电室	控制室	值班室辅助间	变压器室（调压器室）	静电电容器室
通风	应设有自然通风	一般无特殊要求			应采用自然通风；当自然通风不能满足要求时，应采用机械通风	
采暖	一般不采暖；当与控制室或值班室毗连时，可考虑采暖	在规定采暖地区要求采暖			一般不采暖	

2.6　智慧变配电系统创新技术

2.6.1　高铁站房变配电所机器人巡检系统技术

1. 系统概述

高铁站房变配电所趋于采用无人化统一管理模式，其内的高、低压成套柜及变压器等电气装置布设及预留位置固定且整齐，因此通常选择户内悬挂导轨式巡检机器人系统用于无人值守的视频巡检作业。

户内悬挂导轨式巡检机器人系统主要由机器人、通信单元、导轨子系统、供电子系统、本地监控子系统等组成，常结合固定视频

监控点，可实现多种模式的无人化巡检，获取室内设备、环境的图像和视频信息，替代铁路工作人员值守及巡检工作，快速发现设备故障和潜在危险并及时通知运维人员诊断、处理。

高铁站房变配电所机器人巡检系统可作为高铁站房智慧变配电监控系统的子系统接入，提供视频监控及巡检、环境监测及 SF6 气体监测等功能。

2. 系统功能

高铁站房变配电所机器人巡检系统需要通过多种功能的集合实现其对变配电所无人值守运行的全面支撑，系统各组成部分的功能类型及具体需求可参考表 2-6-1。

表 2-6-1　高铁站房变配电所机器人巡检系统功能类型及具体需求

功能类型			具体需求简述
机器人	自检功能		检查电源、驱动、通信和检测模块等关键部件的工作状态 发生异常时就地警示并上传故障信息
	状态指示功能		指示包括正常工作、故障异常等状态的状态指示灯 电池充电状态的状态指示灯（仅针对电池供电机器人）
	自主充电功能		电池电量低于设定阈值时，自主返回充电位（仅针对电池供电机器人）
	运动功能		沿常规导轨平移和垂直升降的基本运动功能 沿立体导轨的爬坡功能 多线机器人在交叉路口的联动变轨功能 搭载接触式检测传感器时的传感器伸缩功能
	防碰撞功能		移动时遇障碍物自动停止 障碍物移除自动恢复巡检（全自主模式）
	巡检功能	可见光图像识别功能	对变配电系统设备的外观、示值、装置状态等的图像、视频采集及识别 采集数据存储
		红外检测功能	对设备的温度、图像及视频采集 温度场数据存储（可获取温度信息）
		声音采集功能	电力设备声音的采集
		局部放电检测功能	设备的局部放电信号的采集和图谱显示分析
		环境监测功能	环境温度、湿度信息的采集 指定气体（如 SF6）浓度信息的采集
		辅助照明功能	低照度环境下的辅助照明或室内灯光联动功能

功能类型		具体需求简述
通信单元	基本通信功能	机器人与监控子系统之间的双向通信功能
	通信告警功能	通信终端、接收报文内容异常等情况，上传告警信息
	协同联动功能	提供与其他各类系统（如变电站监控系统、顺序控制系统、火灾自动报警系统、安防系统等）的交互接口，并完成相应的协同联动动作
	信息安全功能	应具备机器人控制权限优先级设置功能，可遵循本地最高优先级原则 对机器人采集的信息，应具备按业务角色配置访问权限的功能 通信设施应具备身份鉴别、信道加密等安全措施（针对无线通信方式）
导轨子系统	导向及支撑功能	机器人的运动导向和支撑功能
	扩展安装功能	根据实际环境需求，扩展安装其他功能性零部件，例如用于定位的 RFID 标签、条码，用于供电和通信的滑触线，用于传动的齿条等
供电子系统	供电功能	宜采用滑触线方式供电，供电电压为 24V 或 36V 供电装置应具备状态、故障指示灯，并具备独立电源开关 应采用模块化设备，便于维护及部件更换 应预留外界后备电源接口
本地监控子系统	模式支持功能	应支持全自主巡检、遥控巡检两种模式，且两种模式间应能任意切换 全自主巡检模式下，系统可根据预先设定的巡检参数信息，并自动启动巡检，也可由操作人员选定巡检内容并手动启动巡检，机器人自主完成巡检任务 遥控巡检模式下，操作人员可通过本地监控子系统或集控系统遥控机器人，完成巡检任务
	控制反馈功能	通过指令对机器人进行控制，并接收机器人反馈的状态信息
	电子地图功能	提供二维或三维电子地图功能，电子地图中应能显示机器人的位置及实时运行状态

功能类型		具体需求简述
本地监控子系统	报警功能	正确检测机器人的各类告警信息，并向集控系统可靠上报 设备检测数据的分析、报警功能 检测到异常时立即发出报警信息，并伴有声光指示，支持人工确认报警或复归信号
	音视频远传功能	应具备实时图像远传功能，并能够实现远程视频巡检 宜具备双向语音传输和远程作业指导功能，视频及声音应无中断、卡顿
	查询显示功能	巡检结果显示及查询功能 巡检数据显示及查询功能 报表生成及查询功能 历史数据曲线生成、显示及查询功能
	缺陷自动分析功能	图像异常识别功能 表计自动读取功能 设备状态识别功能 自动精确测温功能 局部放电自动分析功能 声音异常识别功能

3. 系统发展前瞻

目前机器人巡检系统较多设置于高铁站房变配电所的上级配电所，高铁站房变配电所的配设比例偏低，这主要取决于站房规模、负荷重要性、变配电系统复杂程度、变配电所数量、全周期成本对比的具体情况。即使该系统在高铁站房变配电所设置，也通常仅配设基本的可见光图像识别和红外检测模块，未充分发掘系统能力。

巡检机器人是系统的关键核心，其发展重点主要为其运动灵活性和准确性以及智能图像识别能力。前者依托于机械结构设计、传感器技术、运动控制算法、自主学习及自适应技术、人机交互及遥控技术等多领域技术的交叉融合，使机器人能够适应复杂环境、迅速应对突发情况；后者主要通过对图像采集和处理技术、深度学习算法、模型训练技术、多模态融合技术的综合利用，解决光照干扰、阴影、遮挡、低对比度、视角变化的不良影响，为系统提供设备操作面与关键部位更为清晰的图像和视频，助力更为精准的决策。

机器人巡检系统能够有效地提升高铁站房变配电所的工作效率，降低电力运维工作人员的操作风险，对变配电系统运行的安全性、稳定性大有裨益。随着相关技术的不断发展迭代以及技术成本的降低，反馈控制精准化、功能应用全面化将是高铁站房变配电所机器人巡检系统的发展趋势和方向。

2.6.2 高铁站房智慧变配电监控系统创新技术

1. 系统概述

高铁站房智慧变配电监控系统利用先进的智能检测处理技术、互联网技术、大数据技术和人工智能技术，对变配电设备与回路的运行参数和状态、与运行相关的变配电所空间环境及设备条件等进行实时监测、控制及管理，能够全面提升高铁站房变配电系统的安全性、可靠性、连续性和节能性，实现由数字化、智能化到智慧化的跃迁。

本系统主要由管理平台、网络设备和智慧终端组成，管理平台作为系统核心，拥有感知、记忆、学习、分析、判断、执行等多方面能力，可对智慧终端采集获取、网络设备传输导入的各类数据进行实时监测、整理归纳和分析处理，具备综合监测、集中监控、数据处理、自动分析诊断、故障报警预警、综合保护、节能控制、系统联动、实时巡检、巡视上传等功能。

2. 系统架构及功能

目前高铁站房智慧变配电监控系统常见的架构示意如图 2-6-1 所示。

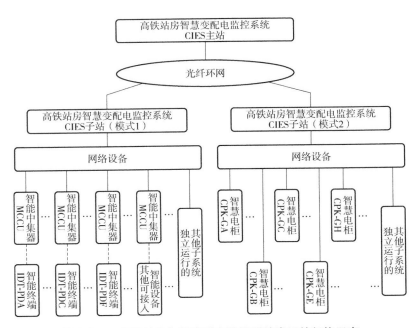

图 2-6-1　高铁站房智慧变配电监控系统常见的架构示意

注：1. 模式 1 采用智能中集器 + 智能终端形式，可与传统低压成套柜内的断路器或其他电气元器件配合获取丰富信息，适用于预算不高或升级改造项目。

2. 模式 2 采用智慧电柜形式，柜体采用标准化、模块化装配式结构，除系统基础功能外各智慧电柜可独立实现监控管理、多端人机交互等功能，适用于预算充足或智慧需求高的项目。

3. 其他可接入智能设备主要包括除电能外的其他能量计量表计、智能型浪涌保护器等。

4. 在接口及协议均满足管理平台对接需求的条件下，独立运行的其他子系统可与智慧变配电监控系统实现信息互通及互控；除图中体现的连入位置外，子系统也可通过网络设备直接连入监控主站或通过光纤环网连入监控系统。

本系统的技术发展重点主要集中在以下几个方面：

（1）数据采集的实时性、精确性和全面性。

（2）系统接口的灵活性、扩展性和兼容性。

（3）平台软件的可用性、适配性和交互性。

本系统的主要监控及管理功能详见表 2-6-2。

表 2-6-2　高铁站房智慧变配电监控系统的主要监控及管理功能

序号	功能	具体项目
1	供配电系统综合监控	对供配电回路的各类参量、回路和设备的运行状态，系统运行中的各类事件进行监测、分析、记录、存储和管理
2	电能质量的监测和分析	频率偏差、电压偏差、三相不平衡度、谐波畸变率等
3	能耗监测和能源管理	水、电、燃气等能耗分类计量；电能分项计量；绿色能源监测管理；根据用户需求进行综合能源管控
4	异常或故障的监测、报警	异常或故障的分析、诊断和定位；故障预警；异常报警、故障报警；故障录波
5	回路和设备的保护	基本保护；柔性保护；故障电弧保护；精细化整定保护；级间联锁保护；区域联锁保护
6	回路和设备的控制	本地及远程分合闸控制；备用电源自动切换控制；智能卸载三级负荷；消防切非控制；节能控制；联动控制；自定义条件控制
7	人机交互界面	配电系统全信息、全方位、全过程的呈现；信息查询、配置调整、功能增减以及条件设定等用户自定义操作窗口
8	智慧化运维管理	数据和事件报表管理；系统、回路及设备诊断报告；运维知识库管理；工单管理；运维人员管理；碳排放管理
9	变配电系统的电子化档案和数据库管理	用户、设备及线缆档案管理；项目图样电子化档案管理；运行数据库管理
10	系统管理	多系统融合；系统及设备自检；远程升级；管理权限设置；信息安全设置；数据加密
11	其他独立子系统的功能	6~35kV 中压监测；接地环流监测；SF6 气体监测；封闭母排监测；变压器监测；应急电源监测；新能源电力监测；环境监测；视频监控及巡检；安防监测；电气火灾监控；消防设备电源监测；建筑设备监控；雷电防护设备监测

3. 与高铁供电监控 SCADA 系统的关系

SCADA 系统（Supervisory Control and Data Acquisition System），英文直译为数据采集与监控系统，最早应用于工业控制领域，自 20 世纪 60 年代诞生至今，已从早期基于模拟信号处理和机械开关控制的简单设备发展成如今融合传感器、视频采集、机器人、计算机控制、数据信息处理、通信传输等多项技术的复杂多功能计算机监控系统。

高铁供电监控 SCADA 系统是对铁路供电系统进行远程数据采集、通信、监视、测量、控制、保护和辅助监控的系统，通常也被称为高铁供电调度控制系统或远动系统，主要由主站、被控站、通信通道和复示终端组成，是基于广域网的一种远程监控系统，其网络拓扑示意如图 2-6-2。

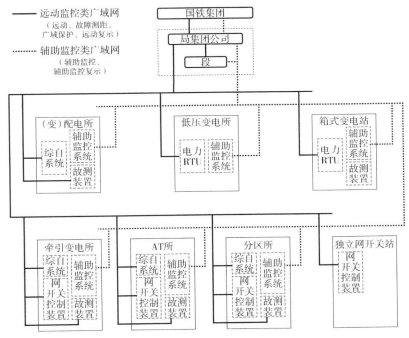

图 2-6-2　高铁供电监控 SCADA 系统广域网拓扑示意

高铁供电监控 SCADA 系统主要是通过为主站与被控站间实现"五遥"（即遥控、遥信、遥测、遥调、遥视）功能的远动技术，对高速铁路的各类供电系统进行监控和管理，尤其关注铁路电力牵引供电系统，其主要目的是确保电气化铁路的安全可靠供电、提升高铁运输的调度管理水平。

高铁站房变配电所位于供电系统的终端，与铁路运行、调度的关联度极低，目前高铁供电监控 SCADA 系统通常未将其纳入被控站范畴，但随着 SCADA 系统发展的集成化趋势，因其功能设置、性能需求与 SCADA 系统有较好的适配性，高铁站房智慧变配电监控系统有充分的条件作为被控站接入高铁供电监控 SCADA 系统。

4. 系统发展前瞻

目前高铁站房智慧变配电监控系统通过一系列技术手段，已经能够实现对变配电系统的全方位监测、精细化保护、智能化控制和一体化管理，然而从图 2-6-1 明显可知系统本体的数据采集基本上仅限于低压成套柜、系统功能的实现仍有赖于大量监测或监控子系统的接入。

如此众多的独立子系统，一方面源于电气消防系统、设备监控系统和视频安防系统的自身封闭性要求，另一方面与铁路站房管理的责权划分、安全诉求和运维习惯密不可分。过多的子系统可能产生诸如接口标准化、协议一致性、系统兼容度、监控实时性等方面的技术问题以及多种系统界面不一、维护操作繁杂混乱等管理问题。

高铁站房智慧变配电监控系统架构具备接入更多种类的终端数据类型的能力，同时其平台软硬件可通过配置升级达到更高的算力和数据处理能力；高铁站房变配电所天然可形成独立管理区域，高、低压成套设备与变压器设置于相同或相邻的房间内。基于上述条件，依托于感知、测量、传输、接口及软件技术的更新、铁路站房管理制度的完善及管理水平的提升，逐步加强 RAMS 性能（即可靠性、可用性、可维护性、安全性）、有效整合子系统功能、合理适配 SCADA 系统将是高铁站房智慧变配电监控系统未来发展的趋势和方向。

第3章 自备电源系统

3.1 概述

3.1.1 自备电源设计原则

自备电源设计原则：①特大型铁路客站应设置柴油发电机组，重要的大型铁路客站和中型及以上的地下铁路客站宜设置柴油发电机组。②需要不间断供电的铁路调度所、指挥中心、控制中心的通信、信号、信息、防灾、远动等电子信息设备宜构建集中式或分区集中式 UPS 系统供电，并预留扩展条件。

3.1.2 本章主要内容

本章内容包括柴油发电机系统设计、不间断电源系统（UPS）设计以及智慧自备电源创新技术等。

3.2 柴油发电机系统设计

铁路供配电系统的电源优先采用外部电源，当无可利用的外部电源或外部电源技术经济性极不合理，且电力牵引供电电源不具备利用条件时可设置铁路自备电源。自备电源通常采用柴油发电机组。

根据《铁路旅客车站设计规范》（TB 10100—2018）的规定，特大型铁路客站应设置柴油发电机组，重要的大型铁路客站和中型及以上的地下铁路客站宜设置柴油发电机组。

当铁路客站存在特级负荷时，应设置应急柴油发电机组，柴油发电机组可兼作备用电源；当铁路客站最高用电负荷等级为一级负荷时，为了确保铁路客站内的一级负荷、消防负荷用电，可根据实际情况考虑设置自备柴油发电机组，对于未达到上述规定要求的铁路客站，也可在变压器低压侧预留柴油发电机切换柜，通过柴油发电车快速恢复铁路客站重要负荷的供电。

3.2.1 柴油发电机组选型

1. 柴油发电机组的分类

按照不同用途分类，柴油发电机组可分为应急柴油发电机组和备用柴油发电机组。

铁路客站属于重要公共建筑，通常采用两路独立 10kV 电源供电，供电可靠性较高，满足一级负荷的供电要求。在正常运行情况下两路外部电源一般不会同时停电，故通常设置柴油发电机组作为自备电源保障与行车密切相关的通信、信号、信息、灾害监控系统等一级负荷，避免两路电源同时失电时列车停运。

目前铁路客站工程应用比较多的是自启动型柴油发电机组。这种类型柴油发电机组是在基本型机组基础上增加了全自动控制系统。它具有自动化切换功能，当市电突然停电时，机组能自动启动，自动切换电源开关、自动调压、自动送电和自动停机等一些功能；当机组燃油压力过低，机组温度过高或冷却水温度过高时，能自动发出声光报警信号；当发电机组超速时，能自动紧急停止运行进行保护。

计算机控制自动化柴油发电机组，较自启动型柴油发电机组，有更完善的自动控制系统，包括燃油自动补给装置、冷却水自动补给装置、机油自动补给装置、ATS 自动控制屏，除了具有自动启动、切换、运行和自动停机等功能外，并配有各种故障报警和自动保护装置。此外，它通过通信接口，与主计算机连接，实现集中监控、遥控、遥信和遥测，做到无人值守。

由于铁路客站工程属于人员密集场所，人流量大，而集装箱式机组一般设置于户外，存在安全隐患，故使用较少。

2. 柴油发电机组功率参数

（1）持续功率（COP）：机组以恒定负载持续运行，且每年运行时间不受限制的最大功率。COP 无运行时间限制，通常用于负荷变化不大需要持续供电的场所。

（2）基本功率（PRP）：机组以可变负载持续运行，且每年运行时间不受限制的最大功率。24h 运行周期内允许的平均功率输出不超出 PRP 的 70%。PRP 通常用于负载经常变化，且需要连续供电的场所。

（3）限时运行功率（LTP）：机组每年运行时间可达 500h 的最大功率。通常用于负荷变化不大，无需长期持续供电的场所。

（4）应急备用功率（ESP）：在市电中断或试验条件下，机组以可变负载运行且每年运行时间可达 200h（按 100% ESP 运行，每次运行一般不超过 1h）的最大功率。24h 运行周期内允许的平均功率输出不超出 ESP 的 70%。通常用于市电供电可靠的场合，提供短时供电和照明。

柴油发电机组的功率选择应根据使用的工况确定，以满足合理性和经济性。

3. 柴油发电机组的选择应考虑的因素

（1）多台机组并机，应选择型号、规格和特性相同的成套设备，所用燃油性质应一致。为了提高有功功率和无功功率，合理分配精度和运行的稳定性，要求机组中柴油机调速器具有在稳态调速率 2%~5% 范围内调节的装置。

（2）宜选用高速柴油发电机组和无刷型励磁交流同步发电机，配自动电压调整装置。选用的机组应装设快速自启动及电源自动切换装置。

3.2.2 柴油发电机组容量及电压选择

1. 柴油发电机组容量选择

为保证铁路客站安全运行，柴油发电机组作为自备电源，当外部电源均断电时，柴油发电机投入运行，非消防状态下保证部分一级负荷用电，消防状态下保障消防负荷用电。柴油发电机组容量选择原则如下：

（1）机组的容量与台数应根据应急负荷大小和投入顺序以及

单台电动机最大的启动容量等因素综合考虑确定。

（2）在方案及初步设计阶段，可按供电变压器总容量的10%～20%估算柴油发电机的容量。

（3）在施工图阶段可根据负荷组成，按下述方法计算选择其最大者：

1）按稳定负荷计算发电机容量。

2）按最大的单台电动机或成组电动机启动的需要，计算发电机容量。

3）当柴油发电机为消防用电设备、特级负荷及一级负荷供电时，应注意不同工况下柴油发电机组带载的负荷有所不同，柴油发电机组负荷计算容量可按照火灾工况和非火灾工况分别考虑，并以二者中的最大值作为选取柴油发电机容量的依据。

4）按启动电动机时，发电机母线容许电压降计算发电机容量。

计算发生火灾时，柴油发电机供电负荷的计算容量。火灾确认后首先启动相关部位的消防设备，同时出于安全考虑可安排所有楼内人员疏散，即整个建筑物均可视为处于消防状态。此时可切除非消防用电设备，但是保安性质用电设备除外，对于铁路客站，与行车密切相关的用电负荷建议延时后切除。计算容量应以消防负荷及上述保障性质负荷的容量为依据。

消防状态下，消防负荷的容量计算是负荷计算中的一大难点。困难之处在于，火灾起火的突发性、随机性及火灾本身的蔓延性，使得设计人员很难准确地计算出火灾过程中消防设备的最大计算容量。对此相关规范并没有特别明确的计算依据。对于铁路客站工程，可做如下分析：

（1）应急照明容量。根据规范，火灾时应强制点亮相关区域应急照明，考虑所有楼内人员疏散且是市电失电情况，故可视为此时所有应急照明满负荷工作。

（2）消防水泵容量。无论起火点是一处或者多处、是否蔓延，消防水泵容量为定值，也按满负荷考虑。

（3）消防类风机容量。发生火灾时，排烟风机及相应的消防补风机则按照暖通专业"一次火灾"的设计原则（即同一时间仅有一处发生火灾，且火情仅局限于本防火分区内），这些设备不会同时使用，考虑火灾在防火分区间蔓延的情况，则可将消防风机设备容量按防火分区分别计算，取其自身及相邻防火分区消防风机容量之和最大者作为负荷计算依据。在防火分区较少时，可做简化，直接累加。

柴油发电机容量计算是负荷计算中的一大难点。设计过程中特别需要设计人员根据工程情况做详细分析，得出较准确的负荷计算，并在此基础上合理选择柴油发电机设备容量，从而在保证设计可靠性的同时兼顾经济性。

2. 柴油发电机组电压等级选择

根据规定，额定电压为 3～10kV 时不宜超过 2400kW，额定电压为 1kV 以下时不宜超过 1600kW。通过具体工程柴油发电机组负荷计算可确定工程选用的柴油发电机组的单机容量，从而确定柴油发电机组电压等级。在铁路客站工程中，高压柴油发电机组电压等级采用 10.5kV，低压柴油发电机组电压等级采用 400V。

当选择低压柴油发电机组时，常见的系统架构如图 3-2-1 所示。

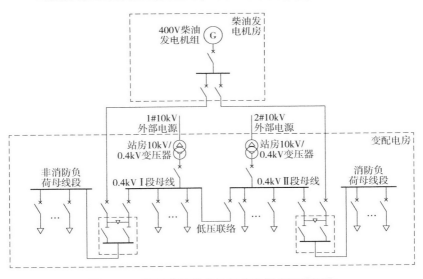

图 3-2-1　低压柴油发电机组应急供电系统架构

（1）消防与非消防负荷宜分别独立设置供电母线段。

（2）在非火灾情况下，当非消防重要负荷由柴油发电机组供电时，该负荷宜由单独母线段供电，一旦市电停电可由发电机组向该段母线供电。当火灾发生时，应将该段母线上不涉及行车安全相关的负荷自动切除，以保证消防负荷的供电。

（3）自备电源供电系统应在正常电源故障停电后，快速、可靠地启动，保证15s内使重要负荷恢复供电，以减少停电造成的损失。

当选择高压柴油发电机组时，常见的系统架构如图 3-2-2 所示。

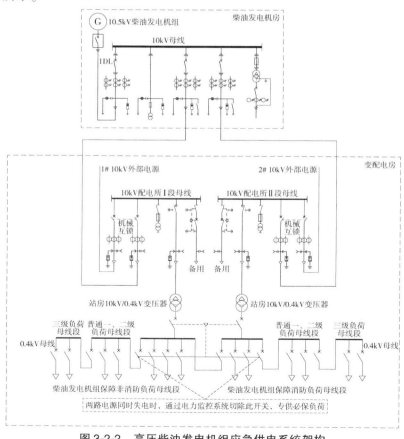

图 3-2-2　高压柴油发电机组应急供电系统架构

变电所0.4kV低压侧采用单母线分段联络接线方式，进线开关、母联开关采用电气联锁和机械联锁。正常工作时，两台变压器同时运行，单母线分段。当其中一台变压器因故退出运行时，三级负荷断路器通过SCADA远方手动方式进行分闸操作（除了商业开发馈出回路采用失压脱扣器自动跳闸外），母联开关通过SCADA远方手动方式进行合闸操作，由另一台变压器带全所一级和二级负荷。当两路电源同时失电时，非必保负荷总断路器通过SCADA远方手动方式进行分闸操作，启动高压柴油发电机组，以保障本工程重要负荷供电。当发生火灾时，由火灾自动报警系统切除非消防负荷，柴油发电机组专供消防负荷。

3.2.3　柴油发电机房设计

柴油发电机房在设计阶段应与土建专业密切配合，尤其需要注意以下几点：

（1）机房宜布置在建筑的首层、地下室、裙房屋面。当地下室为3层及以上时，不宜设置在最底层，并靠近变电所设置。机房宜靠建筑外墙布置，应有通风、防潮、机组的排烟、消声和减振等措施并满足环保要求。

（2）柴油发电机房不应布置在人员密集场所的上一层、下一层或贴邻。

（3）柴油发电机房的尺寸应满足柴油发电机组的布置要求，机房内部的墙距离柴油发电机组的间距需要满足规范要求，柴油发电机房的净高应满足机组的安装要求。机房宜设有发电机间、控制室及配电室、储油间、备品备件储藏间等。当发电机组单机容量不大于1000kW或总容量不大于1200kW时，发电机间、控制室及配电室可合并设置在同一房间。

（4）发电机间、控制室及配电室不应设在厕所、浴室或其他经常积水场所的正下方或贴邻。

（5）柴油发电机房荷载应满足柴油发电机组运行的要求，除柴油发电机组本身的静荷载，同时应考虑柴油发电机组运行时的动荷载，动荷载一般不超过1.25倍的静荷载。

（6）柴油发电机组的进风、排风路由应独立，避免形成短路，排烟管敷设路径应尽量缩短。当自然通风无法满足柴油发电机组运行要求时，可设置风机通过机械送排风满足运行要求。

（7）应根据柴油发电机房的定位，考虑柴油发电机组的搬运通道，通道同时应满足搬运的荷载要求。

3.3 不间断电源系统（UPS）设计

3.3.1 UPS 的基本原理及分类

不间断电源系统简称 UPS，铁路建筑需要不间断供电的铁路调度所、指挥中心、控制中心的通信、信号、信息、防灾、远动等电子信息设备宜构建集中式或分区集中式 UPS 系统供电，UPS 按其工作原理可分为后备式、在线式以及在线互动式三种，铁路工程一般采用在线式 UPS。

在线式 UPS 一直使逆变器处于工作状态，首先通过电路将外部交流电转变为直流电，再通过高质量的逆变器将直流电转换为高质量的正弦波交流电输出给负载端。在线式 UPS 在供电状况下的主要功能是稳压及防止电波干扰；在停电时则使用备用直流电源（蓄电池组）给逆变器供电。由于逆变器一直在工作，因此不存在切换时间问题，适用于对电源有严格要求的场所。

3.3.2 UPS 在高铁站房中的应用

UPS 供电系统的基本容量可以按下式计算：

$$E \geqslant 1.2P \tag{3-3-1}$$

式中 E——不间断电源系统的基本容量（不包含备份不间断电源系统设备）（kW 或 kVA）；

P——用电设备的计算负荷（不包含备份不间断电源系统设备）（kW 或 kVA）。

铁路客站一般在信息机房、通信机械室、消防控制室等房间设置 UPS，且这些场所的交流供电回路均由专用回路供电。

集中式 UPS 供电系统按表 3-3-1 选择系统配置，设有不同等级机房且各自用电负荷较大时，宜分设 UPS 系统；同一 UPS 系统的供电对象含有不同等级机房负荷时，按其中最高等级机房进行系统配置。

表 3-3-1　单机并机系统或双机系统的系统配置

项目	技术要求			备注
	A 级机房	B 级机房	C 级机房	
应急供电时间	72h	24h	—	相对于柴油发电机的燃料储存量
UPS 电源系统配置	$2N$ 或 M $(N+1)$ 冗余 $(M=2, 3, 4, \cdots)$	$N+X$ 冗余 $(X=1\sim N)$	N	—
UPS 供电系统电池备用时间	当柴油发电机作为后备电源时为 15min		可根据实际需要确定，一般不应小于 30min	—
稳态电压偏移范围（%）	±3		±5	—
稳态频率偏移范围（%）	±0.5			电池逆变工作方式
输入电压波形失真度（%）	≤5			电子信息设备正常工作时
零地电压/V	<2			应满足设备使用要求
允许断电持续时间/ms	0~4	0~10	—	—
不间断电源系统输入端 THDI 含量（%）	<15			3~39 次谐波

3.3.3　UPS 监控管理系统

　　铁路站房建筑内的 UPS 通常设置在消防控制室、信息机房等房间分散式设置，运行维护繁琐，为提高运行维护的效率，保证 UPS 主机及电池的稳定运行，应设置 UPS 监控管理系统对 UPS 主机及电池组进行集中的监控管理；监控管理系统由监控管理主机及软件、UPS 通信接口、电池监控处理单元、电池监控采集单元等构成；系统应具备如下功能：

　　（1）实时监测 UPS 电源主机的输入电压、旁路输入电压、输出电压、输出电流、负载功率、充放电电压、充放电电流等各项运行数据。

　　（2）实时监测各个单体蓄电池的电压、内阻、温度，以及电池组电压、充/放电电流，并能对电池组电压、单体蓄电池电压、单体蓄电池内阻、温度等设定上下限极值。

　　（3）在 UPS 主机出现报警、蓄电池参数超出设定的上下限时，在监控计算机的监控界面上实时以报警窗口的形式提示，同时实时发出声音报警，提醒值班人员及时介入和处理，并存储告警信息供以后查询分析。

3.4　智慧自备电源创新技术

3.4.1　热释离子探测创新技术

　　热释离子又称为热解粒子。热解粒子是物质受热时分解出的粒子，是能够以自由状态存在的最小物质组分。电气火灾中分解出的粒子主要是烟粒子及气体粒子，测量热解粒子式电气火灾监控探测器是通过探测热解粒子进行火灾监控的装置，当配电设施异常发热时，探测器可发出报警信号，实现极早期的火灾报警。

　　国家标准《电气火灾监控系统 第 5 部分：测量热解粒子式电气火灾监控探测器》（GB 14287.5—202×）已于 2023 年完成规范送审稿。市场上相关产品也在逐步完善中。

自备电源安全防护方案，采用热释离子探测技术，能对电源环境的安全隐患（如设备、材料、电缆、接头过热，以及电气设备异常放电、电池热失控等）进行监测、诊断及预警，可有效预防火灾风险。热释离子探测器具备特征气体探测可选功能，在需要探测因电池故障而释放的特征气体时（如氢气、甲烷、一氧化碳气体），可选择此功能，且无需额外增加器件。

针对锂电池异常过热进行预警时，可通过测温技术准确定位到电池组的最小电池单体。系统采用无源探测终端，探测范围可达到200mm 直径范围。配置集中显示和管理装置，均具有通信接口，可在线查询每个单体电池运行状况。

3.4.2 锂电池监控预警系统创新技术

锂电池监控预警系统是一种用于监测和预防锂电池潜在安全风险的解决方案。热失控导致火灾的危险因素有电池本体因素、过充滥用因素、运行环境因素、自身管理系统缺陷因素、主动预警分析能力缺失因素。所有因素中，电池本身可靠性是第一因素。由于生产本身的原因当电池热失控时，电解液中会析出很多易燃易爆的气体，比如一氧化碳、氢气、乙烯、甲烷、乙烷、碳酸甲乙酯、碳酸乙烯酯、碳酸二甲酯等，这些气体混合形成了爆炸性混合物，遇火源即会发生剧烈爆炸。

经长期研究和实验得知，锂离子电池在热失控中释放的占比最高的七种气体为 CO_2、CO、H_2、C_2H_4、CH_4、C_2H_6 和 C_3H_6，七种气体占到锂离子电池在热失控中释放气体总浓度比例达到 99% 以上，释放量最多的气体为 CO_2、CO 和 H_2，体积分数分别约为 35.56%、28.38% 和 22.27%；C_2H_4 和 CH_4，体积分数分别约为 5.61% 和 5.26%；C_2H_6 和 C_3H_6 浓度较低，分别约为 0.99% 和 0.52%。

电池监控预警系统将安全风险降到最低，通过全程监控电池的工作状态，实时响应可能出现的问题，从而确保电池的安全使用。电池监控预警系统由以下几部分组成：

（1）传感器：用于实时监测锂电池的温度、电压、电流、电芯内部压力等关键参数。气体传感器和红外矩阵测温传感器可用于探测异常的温度升高和气体产生，如 PM2.5/PM10、TVOC、CO_2 等。

（2）分析数据报警平台：当监测参数超出预设的安全阈值时，系统会立即发出警报，通知管理人员采取措施。

（3）预警与响应：系统不仅提供实时报警，还能根据分析结果提出相应的处理建议，如调整充电策略、停止充电、冷却电池等，以防火灾事故的发生。

3.4.3 电池创新技术

1. UPS 电池馈网放电核容技术

UPS 常态工作模式是交流市电经过整流器整流为直流母线电压，直流母线一部分能量通过直流变换器给电池组充电，一部分能量通过逆变器给负载供电。UPS 只有在输入市电故障时才会切换到后备电池供电，由于市电异常是小概率事件，若 UPS 采用常规的均浮充充电策略，则电池组长期处于浮充电状态，如图 3-4-1 所示。

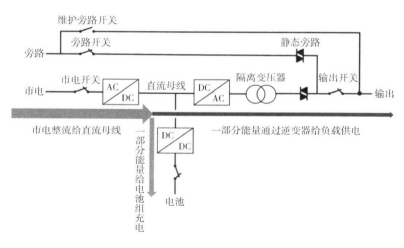

图 3-4-1 常规工作模式下电池组长期处于浮充电状态

长期处于浮充状态下的铅酸电池，其极板活性物质会钝化，从而增大电池的内阻，降低电池的放电能力，电池容量大幅下降。因此，运维人员需要定期对电池做核对性放电测试，衡量电池的健康状态，对电池去"钝化"，活化电池，也检修电池组回路连接可靠性。

根据通信行业标准《通信局（站）电源系统维护技术要求第10部分：阀控式密封铅酸蓄电池》（YD/T 1970.10—2009）第4.5条要求：

（1）每年应以实际负荷做一次核对性放电试验（对于 UPS 使用的密封蓄电池，宜每季一次），放出额定容量的30%～40%。

（2）对于2V 单体的电池，每3年应做一次容量试验，使用6年后应每年一次（对于 UPS 使用的6V 及12V 单体的电池应每年一次）。

（3）阀控蓄电池放电达到下述三个条件之一，可终止放电：①对于核对性放电试验，放出额定容量的30%～40%；②对于容量试验，放出额定容量的80%；③电池组中任意单体达到放电终止电压。

由此可见，UPS 电池组每季度要做放电测试，每年要做核容。

UPS 电池组放电测试工作有两种方式：①外接可移动放电装置的 UPS 电池组测试方式；②用实际负载对 UPS 电池组放电测试方式。外接可移动放电装置的 UPS 电池组测试方式是运维人员将 UPS 电池断路器断开，从电池侧引电缆接至移动放电装置，如图3-4-2所示。

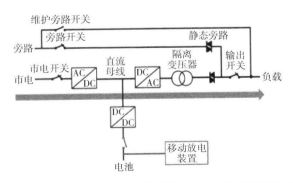

图3-4-2　外接可移动放电装置的 UPS 电池组测试方式

外接可移动放电装置的 UPS 电池组测试方式的几个缺点：

（1）耗工耗时。需要运维人员对每组电池分别接线放电装置，每个站点重复同样工作，电池放电完成后，又需将放电装置拆除恢复。放电装置数量有限，一条线路一晚上通常只能做 1~2 个站的电池放电测试。

（2）容易出错不安全。电池组一般具有数百伏直流电（高于人体安全直流电压），拆接线时会有触电风险。目前，电池放电测试绝大多数在夜间天窗时间作业，易因疲劳存在人为不确定因素的误操作。

（3）用户负载有掉电风险。由于此种放电方式将电池与 UPS 断开了连接，如同时遇到市电故障，则 UPS 无法瞬时自动切换到电池逆变模式给负载供电，负载具有掉电风险。

（4）高耗能。UPS 电池中的电能通过放电装置以热量的方式消耗，热量会使周围环境温度升高，需空调等制冷设备进行环控温度调节，会发生二次能耗。

用实际负载对 UPS 电池组放电测试方式是通过将 UPS 转换到电池逆变模式工作，用实际负载给电池放电。由于铁路项目中 UPS 负载率通常不高，电池放电电流小，不能很好地对电池去钝化以激活电池性能。此外，因为电池放电电流小，想要放出预定的容量，电池放电时间会变得很长，无法在天窗时间内有效对电池核容。

综上所述，传统的两种铅酸电池放电测试方法，都存在比较明显的不足，也不智能，这一直是运维的痛点。

创新的 UPS 电池馈网放电核容技术：工频 UPS 的整流器采用 IGBT 整流拓扑，基于 IGBT 整流的拓扑可实现四象限变流，开发控制策略，实现了市电可以往直流母线高功率因数整流稳压，也可以直流母线往市电高功率因数并网逆变。同时市电整流和电池升压可无缝快速切换，确保电池放电测试过程中逆变器输出不间断供电。

电池馈网放电核容技术，运维人员无需费时费力又有触电风险，仅需在 UPS 控制面板上或通过网管监控远程设置电池放电电流（电池放电时间、电池测试截止电压点等参数），UPS 切换到电池放电。假设运维人员设置 100% 的电池放电电流，但用户实际负

载只有 20%，在电池逆变保障负载不间断供电的同时，多余的
80% 电池放电电流可通过四象限整流器回馈至 400V 母线中，供
400V 母线中的空调、照明、新风等其他负载使用，实现电池的大
电流放电测试，活化电池，去钝化，并节约电能。当电池放电结束
后，UPS 会自动切换至市电整流逆变模式工作，同时给电池充电。
整个电池馈网放电测试过程，负载全程不间断供电，负载安全。
UPS 电池馈网放电核容技术如图 3-4-3 所示。

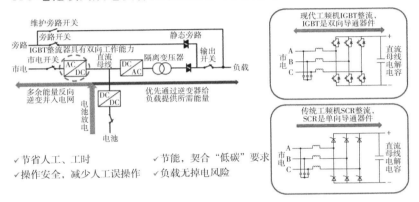

图 3-4-3　UPS 电池馈网放电核容技术

2. UPS 电池间歇充电技术

传统可控硅（6 脉冲/12 脉冲）整流 UPS，电池组直挂 UPS 直
流母线，长期处于浮充状态。IGBT 整流 UPS，电池组与 UPS 直流
母线之间自带 DC/DC 直流变换器连接，除了常规的电池均浮充方
式外，还可以采用间歇式充电方式。可控硅整流技术与 IGBT 整流
技术对比如图 3-4-4 所示。

IGBT 整流间歇式充电方式为电池组充满电后，UPS 关闭充电，
使电池组处于不充不放的后备静置状态，电池组的内阻会自放电，
当电池组电压跌落到设置的低压告警点或容量衰减告警点或静置休
眠天数（0 ~ 30 天），则重启 UPS 充电，给电池组补电。间歇式充
电技术可避免电池过充电引发的电池鼓包、漏液、过温风险，同时
减缓电池钝化、容量衰减问题。

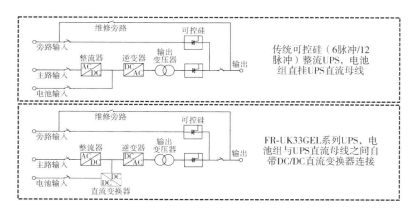

图 3-4-4　可控硅整流技术与 IGBT 整流技术对比

3. 积木共享式 UPS"1 +1"并机共用电池组技术

传统的 UPS 并机冗余方案如图 3-4-5 所示，并机系统中每台 UPS 各配置50%容量电池组，两台 UPS 均分负载。

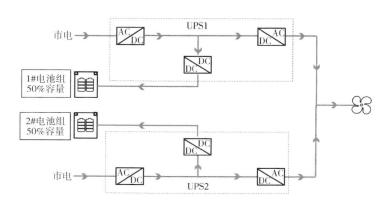

图 3-4-5　传统的 UPS 并机冗余方案

当一台 UPS 发生逆变器故障，UPS1 会退出并机系统，只剩下 UPS2 独立给负载供电，市电断电后负载的后备时间会减少一半，这是因为挂在 UPS1 端的电池组无法被利用。

常规 UPS 并机共用电池组方案如图 3-4-6 所示，可以解决这个问题。市电正常时，两台 UPS 均分负载，同时共用给电池组充电。

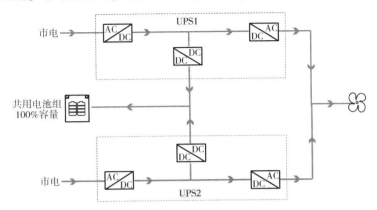

图 3-4-6　常规 UPS 并机共用电池组方案

当 UPS1 逆变器故障退出并机系统，电池组全部给 UPS2 使用，市电断电后负载的后备时间不变，电池组利用率最大化。但常规的 UPS 并机共用电池组方案仍存在问题，当 UPS1 整流器故障时，常见的解决方案：①UPS2 工作于市电逆变态，UPS1 工作于电池逆变态，两台 UPS 共用给负载供电。通常 UPS2 对电池组的充电电流小于电池组对 UPS1 的放电电流，那么最终电池组能量会放空，UPS1 还是会退出并机系统。若此时恰遇市电断电，那么 UPS2 也无电池可用。电池是最后保命用的，对于 UPS 并机冗余系统，如果还有 UPS 可工作于市电态，一般来说是不应该采用电池放电的。②在 UPS1 整流器故障情况下，为了保证电池不放电，关闭逆变器，退出并机系统，所有负载由 UPS2 承担，此时 UPS 无冗余，降低了系统使用的可靠性。

因此，提出创新的"积木共享式"UPS "1 + 1"并机共用电池组技术，最大化地实现并机 UPS 主要功能部件冗余，提高并机系统的可靠性。其工作模式如下："积木共享式"UPS 并机共用电池组方案，在两台 UPS 均正常的情况下，市电正常时，两台 UPS 均分负载，同时共同给电池组充电。"积木共享式"共用电池组与常规的共用电池组对比方案如图 3-4-7 所示。

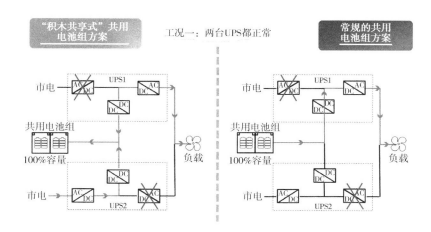

图 3-4-7 "积木共享式" 共用电池组与常规的共用电池组对比方案

"积木共享式" UPS "1 + 1" 并机共用电池组技术，当发生 UPS1 整流器故障，左侧 "积木共享式" 方案，UPS2 的整流器将交流市电整流为直流电后，除了给 UPS2 的逆变器供电外，还给电池组充电，并且通过 UPS1 的双向 DC-DC 模块给 UPS1 的逆变器供电，两台 UPS 的逆变器共同为负载供电，实现了逆变器的冗余备份。

当发生 UPS1 整流器故障，并且 UPS2 逆变器故障时，"积木共享式" 共用电池组方案，UPS2 的整流器将交流市电整流为直流后，给电池组充电，并且通过 UPS1 的双向 DC-DC 模块给 UPS1 的逆变器供电，UPS1 的逆变器为负载提供纯净交流电。

通过积木式的搭建，UPS2 的整流器与 UPS1 的逆变器组成了一台完整的 UPS，确保负载仍在市电供电模式下运行，避免启用到后备电池供电。

右侧常规的共用电池组方案，系统已转换到 UPS1 电池后备供电，当电池能量耗尽时，负载将转到有掉电风险的旁路态下供电。

对比之下显而易见，创新的 "积木共享式" UPS 并机共用电池组方案，可以显著地提升并机系统的可靠性。

4. 锂电池创新技术——电池模块并联架构

锂电池系统逐代发展过程如图 3-4-8 所示。

第 3 章 自备电源系统

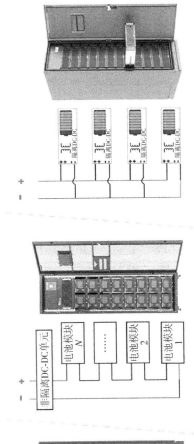

第一代锂电池系统
◆ 将锂电池模块简单串联成簇

第二代锂电池系统
◆ 整簇增加了一个总DC-DC单元

第三代锂电池系统
◆ 模块并联，每个电池模块有隔离电路

图 3-4-8　锂电池系统逐代发展过程

智能锂电池系统采用并联架构（不同于传统的电池串联架构），并联架构的特点如下：

（1）每个锂电池模块内部含有隔离 DC-DC 电路，锂电池模块内的电池包经过电路升压后再并到 UPS 直流端口母线，单一锂电模块故障，其自行退出并联系统，其他锂电模块正常工作。对 UPS而言，只是后备时间减少小，但不会出现无电池可用的情况。

（2）新旧电池模块可混用。每个锂电池模块含有隔离 DC-DC电路，可对模块进行均衡控制。除了方便故障模块更换外，还支持 UPS 后备时间精细化扩容。

（3）每个锂电池模块后含有隔离 DC-DC 电路，可对锂电池进行精细化充电管理，以及采样间歇充电方式，避免锂电池长期浮充，避免锂电池过充、过热、漏液、滋长锂枝晶等风险。

（4）每个锂电池模块后含有隔离 DC-DC 电路，将锂电池与 UPS 电气隔离，每个锂电池模块都有绝缘监测功能，当发生电池漏液时，该锂电池自动退出并联系统，不影响系统中的其他正常锂电池模块，系统发出声光告警提示运维人员更换异常模块。当 UPS发生故障损坏时，因为与锂电池模块有电气隔离，因此不会损伤到锂电池。

此外，智能锂电池系统还具备以下特点：

（1）每个锂电池模块可以热插拔更换，方便运维。

（2）锂电池模块关机后模块端口零电压，在储运、维护过程中无触电风险。

（3）每个锂电池模块面板都有状态指示灯提示模块工作状态。

（4）每个锂电池模块内部都含有消防模块，当发生热失控时及时降温灭火。

（5）可以控制单组电池或单个锂电池放电，方便电池核容。

5. UPS 直流母线电解电容在线监测技术

电解电容是 UPS 的基础元器件，有学者对电力电子设备失效原因进行统计，电容失效占到 30%。多种因素可能导致电解电容的失效，比如设计、工艺、生产环节的把控不当以及环境因素的变化。但电解电容失效的最主要原因仍为随着应用时间的延长，电解液逐渐损耗、内阻增大、容值下降导致电容承受的电应力变大,使用寿命缩短。如未能及时更换异常电容,严重的话会导致 UPS 故障,负载掉电。

因电解电容是寿命易损件,所以运维人员很希望能提前感知到电容容值的衰减情况,让他们可以做到计划性检修,对异常电容进行更换,避免发生 UPS 故障或负载掉电事故。目前电容的容值检测通常是在电容不带电情况下用仪器测量,也就是需要 UPS 关机下电,无法在 UPS 正常带电运行情况下在线智能监测,给运营管理带来诸多不便,可操作性差。此外,如果用这种方式对整条线路 UPS 的电容进行检测,那也是一件费工费时的工作。

根据通信行业标准《通信局(站)电源系统维护技术要求第 10 部分:阀控式密封铅酸蓄电池》(YD/T 1970.10—2009)的附录 A 的要求:滤波电解电容的理论设计寿命在 8~10 年,其实际工作寿命一般与三个因素有关:环境温度、工作电压、纹波电流或谐波电流。滤波电解电容的建议工作年限为 6~7 年,5 年后或根据设备的要求进行更换。电容若出现防爆阀开裂、外表鼓胀或漏液等现象,应立即更换。

针对电容运维的痛点,UPS 开发电容算法,UPS 可以在正常工作模式下,在线实时监测电容的容值,并在 UPS 屏幕上进行显示。运维人员可以通过 UPS 触摸屏设置电容容值衰减量告警阈值(比如设置 –20%),当电容容值衰减超过该阈值时,UPS 会本地及远程告警,提示运维人员进行巡检维护。电容容值在线智能监测显示技术,将过往电容故障事后应急抢修变为可以事前预警,使运维管理人员可以做到计划性检修,并为提报备品备件更换预算提供依据。

3.4.4 高速大功率柴油发电机组配套动力保护装置技术

当前各行业都在推进高质量发展,大功率柴油发电机组行业门槛高,品牌高度集中。中国企业起步晚,市场竞争促使中国同行一起步便不得不与百年国际巨头共舞。

当选择国产大功率柴油发电机组作为自备电源时,其高功率连续工作的可靠性尤为重要；除了柴油发电机组本身设计之外，外部的保护同样重要。

当柴油发电机组运行过程中发生严重的机械性故障（如拉缸、烧瓦等）时，如果值班人员不能及时发现并停机，会引起一系列的连锁破坏并最终使动力部分报废，甚至可能造成人员受伤等严重后果。尽管这种情况是小概率事件，但是当此类事件发生时，会造成巨大经济损失甚至人员伤亡。

为了应对上述问题，一种对柴油发电机组核心部件（发动机）的保护装置（废气保护装置）已经应用成熟。这种装置为柴油发电机组在高速运行时发生严重机械故障不能及时发现并快速停机提供了解决方案。

废气保护装置主要包括以下组成部分：

（1）压差开关：用于检测发动机曲轴箱里的废气压力，当压力值大于设定值时，压差开关会动作，常开触点闭合，触点连接导线后可形成回路，将信号传递给控制器。

（2）过滤器：过滤通往压差开关废气中的杂质，避免压差开关失效。

（3）废气管路：将过滤过后的废气引入压差开关。

当柴油发电机组安装此装置时，若动力部分出现严重故障，通过压差开关的无源信号会迅速传输至控制器，控制器立刻降速、断电停机，避免仍在高速旋转时的二次连锁破坏，从而保护动力部分，使后续的维修成本大大降低。

废气保护装置控制器接线如图 3-4-9 所示，其电路控制部分原理如下：如果机组控制器上有多余的开关量输入端口，压差开关 1 号脚接电池负极，3 号脚接

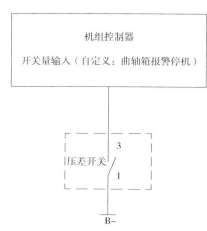

图 3-4-9　废气保护装置控制器接线

控制器开关量输入端口（无源），此端口设置为报警停机功能即可。此接法可以实现当曲轴箱废气压力超过设定值时压差开关动作，1号脚和3号脚接通，控制器接收到开关量信号就会停机，从而保护发动机不会受到更大的损伤。

第4章 电力配电系统

4.1 概述

本章所述的电力配电系统不包含变配电所低压柜及其出线，而是指由楼层配电箱（柜）至末端用电设备，以及由设备机房（如水泵房、通风机房、空调机房、弱电机房等）至末端用电设备这个范围内的配电系统，图4-1-1表达了本章电力配电系统所对应的范围，其中除变配电所外的均为本章的范围。

需要特别说明的是，对于一些整体供应的设备，如变频生活泵组，设备厂家成套供应的范围往往包括了自带的控制箱，控制箱内还包含了变频器和自动控制器等设备，这些不属于本章讨论的范围。

4.1.1 高铁站房电力配电系统设计原则及特点

高铁站房的特点是空间高大、客流密集、安检等工艺设备持续不间断工作的要求高、满足旅客出行的配套商业和餐饮灵活多变、高大空间的广告多，在站房的电力配电系统需要充分考虑上述因素。除了需要给高铁站房提供安全可靠的供电系统，也要为高铁站房提供一个灵活经营和节能增效的空间环境。

人员密集带来的消防和紧急情况疏散的需求，工艺设备高可靠性持续工作都要求供配电系统要有很高可靠性。空间高大决定了节能设计在站房配电中的重要地位，配套商业多广告多要求配电系统灵活可变，长期可持续的运维需求也带来智慧运维的需求和挑战。

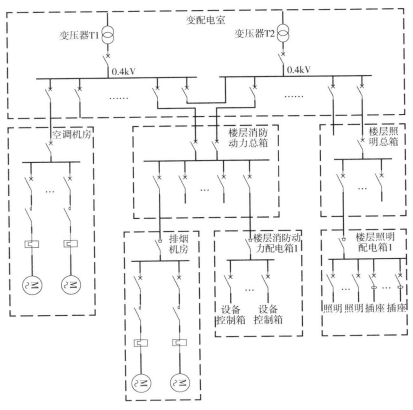

图 4-1-1　本章电力配电系统范围示意图

4.1.2　本章主要内容

　　高铁站房的建筑布局有其独特的功能需求，所以电气配电间的设置往往需要根据站房的建筑平面布局配置，出站层、承轨层、高架层各有特点，本章将按各层特点结合案例图样予以说明。

　　从用电设备而言，站房常用用电设备量大面广，如风机、水泵、电梯、商业用户、充电桩等。本章第三节就这部分内容展开论述。

　　从新技术发展而言，近年来智能断路器、故障电弧保护器、防火限流保护器、一体化智能配电箱（柜）等在高铁站房项目中的应用也逐步引起广大技术人员和设备生产厂家的重视。本章第四节就对这些新技术的技术特点、优势进行了分析，对这些新技术在高铁站房中的应用进行了展望。

4.2 高铁站房配电间设置

高铁站房的低压配电原则上是以各分区的 10kV/0.4kV 变电所为中心，依照就近原则对相应区域的低压负荷设备进行配电。动力配线采用放射式和树干式相结合的混合式配线网络，照明配电系统按功能分区域划分供电回路。对于大容量用电设备，如制冷机房、热交换机房、信息化机房等，由变电所低压母线直接引独立回路采用放射式供电；对于用电容量较小，比较分散的用电设备，采用树干式供电方式。

高铁站房的配电间设置遵照上述原则采取就近原则对相应区域的低压负荷设备设置配电间，或者根据设备用电量集中程度相应地设置配电间。

根据建筑防火分区的设置，每个防火分区还应设置一间强电间，作为本防火分区的照明以及应急照明配电小间，如本防火分区已有配电间，此强电间可与该配电间合并。

此外，配电间还应预留一定的面积，用于安装 FAS 以及 BAS 的设备，此做法与一般民用建筑的做法有所不同，民用建筑一般将 FAS 和 BAS 的设备设置在弱电间内，但高铁站房内的信息化安全要求较高，并由专门的管理单位负责平时的运营管理以及维保，在信息化机房或弱电间内是不允许出现与信息化无关的设备的。故高铁站房比较常见的做法就是将 FAS 和 BAS 的楼层设备安装在配电间或强电间内，统一由一家维保单位运营管理。如果条件允许，笔者还是建议设置单独的小间或配电间内单独隔出一座小间，以便放置 FAS 和 BAS 的设备。

4.2.1　出站层配电

　　高铁乘客到达目的地后通过出站层或出站厅刷票离开，出站层通常位于站房的另一侧或两侧，一些大型站房出站层设置在地面层，位于站台层下方，乘客由站台层通过电扶梯或楼梯下到出站层后刷票后出站并进入到城市通廊，一般城市通廊由高铁站所在城市地方财政出资建设。

　　为了节省高架层给站房提供高附加值的建筑面积，纵观国内几个大型站房，通常将电气系统主机房，包括信息化主机房以及其他一些主机房均设置于出站层，这种考虑除了能给站房节省出更多的商业面积带来更好的商业价值外，还能方便机电管线进出。在供电系统上，这些机电主机房属于用电负荷比较大的主机房，贴近电气变配电所，从节能角度上，符合变电所深入负荷中心的要求。集中的场所，由变电所直接供电。

　　出站层除了一些主要机电机房外，其他负荷如空调及照明、电扶梯以及商业广告用电，可由本层设置的配电间或强电间进行供电，按区域进行供电。以某大型综合交通枢纽出站层布局为例（图4-2-1）：

　　出站层可分为六个模块，其中出站厅共计五个模块，三小两大，城市通廊为一个模块，三个小出站厅建筑分为一个防火分区，两个大出站厅因面积较大，且有一定面积的商业零售的存在，两个大的出站厅建筑设置为两个防火分区，专为旅客出站的为一个防火分区，具有商业存在的为一个防火分区。城市通廊按准安全区考虑。

　　三个小出站厅各设置一座配电间，两个大出站厅，按防火分区的划分各设置两座配电间，每个配电间负责各自区域内的动力照明用电。城市通廊考虑作为准安全区，仅有照明、插座以及一些广告用电，由就近的出站厅配电间进行供电。

　　以某大型综合交通枢纽出站层配电间设置作为参考，如图4-2-2所示。

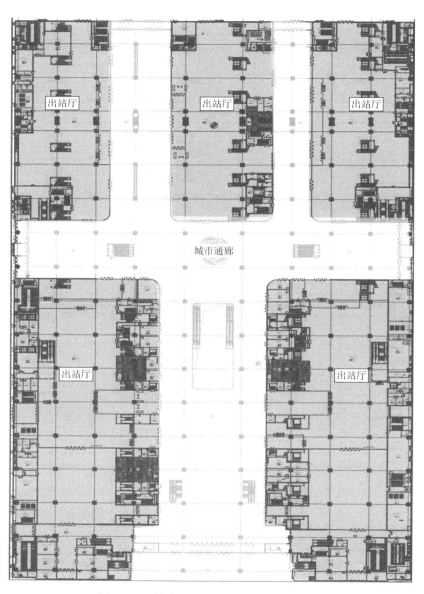

图 4-2-1　某大型综合交通枢纽出站层布局

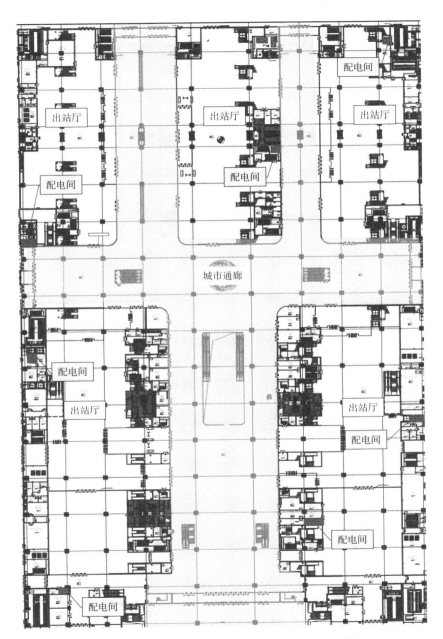

图 4-2-2　某大型综合交通枢纽出站层配电间设置

4.2.2　承轨层配电

　　承轨层也被称为站台层，是高铁站房的一个重要组成部分，它不仅承载着高速列车的重量，还影响着列车的运行速度和安全性。在高铁站的结构中，承轨层通常位于出站层上方，高架层下方，从高架层候车大厅检票口通道往下即可到达。除了作为旅客上下车的地方，承轨层还可能在一侧或两侧设有侧式站房，一般用于站房办公用房、贵宾厅及设备用房等设施。承轨层的主要用电设备除了线路上的牵引用电外，其他用电设备主要只有照明用电，扶梯和垂直电梯用电，而承轨层最为特殊的用电，便是上水泄污的设备。

　　通常每列动车或高铁列车底部都带有水箱和污物箱，分别用于储水和临时存储污水，在列车始发终到站以及部分经停时间较长的中间站上，会有上水工和卸污工站在列车侧边完成上水和吸污工作。图 4-2-3 为杭州东某车次的上水工工作实拍图片。

图 4-2-3　杭州东上水工工作照

由于承轨层存在列车的牵引用电线路，安全要求极高，所有的设备设施的配电均不允许垂直穿越列车线路，这对配电的路由要求极高，所有的配电线路均要避开列车线路。

某大型综合交通枢纽承轨层剖面如图 4-2-4 所示。

一般承轨层站台上方无法设置配电间，故承轨层的设备设施电源均来自于下方的出站层以及上方的高架层，站台上方的照明和电梯的用电建议来自于高架层，配电线路可通过连接高架层与承轨层的楼梯或垂直电梯引下至承轨层站台上方的照明点位，而上水泄污的用电电源可来自于由出站层进行供电。承轨层供电路由示意如图 4-2-5 所示。

4.2.3　高架层配电

高架层位于承轨层上方，通常有一个宽敞的大厅，用于提供候车、进出站、换乘以及休息等服务。高架层候车大厅的特点空间高大，具备良好的视野和通风条件，有助于乘客快速且舒适地进行出行。但在配电角度上，高大的空间无疑给配电线路的敷设带来较大的难度，特别是电气主机房位于出站层，从出站层通往高架层的电缆主干路需要避开承轨层的牵引线路，无法垂直引到高架层，电缆主干路由需要进行水平转换后引至高架层，必要时，还需要在承轨层高位设置机电管廊以避开牵引线路。

某大型综合交通枢纽高架层配电间以及转换井布置示意如图 4-2-6 所示。

某大型综合交通枢纽高架层竖向配电路由示意：

（1）无侧式站房竖向供电路由示意如图 4-2-7 所示。

（2）有侧式站房竖向供电路由示意如图 4-2-8 所示。

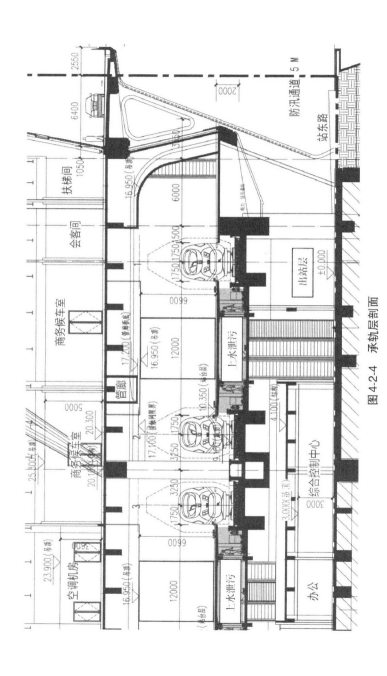

图 4-2-4 承轨层剖面

第 4 章 电力配电系统

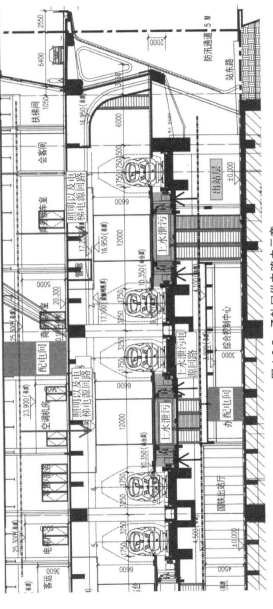

图 4-2-5　承轨层供电路由示意

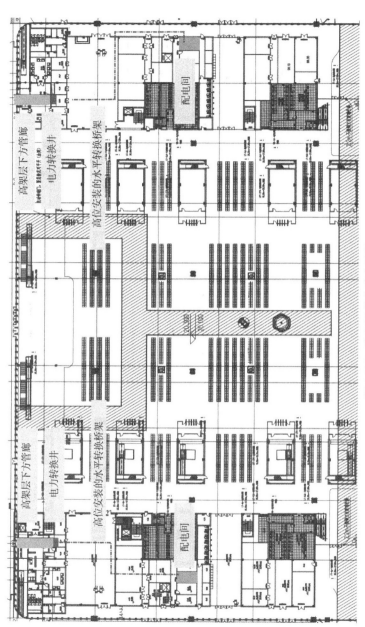

高架层下方管廊

封闭母线/管线铜排竖井(a/b)

电力转换井

高位安装的水平转换桥架

配电间

高架层下方管廊

电力转换井

高位安装的水平转换桥架

配电间

图 4-2-6 高架层供电路由示意

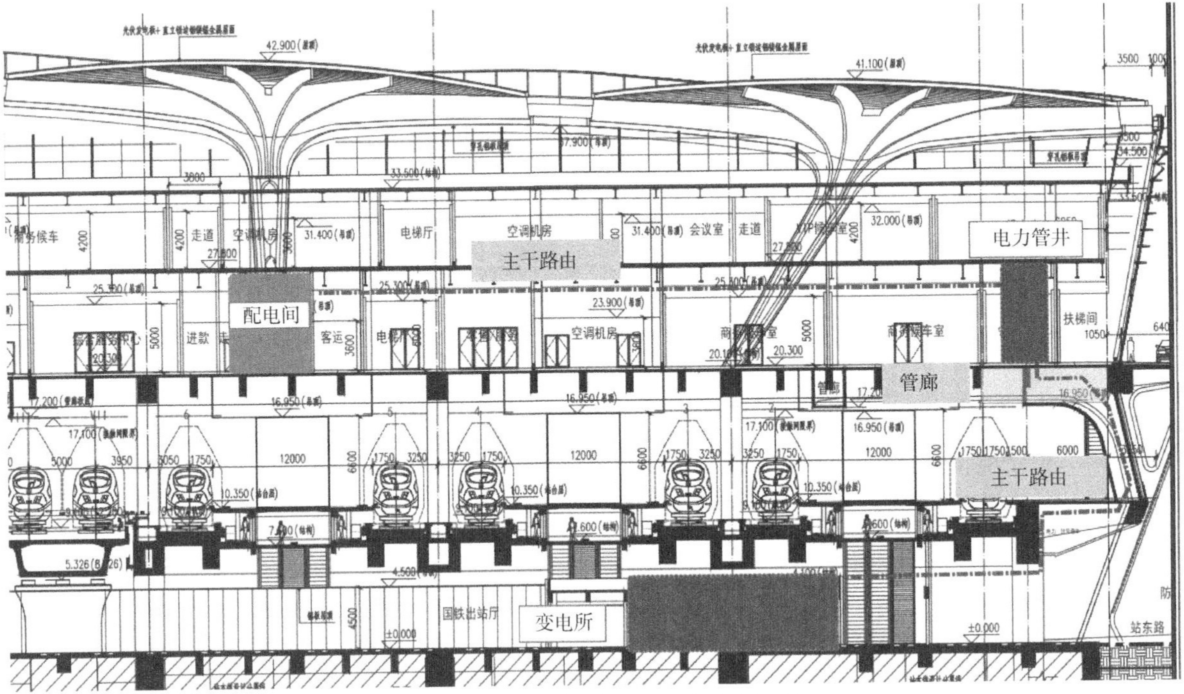

图 4-2-7 无侧式站房竖向供电路由示意

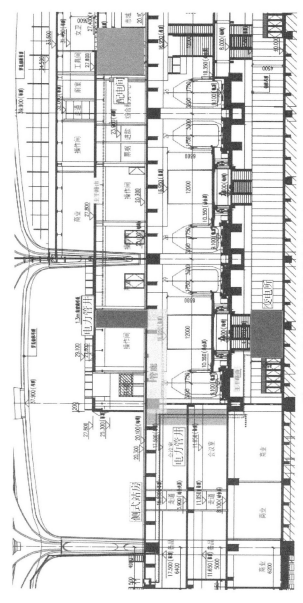

图 4-2-8 有侧式站房竖向供电路由供电路由示意

4.3 高铁站房常用设备配电

4.3.1 空调、通风、水泵等设备用电

1. 空调、通风以及水泵

设备采用放射式及树干式相结合方式供电。重要负荷采用放射式供电。同区域的同类负荷共用树干式供电回路。零散负荷由就近性质相同或相近的回路供电。功率特别大的设备可由 10kV/0.4kV 变电所直供电源，并在设备附近设置检修用操作控制箱。

根据负荷的分散程度和负荷容量综合考虑，暖通设备较多时在负荷中心处设置电力配电间进行集中供电和控制。

为冷热源机房供电的母线槽采用支架沿墙吊装至用电设备处，电缆采用桥架沿墙敷设至用电设备处。敷设时避开与机房中的暖通管道路径，尽量避免敷设在水管的下方和管线交叉。

空调、通风以及水泵设备设置就地控制和集中控制，集中控制由集控室或通过相关区域 BAS 系统实现，就地控制箱由暖通和给水排水设备系统自带。

一般设备采用直接启动方式，在启动时产生电压降影响其他供电负荷或启动电压不能满足规范要求时，由设备工艺专业配置符合要求的控制设备（如软启动器等）。对于容量较大、运行时间长或负载变化较频繁的设备，可采用变频调速运行方式，以节省电能损耗，提高功效。

室内给水排水生活泵、集水泵、污水泵采用现场手动及液位自动控制，并可通过 BAS 系统集中监视控制。且控制中带有水泵运行时间累计计时功能，及时进行主、备用泵间的切换运行，提高水泵的利用率。

空调通风以及水泵控制柜涉及 BAS 系统远程控制要求，设备可采用一体化控制箱（柜），采用模块化、标准化组件结构，根据不同设备应用的需求，配置相应的电气元件及设备专用控制器，一体化控制箱（柜）应可实现对设备多维度、数字化的监控和保护。

由于传统 BAS 系统的 DDC 控制器为通用设备，无法直接使用，需在设计、施工调试、后期维护等环节上提供高水平技术服务（如端口定义，二次编程等）才能使用；在实际设计施工过程中，各专业间的进度协调、界面和接口问题协调，对施工队伍的要求也很高，从而造成 BAS 系统在实际使用过程中出现各种无法调试的问题；一体化控制柜，控制器直接安装在控制箱内，现场也无太多接口管理，方便施工，而且采用标准化设计和生产，对维护技术人员专业要求不高，后期维护成本较低。

2. 消防泵

消防泵采用就地手动控制、压力节点自动控制，并可通过 FAS 系统集中控制和监视。由于消防泵的安全可靠的运行情况影响到整个站房的安全运营，往往火灾时候，消防泵可靠稳定的工作非常重要，实际火灾发生时，各种现场环境可能导致消防泵不能正常的工作。消防泵控制柜应具备消防专用双电源切换、消防泵控制、机械应急启泵、消防泵物联网监测等重要功能，可在消防需求时及时启动消防水泵进行消防供水，又可进行日常的自动维护，使消防水泵长期保持在可靠运行状态，同时为用户提供需要的各种数据。

消防泵控制柜的主要功能：

（1）具有自动、手动和远程启泵三种启泵方式，远程启泵包括 FAS 联动控制、手动控制盘远程控制以及消火箱按钮启泵、压力开关启泵等。

具有"一用二备""二用一备"可选，主用泵故障时，备用泵自动投入。

（2）机械应急启泵功能。《消防设施通用规范》（GB 55036—2014）第 3.0.12 条第 3 款规定：消防水泵控制柜应具有机械应急启泵功能，且机械应急启泵时，消防水泵应能在接受火警后 5min 内进入正常运行状态。

消防泵机械应急启泵装置，通常为旁路式安装结构，独立于一次启泵回路之外，可同时解决控制柜内二次线路故障或一次元件故障导致的消防泵无法正常启泵的问题；并可实现机械式星三角降压启动，用于紧急情况下通过柜门机械手柄强制启动消防泵；装置手柄平常锁定，防止误操作，紧急情况下由有管理权限的人员开启操作。

（3）消防泵物联网监测功能。采用智慧物联技术，通过物联网网关、主机通信板等设备连接到消防联动控制柜上，通过监控中心巡检和数据采集器主动上报相结合的方式来采集消防设施的信息，提高消防泵运行、维护的可靠性。

4.3.2 电梯/扶梯用电

对于电梯和扶梯的供电，应根据其负荷等级配置相应的电源。在一些大型站房项目上，面对 VIP 客户的电梯、用户旅客进站的扶梯以及可用于辅助疏散的扶梯应按照一级负荷对其供电。按防火分区或就近原则设置双电源切换箱。对于二、三级负荷的电梯或扶梯，集中设置配电箱，通过电力桥架水平或垂直敷设至电扶梯控制箱。

电扶梯一般自带控制箱，电力专业与扶梯、垂直电梯专业的接口在设备控制箱进线开关上口。

4.3.3 广告灯箱及 LED 屏用电

广告照明以及 LED 采用专用照明配电箱，由变电所单独供电，并设置计费装置。在高铁站房照明设计中，应充分利用广告灯箱与 LED 的背景光源对照度的贡献，结合功率密度校验照度值，对候车厅等复杂区域可根据使用功能需要照度采用差异化设计，合理优化灯具布置和数量。

对于广告灯箱的配电，需要注意以下事项：

（1）供电负荷等级为三级。

（2）选择合适功率的电源，以免电源过热引发火灾事故。

（3）采取集中控制方式，并接入到 BAS 或智能灯控系统。

（4）为保证今后在实际使用中计量的准确以及权属的明确，应对每块广告位进行独立计量，并能远程抄表。

对于信息显示 LED 屏的供电，需要注意以下事项：

（1）LED 屏所在防火分区的配电间内或强电间内设置双电源切换箱，双电源切换箱的配出开关的整定值应与配接的 LED 屏的功率相匹配。

（2）LED屏的内部含有较多的驱动器，造成驱动电源输入电流谐波含量较高，但驱动器大量密集使用的时候，它所产生的谐波电流以及三相不平衡电流，严重污染整个供电系统甚至引发零线过流带来起火风险。为避免电能质量问题带来的各种风险，需要在LED屏供电系统设置电能质量治理系统和设备，以便消除隐患。

4.3.4 充电桩配电及用电

1. 充电桩的配电

随着新能源车的普及，越来越多的高铁站房项目要求设置充电桩，而高铁站房项目上设置的充电桩的供电与其他项目并无不同，基本上所有的充电桩配电考虑的主要因数包括容量大小、负荷分布、管理需求、鼓励政策等。

（1）总容量较大且布置相对集中时，单独设置变压器；低压配电可采用树干式、放射式。

（2）总容量不大时可由变电所专线供电，设置总箱或母干线，采用树干式、放射式配电。

（3）容量较小时可由区域总箱配出单独回路供电。

（4）如果电价不同，加装电力部门认可的二级表。

以某个正在建设当中的大型综合交通枢纽项目为例，该项目充电桩的设置比例要求按照整个站场区域总车位的30%设置充电车位，而总充电车位中的30%为直流快充。又因为铁路高架桥的安全要求，不允许将充电桩设置在铁路高架桥下方，担心充电车起火甚至爆炸从而对高架桥的安全造成影响。故建筑师将所有充电桩设置在地下室车库，本工程共有720个充电桩，其中直流充电桩有216台，按照项目所在交通委要求，慢充桩与直流充电桩用电功率分别为7kW和60kW，充电桩总用电量达到16488kW。对于这类负荷较为集中，且用电功率高，但同时使用系数不高的情况，非常适合树干式供电，采用大母线集中供电。

直流充电桩的供电，直接由母线槽上的插接箱进行供电，母线槽出线的地方设置直流桩专用的防火限流保护器箱，以满足规范对充电桩的防火要求，如图 4-3-1 所示。

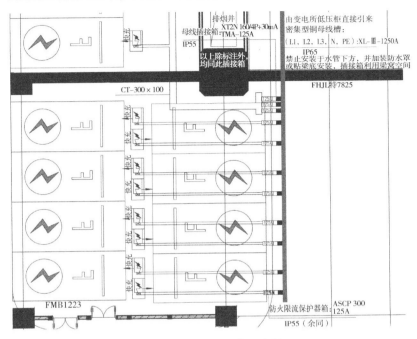

图 4-3-1 快充配电示意图

对于慢充桩，可在就近区域集中设置慢充专用的配电柜，配电柜的上级电源也可就近从充电桩专用的母线槽上的插接箱引来，无专用母线，也可直接从变电所引来，而充电桩配电箱至各慢充则采用桥架敷设方式将电源接到末端充电桩，如图 4-3-2 所示。

2. 充电桩未来发展技术路径展望

（1）V2G 车网互动技术。近年来，电动汽车发展迅速，其无序的移动负荷，给配电网带来严峻挑战，同时充电时空可调节特性及电池的放电能力又为电网运行提供了巨大的灵活性资源潜力。电动汽车是新能源微网系统的重要元素，利用电动汽车动力电池作为分布式移动储能装置，采用 V2G 技术参与企事业单位、工业园区等场景的微电网调节，通过新能源微网系统调控，可实现电动汽车充电及放电，调整微网乃至区域电网的电量和功率的平衡，实现区

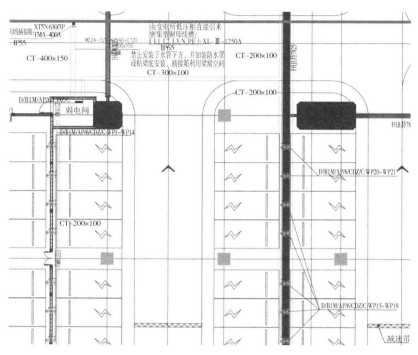

图 4-3-2　慢充配电示意图

域配电容量无需增容，即可满足电动汽车充电需求，又能通过 V2G 放电行为为电动汽车车主带来收益，还能提高系统的设备利用率，同时保障电网的运行安全。V2G 和分布式光伏、储能及其他常规负荷一起构成微电网，实现多元源荷互补，可充分发挥电动汽车的灵活性资源价值，如图 4-3-3 所示。

（2）光储超充综合解决方案。光储充一体化模式主要围绕新能源车辆充电开展业务，并借助光伏、储能以提升业务的效益，因此主要应用于具有光伏、储能安装空间和新能源车辆流量的区域。该模式的预期为利用电能储能系统在电网用电低谷时段存储电能、在电网用电高峰时段输出电能以降低新能源车辆充电对电网容量的要求，同时利用光伏发电为充电场站提供额外的清洁电能，从而使充电场站可以具有降低电网容量、控制电能流动、电能时空转移、

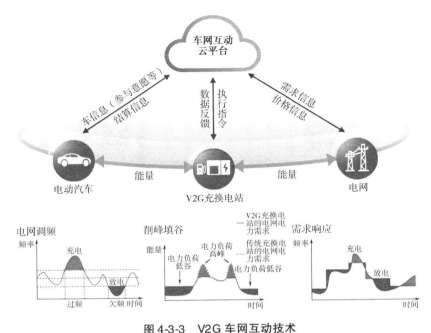

图 4-3-3　V2G 车网互动技术

场站电能优化的能力，最终达成充电场站投建成本合理及运行效益提升的目的。比较适用于集中式充电场站以及高铁站房等其他一些屋面上有条件设置大面积太阳能光伏的场所。

随着新一代充电技术与新型储能技术的发展，利用储能解决充电站变压器容量不足是一个兼具灵活性与低成本的高效解决方案。该方案是基于分布式储能、工业互联网、微电网、大功率电力电子等创新技术，将光伏、储能、大功率超级充电桩集成于一体的标准化智能充电站。采用 480kW 或以上功率的集中式充电堆，根据用户车辆的实际需求来灵活分配充电模块，当多位车主同时充电时，算法可按照平均分配或先到优先等多种方式分配充电功率，实现"有序充电"与"柔性分配"，让充电车主获得最佳的充电体验。同时，该方案还使用了分布式储能，可在配电容量不足的场景中支撑超级快充的功率需求，并通过"云边端协同"实现峰谷价差利润、需求响应等策略，帮助充电运营商获得最优的经营效益，如图 4-3-4 所示。

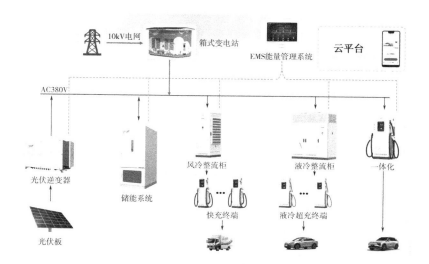

图 4-3-4　光储超充综合解决方案

4.3.5　高铁站房商业租户用电

高铁站房的商业电源，设计原则应根据商业策划顾问或路局运营公司的提资要求进行配电。某大型交通枢纽项目的商业用电指标表格见表 4-3-1。

表 4-3-1　商业用电指标

商业业态	用电预留指标
轻餐饮	50~80kW/铺
重餐饮	1000W/m^2
零售	150W/m^2

配电原则采用放射式供电，在每个商铺内预留一只负荷隔离开关，商业负荷集中区域的配电间内设置商业租户专用配电箱，每个租户的负荷隔离开关箱的电源均来自于商业租户专用配电箱，并在每个租户供电回路上设置计量表具，用于电费计量。设置的表具具有远传抄表功能，方便物业人员抄表计费。

商业供电系统示意如图 4-3-5 所示。

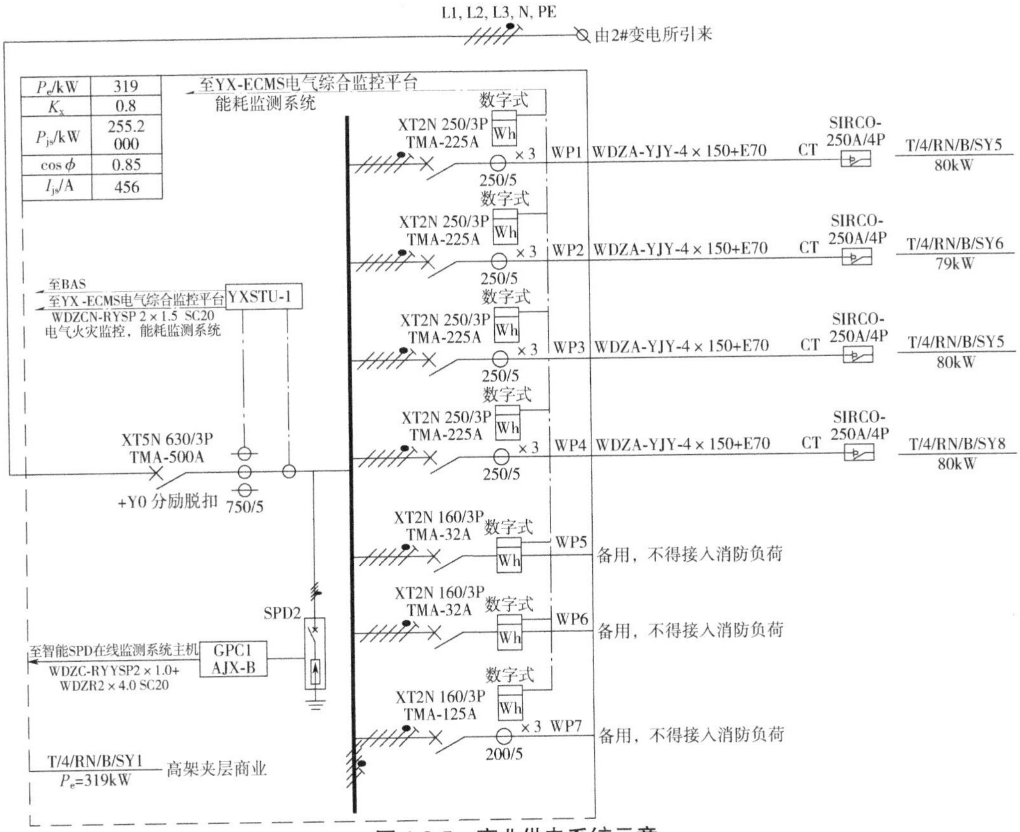

由2#变电所引来

L1、L2、L3、N、PE

P/kW	319
K_x	0.8
P_{js}/kW	255.2
	000
$\cos\phi$	0.85
I_{js}/A	456

至BAS

至YX-ECMS电气综合监控平台
WDZCN-RYYSP2 × 1.5 SC20
电气火灾监控、能耗监测系统

XT5N 630/3P
TMA-500A

+YO 分励脱扣 750/5

至YX-ECMS电气综合监控平台
能耗监测系统

YXSTU-1

至智能SPD在线监测系统主机
WDZC-RYYSP2 × 1.0+
WDZR2 × 4.0 SC20

GPC1
AJX-B

SPD2

T/4/RN/B/SY1 高架夹层商业
P_e=319kW

WP1 WDZA-YJY-4 × 150+E70 数字式 × 3 250/5 XT2N 250/3P TMA-225A CT SIRCO-250A/4P T/4/RN/B/SY5 80kW

WP2 WDZA-YJY-4 × 150+E70 数字式 × 3 250/5 XT2N 250/3P TMA-225A CT SIRCO-250A/4P T/4/RN/B/SY6 79kW

WP3 WDZA-YJY-4 × 150+E70 数字式 × 3 250/5 XT2N 250/3P TMA-225A CT SIRCO-250A/4P T/4/RN/B/SY5 80kW

WP4 WDZA-YJY-4 × 150+E70 数字式 × 3 250/5 XT2N 250/3P TMA-225A CT SIRCO-250A/4P T/4/RN/B/SY8 80kW

WP5 备用，不得接入消防负荷 数字式 XT2N 160/3P TMA-32A

WP6 备用，不得接入消防负荷 数字式 XT2N 160/3P TMA-32A

WP7 备用，不得接入消防负荷 数字式 × 3 200/5 XT2N 160/3P TMA-125A

图 4-3-5 商业供电系统示意

4.3.6 　其他用电

（1）与通信、信息专业的接口：站房电力设计一般为通信和信息系统专业提供的低压电源接口位置在电源箱（或电源切换箱）的出线开关下端头，接口电源箱（或电源切换箱）由电力专业提供。

（2）与电动门、电动窗专业的接口：电动门、电动窗自带控制箱，动力供电设计仅将电源送至控制箱进线开关上端头。

4.4 　智慧配电新产品与创新技术

4.4.1 　智能断路器与智慧配电解决方案

智能断路器主要用于保护低压线路免受过载、短路等故障导致的损害。它能够自动识别电路故障，并在极短的时间内快速切断电路，有效防止过载、短路等故障的发生。智能断路器配备了微处理器、通信芯片、感应元件等智能模块，能够实现过载保护、短路保护、漏电保护、过压保护等多种保护功能。它通过实时监测电路参数和设备状态，能在故障发生前发出警报，并支持远程控制和智能监测，显著提高了用电安全和管理效率。

此外，智能断路器还具有可靠电源输入、安全自动断路、环境监测等特性，可根据需要调节开断次数，满足不同用户和用电环境的需求。

1. 智能断路器的工作原理

智能断路器的工作原理主要基于电力电子技术、数字化控制装置以及新型传感器。它们共同构成执行单元，取代了传统的机械结构辅助开关和辅助继电器。智能断路器具备以下核心功能和特点：

（1）电路保护和控制。智能断路器能对电路进行实时监测，并在检测到过载、短路等异常情况时立即切断电路，从而防止电路故障引发的危险事故。它还提供远程调节和操作电路状态的功能，方便对电路进行操作和维护。

（2）预储能机制。智能断路器处于预储能状态，使得断路器一接到合闸命令就能立即闭合。这种机制通过电动传动机构实现，储能轴与主轴之间通过特定的连接方式活动连接。

（3）数据采集和故障检测。新型传感器与数字化控制装置配合，独立采集运行数据，能检测设备缺陷和故障，并在缺陷发展为故障前发出报警信号，以便采取措施避免事故发生。

（4）机械系统的可靠性。智能断路器实现电子操控，将机械储能转变为电容储能，并通过变频器经电动机直接驱动，提高了机械系统的可靠性。

（5）智能化操作。智能断路器引入了电磁技术、芯片技术、现场总线技术和计算机处理器，具备了控制、计量及通信等功能，能更好地完成开断任务并提高开断的可靠性。

总的来说，智能断路器通过集成先进的电子技术、传感器和控制系统，实现了电路的智能化保护、控制和监测，从而提高了电力系统的安全性和效率。

2. 智能断路器的优点分析

（1）安全性高。智能断路器具有很高的安全性。其内部装有多种安全保护机制，能够快速检测到电力系统中的故障，自动切断电源。在遇到短路、过电流等电力问题时，智能断路器能够自动断开电源，避免电器过载和损坏，保护电器和人员不受电击。

（2）功能智能化。智能断路器具有功能智能化的特点。它能够自动提供电量信息和电压质量记录，对电力系统进行实时监测，通过内置芯片来进行数字化和智能控制。智能断路器还可以记录电器运行数据和故障信息，方便用户了解电器的使用情况，并对故障进行快速诊断和排除。

（3）可远程控制。智能断路器可以实现远程控制，用户可以通过手机或计算机等终端设备对断路器进行远程控制，实现开关的远程控制，方便用户远程遥控电器开关。

（4）便于数据传输。智能断路器还具有数据传输的功能。通过内置的芯片，智能断路器可以准确地记录、处理并传输数据，并具有数据存储和数据分析的功能，方便用户对数据进行分析并进行决策。

总之，智能断路器具有高度的智能化、安全性、可远程控制和数据传输等优点。它能够有效地保护电器和人员的安全，提高电力系统的运行效率，为人们的生活和工作提供更多便利。

3. 高铁站房智慧配电解决方案

智慧配电管理系统可通过将高铁站房不同区域、不同类型设备进行能源、资产的监测、管理及调控，让配电系统达到最优状态。智能设备通过网关上传数据到健康管理平台进行诊断和预判，在用户界面上进行健康状态的显示和输出。再提供运维策略帮助用户进行智能运维，从而实现从被动预防到主动预测的转变。

例如某品牌的资产健康管理解决方案，在数据采集、评估分析和运维建议三个阶段都对高铁站房配电系统运维带来极大的便利。

（1）数据采集阶段，传感器采集到的所有状态信息传递到高铁站电气设备健康管理平台后，这些信息是无法直接判断设备是处于健康状态还是预警状态的，它们需要得到针对性地分析和处理。需要以独特算法和机理模型为核心，以工业大数据为补充，完美地将场景和算法结合起来，才能得到准确的设备健康指数。在得到一个准确的健康状态后，资产健康中心根据报警的表征信息，凭借着长期运行经验和专家的维护建议进行进一步的诊断，得出运维策略，从而帮助高铁站房实现智慧运维。

（2）状态监测及分析诊断。比如传统的温升监测，一般都会内部设定统一的单一温度值作为报警阀值，一旦超过该值，立即报警；但是在实际现场工况下，运行电流通常来说远低于额定电流，因此温度很难达到这个设定值以上，因此必然存在这么一个报警盲区，当负载电流很小，温升很高有异常，但又没有超过报警值的这个情况；这时基于实时负载的动态温升诊断就可以完全避免该盲区，因为算法的报警值是动态的，它与负载电流大小和时间常数是息息相关的，如图4-4-1所示。

基于负载的温升诊断

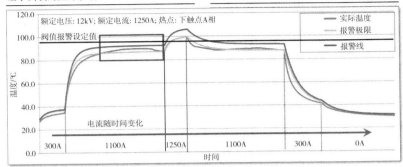

图 4-4-1　基于负载的温升诊断曲线

（3）智慧运维。资产健康管理系统本地服务器可实现对高铁站配电系统所有在线监测数据进行对比分析，可按日、周、月及任意区间进行选择对比分析，极大地方便了高铁站房的电气运维人员对智能化设备的了解与监视。

当站房电气设备健康状态出现异常时，通过健康评分可直观地了解设备状态信息，通过运维建议，清楚地查看设备详细异常信息描述，运维人员可根据具体维护建议制订运维计划，开展状态检修，降低故障风险，避免非计划停电的发生，降低设备的全生命周期成本。

对高铁站房运维人员来说，移动运维管理模块更是智慧运维的好帮手。其中包含了工单管理、报警管理、设备资产台账管理、设备实时运行参数、运维咨询管理、统计报表管理、二维码快速查询图样信息及出厂资料等功能。可通过本地服务器提供业务逻辑处理、相关数据存储等，实现本地状态量、电气量、故障信息、报警信息、设备信息等数据的移动端显示。数据中心智慧配电管理也可将系统状态发送至动环系统的移动终端设备如手机或 IPAD，实现移动运维管理。智慧运维系统架构如图 4-4-2 所示。

当设备资产健康管理诊断出设备存在预警或者报警信息、数字化配电管理从继电保护装置中读取到报警事件时，可触发移动运维管理中的报警管理功能和工单管理功能，第一时间将报警事件推送

图 4-4-2　智慧运维系统架构

至管理平台及移动终端设备上通知相关运维人员，自动生成运维工单，安排运维人员去现场处理。

1）报警管理功能：根据区域对报警信息进行层级划分统计显示，并对报警信息进行实时刷新。报警信息可以通过多种方式进行及时通知相关人员，如 APP 消息推送、短信通知、邮件通知等。设备运维管理人员根据权限设定可对具有权限的设备的报警信息进行操作，包括确认报警信息、取消报警信息、确认消除报警等。

第4章　电力配电系统

095

2）工单管理功能：支持工单的查询、新建、修改以及工单的流程审批功能。在工单流程启动后以短信或者远程通知（通知中心）的方式将工单信息发送给工单执行人，工单创建人可在创建工单时上传现场照片，工单执行人在执行工单后也可进行现场照片的上传，如图4-4-3所示。

图4-4-3　智慧运维工单管理

3）设备资产台账管理功能：能提供全面的设备资产台账信息及设备核心运维数据，详细的实时数据信息展示，也可通过扫描二维码实现快速查看资产信息，并且能够快速跳转到该设备上一级设备信息页面，如图4-4-4所示。

图 4-4-4　智慧运维设备资产台账管理平台

4.4.2　故障电弧保护器

剩余电流保护器（RCD）可以通过检测电气装置内的泄漏电流和由电痕化电流引起的对地燃弧而有效降低火灾危险，然而事实上 RCD、熔断器或小型断路器（MCB）不能降低由带电导体之间的串联电弧或并联电弧引起的电气火灾。在串联电弧故障发生时，由于没有产生对地泄漏电流，因而 RCD 无法检测到这类故障。而串联电弧的故障阻抗降低了负载电流，使得电流低于 MCB 或熔断器的脱扣阈值。在相线与中性导体之间产生并联电弧的情况下，电流仅受限于装置的阻抗。最严重的是偶发电弧，传统的断路器并不是为此目的而设计的。实践经验和现有的信息证实，引发火灾的接地故障电流的均方根值不能局限于50Hz/60Hz的额定电源频率，可能包括测试RCD时不考虑的较高频谱。

1. 故障电弧的危害

故障电弧是指由于电气线路或设备中绝缘老化破损、电气连接松动、空气潮湿、电压电流急剧升高等原因引起空气击穿所导致的气体游离放电现象。故障电弧发生时，其中心温度可高达3000℃左右，并伴随有金属喷溅物，足以引燃任何可燃物，引发电气火灾，对人民群众的生命财产安全造成危害。

2. 故障电弧的成因分析

故障电弧产生的原因主要有三个，一是电气线路老化，导致相间并联故障电弧，如电气线路年代久远尚未更换；私拉乱接、线路长时间过负荷运行加速线路老化；紫外线、烟雾环境等造成线路老化。二是线路绝缘破损，导致相间并联故障电弧及对地故障电弧，如电气线路施工时未按规范使用套管等保护措施；野蛮施工等施工不当导致线路绝缘破损；后期装饰过程中因钉子等毁坏墙内电线绝缘；未按规范位置敷设电线，导致电线被门窗、桌椅板凳等破坏绝缘；鼠咬虫蛀等导致线路绝缘破坏。三是线路虚断、接触不良引发串联故障电弧，如使用蛮力穿管扯线导致线束内部虚断；电气接头、接线端子等连接不牢；插座老化失去弹性与插头接触不良。

3. 故障电弧保护器介绍

国家标准《电弧故障保护电器（AFDD）的一般要求》（GB/T 31143—2014）中关于电弧故障保护器（AFDD）的定义为：当检测到电弧故障时，通过断开电路来降低燃弧故障影响的装置。故障电弧探测器是电弧故障保护器（AFDD）的一部分。其产品图片及接线原理如图4-4-5~图4-4-7所示。

故障电弧探测器可以对故障电弧（包括故障并联电弧、故障串联电弧）进行有效的检测，当检测到线路中存在引起火灾的故障电弧时，可以进行现场的声光报警，并将报警信息传输给电气火灾监控设备。

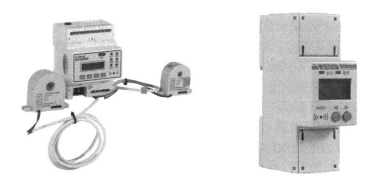

图 4-4-5　多回路型故障电弧探测器　　图 4-4-6　多功能型故障电弧探测器

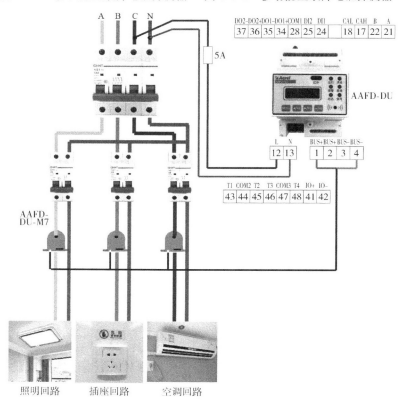

图 4-4-7　AAFD-DU 型故障电弧探测器接线图

故障电弧探测器适用于工业与民用建筑中 10kW 及其以下的电气线路，其保护线路长度不宜大于 100m。产品遵循国标《电气火灾监控系统 第 4 部分：故障电弧探测器》（GB 14287.4—2014）。

以 AAFD-DU 多回路型为例，能实现以下功能：

1）支持 1 路剩余电流，外接漏电互感器。

2）支持 4 路温度，外接温度传感器。

3）支持 32 路故障电弧，外接故障电弧传感器。

4）支持 2DI，2DO。

5）声光报警，LCD 点阵液晶显示。

6）导轨式安装，4 模。

7）485 通信，可连接电气火灾主机。

8）1 路二总线，连接故障电弧传感器。

9）可选配 4G 上传功能。

以 AAFD-40Z 多功能型为例，能实现以下功能：

1）监测单相回路的故障电弧。

2）监测 1 路剩余电流、2 路温度、电压、电流、功率、电能。

3）通过对电气线路的实时监测能及时、准确地发现电气线路中的故障和异常状态，可帮助用户迅速查明电气故障发生的区域，以便及时消除电气火灾隐患。

4）具有声光报警功能。

5）本探测器尺寸小巧、安装方便，采用标准 35mm 导轨安装。

6）具有故障电弧模拟发生功能，可以通过模拟故障电弧对本机进行性能测试。

7）具有通用 485 总线接口，采用标准 Modbus 协议进行数据交换，信号兼容性强。

8）可选配 4G 上传功能。

4.4.3 防火限流保护器

上节中提到的故障电弧探测器主要探测对象是电气线路或设备中绝缘老化破损、电气连接松动、空气潮湿、电压电流急剧升高等原因引起空气电击穿所导致的气体游离放电故障。故障电弧保护器能对电弧故障实现显示和报警功能，故障电弧保护器对于过载、短路故障是不能做出快速响应的。国家标准规定当在1s内出现14个及以上故障电弧脉冲时，故障电弧保护器应发出报警信号，这表明故障电弧保护器的最大响应时间是在秒级的速度。对于突发短路故障，探测器不能做到快速响应，容易因短路电流剧增而引发火灾事故。另外，该探测器监测的是发生电弧故障时的高频电弧脉冲，当探测距离较长时，电气线路很容易感应到其他电气噪声的高频脉冲，因而容易造成信号干扰导致误报警。

目前市场上有"故障电弧保护器"把故障电弧探测和断路器合为一体，其故障分断部件仍为脱扣式断路器，报警动作最大响应时间仍为秒级，这就会造成当探测到发生短路电弧时，由于其动作时间长，保护器无法实现快速分断限流，致使短路电流仍旧会急剧增大而引发火灾。再有，对于用电线路超负荷过载的故障，故障电弧探测器也是不能进行探测的，这也会造成电气线路长时间过载，电线发热老化加剧，最终也会引发火灾。

新一代智能型产品"电气防火限流式保护器"，克服了传统的电气火灾报警系统所不具备快速限流保护功能等缺陷，其最主要的特征是通过创新设计，以微秒级速度及无触点开关形式来分断短路故障电流，使得短路电流还未上升到危险值之前就实现限流控制。其快速限流控制速度可在不到150μs之内就能实现快速分断限流保护，可有效抑制短路点可能出现的危险火花。这是目前一般防火监控设备所不能达到的性能。

电气防火限流式保护器主要监测的是用电线路上电流、电压和温度的工作状态，一旦发现用电线路的电流发生过载、短路故障，保护器会以微秒级速度实现快速限流保护，有效抑制短路电流的剧增，确保短路处不产生危险火花。保护器还能够对剩余电流、电线或接头的温度进行探测，如发生故障，保护器能及时实现限流保护。

各种电气防火设备比较见表4-4-1。

表 4-4-1　各种电气防火设备比较

项目	断路器	剩余电流探测器	故障电弧探测器	故障电弧保护器	电气防火限流式保护器
探测对象	负载电流	剩余电流	故障电弧	故障电弧	负载电流、温度、剩余电流
分断类型	电磁脱扣	无开关	无开关	电磁脱扣	MOS 固态开关
开关触点飞弧	有	无开关	无开关	有	无
响应时间	毫秒级	毫秒级	毫秒~秒级	毫秒~秒级	微秒级
抑制短路火花	不能	不能	不能	不能	能
实时功能	断开后报警	事后报警	事后报警	断开后报警	实时限流报警
开关寿命	短	无开关	无开关	短	长
产品功能	短路断开过载断开	监测剩余电流	监测故障电弧	监测故障电弧短路断开过载断开	1）短路限流 2）过载限流 3）超温限流 4）漏电电流 5）过压保护 6）欠压保护 7）远程联网

需要特别说明的是，国家标准《电气火灾监控系统 第 6 部分：电气防火限流式保护器》（GB 14287.6—20××）处于征求意见稿阶段，相关产品在市场上已有大量应用。电气防火限流式保护器还需要行业同仁共同努力，做更深入的研究以便进一步的推广。

4.4.4　一体化智能配电箱（柜）

一体化智能配电箱（柜）是一种集电源控制、电力分配和电能计量于一体的综合配电设备。其主要作用是接收电源输入并将电能分配到各个电路或设备中，同时可以监测电能的使用情况并进行计量。它是以计算机控制系统为核心，以机电技术为基础，集信息与机电技术、采集与控制功能、计算与学习能力为一体，具备独立工艺、实现节能控制和网络通信的机电一体化技术。

1. 一体化智能配电箱（柜）的功能

一体化智能配电箱（柜）一般具有以下功能：

（1）具有人机控制操作、信息、状态的显示和网络通信功能，采用以太网方式与网络控制器或管理中心平台间进行通信。

（2）具有电能分配、变换、保护、控制、计量、安全和所控制设备的监测、计量、控制、保护功能。

（3）具有有效的抗干扰措施，避免强电对弱电控制元件的干扰，具有 EMC 电磁兼容测试报告及 CCC 认证。

2. 一体化智能配电箱（柜）的技术特点

（1）系统功能：采用一套软件实现设备监控、电力监控、照明控制、剩余电流检测、用能计量、建筑环境检测、能效管理、智能运维、节能控制、自主学习等功能，可实现实时、历史数据共享。

（2）网络架构：系统采用两层网络架构，即管理网络层和现场网络层，管理网络层采用 TCP/IP 网络传输技术，现场网络层采用现场总线和 I/O 传输技术。

（3）集成化与模块化：一体化配电柜将多个配电设备集成在一个箱体中，包括断路器、开关、电压互感器、电流互感器等，实现了集中控制和管理。它具有控制回路、强弱电系统、软硬件、多学科技术集成的特点；控制设备的模块化（外形、接口）、控制软件的模块化（程序、组态、通信）；通用性强、应用灵活，可与 BAS、物联网等实现自由组网。

（4）智慧化与人性化：运用人工智能、专家系统及神经网络等技术形成强大的边缘计算能力；数据底层过滤，主动推送状态变位、数据突变等信息，构建主动式防御体系；实现安全性和易操作性，故障定位、故障定因、维修简便、持续跟踪、远程维保；双向传输可靠，具有应急旁路功能，可脱机运行。

（5）微型化、数字化与可视化：高度集成、体积减小、节材节能、节约人力；信号数字化，后台及现场均可实现可视化操作，能耗、状态、历史记录一目了然。

（6）绿色低碳环保：可回收再利用，可实现针对不同配电设备的有效节能控制，持续自动优化实现低碳节能的目标。

（7）减小数据传输时延：为物联网及数字孪生技术提供数据基础保障。

（8）简化生产及施工工艺：一体化智能配电与控制箱柜为模块化成品定制，简化接线、降低生产成本、方便现场调试、缩短施工周期。

（9）空间节省：相比传统的分散式配电设备，一体化配电柜占用空间更小，可以节省宝贵的场地资源。

（10）安装方便：一体化配电柜采用模块化设计，安装过程简单快捷，大大缩短了工期。

（11）维护便捷：一体化配电柜的模块化设计使得故障排除更加方便，减少了维护工作的难度和时间。

（12）功能丰富：一体化配电柜不仅可以实现电能计量和电流电压监测，还可以具备远程监控、故障报警等功能，提高了配电系统的可靠性和安全性。

3. 一体化系统网络架构与传统技术的对比

传统的 BAS 系统通信网络通常采用多层次的结构，各个层次网络之间，甚至同层次网络之间，往往在地域上比较分散且可能不是相同结构的，因此需要用网络接口设备把它们互联起来；网络互联从通信模型的角度也分几个层次，在不同的协议层互联就必须选择不同层次的互联设备。采集与控制通常是分离的系统，通过 I/O 接口间接地采集与控制传统控制箱内二次元件。存在的问题主要是：子系统多、时延大、元器件多、接线复杂、故障率高。

而一体化技术，通信网络采用二层结构，下行为 I/O 传输技术，上行为 TCP/IP 网络传输技术，集协议转化、采集与控制、强电与弱电等为一体，简化二次回路，减少二次元件，减少通信器件等；模块化结构与程序，即插即配即用；强大的边缘计算能力，数据底层过滤，主动推送有价值的数据，构建主动式防御体系，支持实时双向传输；可脱机运行，内嵌人工智能及专家系统等算法技术，持续跟踪，实现故障定位、故障定因、自主学习等功能。一体化系统网络架构与传统 BAS 系统架构示意图如图 4-4-8 所示。

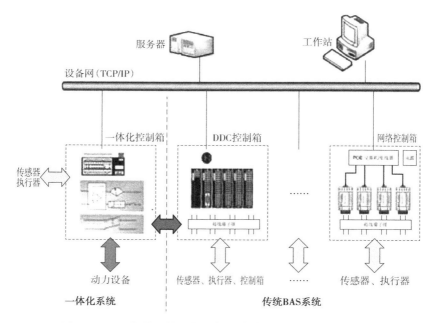

设备网（TCP/IP）

服务器　　　　工作站

一体化控制箱　　DDC控制箱　　　　网络控制箱

传感器执行器

动力设备　　传感器、执行器、控制箱　　传感器、执行器

一体化系统　　　　　传统BAS系统

图 4-4-8　一体化系统网络架构与传统 BAS 系统架构示意图

一体化的优点是：子系统整合一体、时延小（ms 级响应）、二次及通信元件整合一体、接线简易、故障率低。

1）高效节能：一体化配电柜可以通过电能计量和监测功能，实现对电能的合理分配和使用，提高能源利用效率，降低能耗。

2）系统集成：一体化配电柜可以与其他智能化系统进行集成，如楼宇自控系统、能源管理系统等，实现更智能化的能源管理。

3）安全可靠：一体化配电柜具备完善的过载保护和短路保护功能，能够及时切断电源，保护电气设备和人身安全。

4）空间灵活：一体化配电柜的模块化设计使得扩容和改造更加方便，可以根据实际需求进行灵活调整。

5）维护成本低：一体化配电柜的模块化设计和集成化管理降低了故障排除和维护的成本，减少了停电时间和维护人员的工作量。

一体化配电柜作为现代配电系统的重要组成部分，具有集成化、节省空间、安装方便、维护便捷、功能丰富等特点。在高铁站房的应用，通过其高效节能、系统集成、安全可靠的优势，为高铁站房的电力供应和设备控制提供了可靠的保障，实现了电能的合理分配和使用。

第5章 照明配电系统

5.1 概述

5.1.1 电气照明系统特点和设计原则

铁路作为我国交通客运的主要形式，在现代社会经济快速发展中起着不可或缺的重要作用，站房发挥其功能同时，照明起到十分重要的作用。因此，在站房照明设计中应紧密结合如下设计前提进行设计：

1）客运站是旅客聚集的公共场所。为保证旅客的行动方便和人身安全、维持正常的交通秩序，应设置满足站内各种视觉工作需求的照明。

2）大多数旅客在客运站房内处于流动状态，要求具备较高的照明均匀度和较严格的眩光限制。

3）客运站的运营时间几乎没有间歇，这就对光源和灯具的能耗和运行寿命提出了很高的要求。因此，应充分考虑照明系统的节能运行、有效利用自然光及延长光源灯具的寿命。

4）站房是城镇的象征，也是地方的门户。站房照明起着装饰建筑、美化环境、烘托气氛的作用。

5.1.2 本章主要内容

本章包含各场所照明设计，应急照明设计，照明配电、控制与安全以及智慧电气照明创新技术等。

5.2 各场所照明设计

5.2.1 照明设计标准

铁路站房照明设计依据相关的标准、规范文件主要有《建筑照明设计标准》（GB/T 50034—2024）、《铁路照明设计规范》（TB 10089—2015）、《关于铁路站房 LED 照明设计研讨会会议纪要》、《建筑节能与可再生能源利用通用规范》（GB 55015—2021）、《交通建筑电气设计规范》（JGJ 243—2011）、《消防应急照明和疏散指示系统技术标准》（GB 51309—2018）和《民用建筑电气设计标准》（GB 51348—2019）等。

依据上述规范中内容规定了铁路旅客车站照明的标准值，见表 5-2-1。

表 5-2-1　铁路旅客车站照明标准值

房间或场所		参考平面及其高度	照度标准值 /lx	统一眩光值 UGR	照度均匀度 U_0	显色指数 R_a
集散厅	其他车站进、出站厅	地面	150	22	0.4	80
	特大型车站进、出站厅	地面	200	22	0.4	80
候车厅	其他车站候车室	地面	150	22	0.4	80
	特大型车站候车室	地面	200	22	0.6	80
售、检票用房	售票厅	地面	200	22	0.4	80
	售票台	台面	500[①]	—	—	80
	售票窗口、补票窗口、结账交班台、检票处、问讯处	0.75m 水平面	200	19	0.6	80
	安全检查	地面	300[①]	22	0.6	80

房间或场所		参考平面及其高度	照度标准值 /lx	统一眩光值 UGR	照度均匀度 U_o	显色指数 R_a
通道、连接区、扶梯、换乘厅、进出站地道、流动区城		地面	150	—	0.4	80
楼梯、平台	其他车站	地面	75	25	0.4	60
	特大型车站	地面	150	25	0.6	80
商业区、餐饮区、多功能厅		0.75m 水平面	300①	22	0.6	80
行李托运处		0.75m 水平面	300	19	0.6	80
行李存放库房、小件寄存处		地面	100	—	0.4	80
站台、天桥	特大型车站基本站台	地面	150	—	0.4	80
	特大型车站其他站台、其他车站有棚站台、有棚天桥	地面	75	—	0.4	80
	无棚站台、无棚天桥	地面	50	—	0.4	20
通信、信号、信息系统设备用房	通信站通信机房、监控中心、部局级信息机房、网管室	实际工作面	200	—	0.6	80
	车站通信机械室、电源机械室、信号机械室、车站信息机房、总配线室	0.75m 水平面	200	—	0.4	80
	蓄电池室、电缆引入室	0.75m 水平面	75	—	0.4	80
供电设施用房	高、低压配电室、控制室	0.75m 水平面	200	—	0.6	80

房间或场所		参考平面 及其高度	照度标准值 /lx	统一眩光值 UGR	照度均匀度 U_o	显色指数 R_a
供电设施 用房	变压器室、开关 室、中性点接地 装置室、电抗器 室、电容器室	0.75m 水平面	100	—	0.4	60
	柴油发电机室	地面	200	25	0.6	80
	电缆夹层	地面	100	—	0.4	60
	电缆隧道	地面	30	—	0.4	60
能源动 力站	风机、空调机房	地面	100	—	0.4	60
	泵房	地面	100	—	0.4	60
	冷冻机房	地面	150	—	0.4	60
	锅炉房、煤气站	地面	100	—	0.4	60
	压缩机房、 热交换站	地面	150	—	0.6	60
控制室	一般控制室	0.75m 水平面	500	19	0.6	80
	主控制室、调 度中央大厅	0.75m 水平面	200	25	0.6	80
室内停车场、车库		地面	50	—	0.4	60
一般	办公室	0.75m 水平面	300	19	0.6	80
	会议室	0.75m 水平面	300	19	0.6	80
	资料、档案室	0.75m 水平面	200	19	0.46	80
	门厅	地面	100	—	0.6	60
	厕所、盥洗室、 浴室	地面	75	—	0.4	60
	走廊、流动区 域、楼梯间	地面	50	—	0.44	60

①是指混合照明照度。

5.2.2 光源和灯具选择

随着近年来 LED 照明技术的不断进步，其光效不断提高，成本不断下降，同时对 LED 照明蓝光对人视网膜和昼夜节律的影响有了科学的认识，中国铁路总公司工程设计鉴定中心于 2018 年 9 月 12 日在北京组织召开了"站房 LED 照明设计研讨会"，并形成会议纪要《关于铁路站房 LED 照明设计研讨会会议纪要》（鉴电函〔2018〕151 号）。

《关于铁路站房 LED 照明设计研讨会会议纪要》对 LED 照明灯具选型、安装、适用环境等给出了明确的意见，部分节选如下：

空间高度 6m 及以下时，一般选用筒灯、条形灯。灯功率一般选用 26W，根据建筑净空及装修方案也可选择 13W、18W、36W。条形灯一般选用 27W，根据建筑净空及装修方案也可选择 20W、35W、42W。

空间高度 6～12m 时，一般选用筒灯。筒灯功率一般选用 50W，根据建筑净空及装修方案也可选择 36W、60W。

空间高度 12m 以上时，一般选用筒灯、高顶棚灯。筒灯灯功率一般选用 70W，根据建筑净空及装修方案也可选择 50W、80W。高顶棚灯功率一般选用 110W，根据建筑净空及装修方案也可选择 70W、150W。

旅客地道一般选用条形灯、平板灯。条形灯功率一般选用 20W，根据建筑净空及装修方案也可选择 13W、27W。平板灯功率一般选用 18W，根据建筑净空及装修方案也可选择 13W、25W。

站台雨棚一般选用筒灯，筒灯功率一般选用 36W，根据建筑净空及装修方案也可选择 26W、42W。

5.2.3 旅客站房照明

旅客站房照明方式的确定应符合下列规定：

1）各工作场所应设置一般照明。

2）进、出站厅，候车室，售票厅等大空间公共场所，可根据功能需求采用分区一般照明，进行差异化设计。

　　3）售票台、安全检查、业务办理窗口等照度要求较高的场所宜增加局部照明。

　　旅客站房照明种类的确定应符合下列规定：

　　1）各工作场所均应设置正常照明。

　　2）集散厅、候车区、售票厅等旅客聚集的场所和站房内的通道等部位，应设置应急照明。

　　3）集散厅、候车区、售票厅等大面积公共场所，应设置值班照明，可利用应急照明的一部分兼作值班照明。

　　4）在影响航行安全的站房建筑物上，应根据相关部门的规定设置障碍照明。

　　5）站房可根据需要设置景观照明。

　　站房进出站大厅、候车室、售票室等场所的照明光源宜选择3300～5300K的中间色温；站房内相邻且没有隔断的区域的色温应协调、衔接自然。

　　站房内开敞式商业用房区域所在的公共空间照明设计应从分区控制、照度控制等方面统筹考虑。当开敞式商业用房的照明开启时，可结合商业照明条件，适当减少公共空间照明灯具总光通量。

5.2.4　旅客站台照明

　　旅客站台应设置正常照明、值班照明，可根据需要设置应急照明。

　　站台照明灯具位置及光源颜色不应对列车驾驶员判别灯光信号和观察前方情况产生有害影响。

　　旅客站台宜采用LED灯；灯具应能适合室外运行环境，且抗振性能好、散热能力强、易于清洁维护。

　　旅客站台的照明光源宜选择4200～5300K的中间色温；同一站台雨棚下与高架站房下站台区域的布灯方式及光源色温宜一致。

　　站台区域灯具设置应充分考虑其安装和检修时与接触网带电体的安全距离。

5.2.5　典型办公及生产房屋照明

各类办公场所均应设置照明，靠近工作台的部位可设置局部照明插座。

维修、整备、存车等生产厂库的照明应符合下列规定：

1）应设置一般照明，随设备或流水线布局进行布置和分区控制。

2）在大型车间内，对有精密辨识、颜色识别需求等照度或显色性要求较高的区域，宜采用分区一般照明，或增设局部照明。

3）整备地沟宜沿沟内墙壁设置能仰射车辆底部，且不妨碍人员通行的安全特低电压照明。

4）设有高架工作台的车间，宜采用一般照明和局部照明相结合的方式满足操作面照度要求。可结合操作工作平台的工艺构造，安装局部照明灯具，且宜采用Ⅱ类或Ⅲ类灯具。

5）安装在流水线或工艺走廊的灯具，其安装角度应充分考虑眩光的影响，并避免对信号灯的干扰。

属于爆炸和火灾危险环境的房屋照明，应符合《爆炸危险环境电力装置设计规范》（GB 50058—2014）和《铁路工程设计防火规范》（TB 10063—2016）的有关规定。

有旋转设备且需经常对旋转设备进行作业的车间，其照明设计应采取消除频闪措施，宜选用无频闪光源或将每个控制回路的灯具均匀分接在三相电源上。

5.3　应急照明设计

5.3.1　应急照明设置及照度标准

应急照明包括备用照明、疏散照明，设置疏散照明的建筑或场所，应在其疏散通道、安全出口等处设置疏散指示标志。

铁路建筑的下列部位或场所应设置备用照明：

1）铁路调度中心或调度所的调度大厅、防灾安全监控机房通信站的通信机房、电源机械室，车站信号楼的通信机械室、信号机械室，部局级信息机房，机电设备监控系统中央控制站等。

2）铁路发、变、配电所的控制室，牵引变电所的主控制室。

3）中型及以上铁路旅客车站的进站厅、出站厅、候车室；大型及以上铁路旅客车站的售票厅、售票室等。

4）消防控制室、消防水泵房、防烟排烟机房、自备电源室、配电室、电话总机房以及火灾时仍需要坚持工作的其他场所。

备用照明灯具应设置在墙面的上部或顶棚上，对美观性要求较高或高大空间顶部有藏灯条件的场所，独立设置的备用照明灯可隐蔽安装。

备用照明的照度标准值应符合下列规定：

1）消防控制室、消防水泵房、防烟排烟机房、自备电源室、配电室以及火灾时仍需要坚持工作的消防设备房，其作业面的最低照度不应低于该场所正常照明的照度值。

2）铁路调度中心的调度大厅、防灾安全监控机房，通信站的通信机房，部局级信息机房，大型及以上铁路旅客车站的售票室等，其作业面的最低照度不应低于该场所正常照明的照度值的50%。

3）其他铁路场所的照度值除另有规定外，不应低于该场所一般照明照度标准值的10%。

应急疏散照明照度标准应满足《消防应急照明和疏散指示系统技术标准》（GB 51309—2018）和《建筑防火通用规范》（GB 55037—2022）的要求。应急照明场所的疏散路径地面最低水平照度应满足以下要求：

1）封闭楼梯间不应低于10lx。

2）进出站厅、售票厅、地下通道、候车厅等公共活动场所不应低于5lx。

3）办公及设备用房区域走道、商业场所不应低于3lx。

4）配电室、消防控制室、消防水泵房等火灾时仍需工作的区域，不应低于1lx。

5.3.2　应急照明灯具选择

1. 应急疏散照明系统设计原则

（1）优先采用集中电源、集中控制型应急照明和疏散指示系统，按防火分区、楼层、配电区间等设置集中电源箱，楼梯间采用专用的集中电源箱供电。

（2）在非火灾状态下，任一分区的正常照明电源断电后，该区域的消防集中电源应联锁控制其配接灯具应急启动。持续应急点亮时间为 0.5h，当正常照明恢复后灯具自动恢复原工作状态。

（3）室内高度大于 4.5m 的场所，应选择特大型或大型标志灯；3.5 ~ 4.5m 的场所，应选择大型或中型标志灯；小于 3.5m 的场所，应选择中型或小型标志灯。地面标志灯的面板可采用厚度 4mm 及以上的钢化玻璃，其他标志灯的面板或灯罩不应采用易碎材料或玻璃材质。

（4）灯具及其连接附件的防护等级应符合下列规定：

1）在室外或地面上设置时，防护等级不应低于 IP67。

2）在隧道场所、潮湿场所内设置时，防护等级不应低于 IP65。

3）B 型灯具的防护等级不应低于 IP34。

2. 标志灯设置原则

标志灯应设在醒目位置，应保证人员在疏散路径的任何位置、在人员密集场所的任何位置都能看到标志灯。

（1）出口标志灯的设置应符合下列规定：

1）应设置在敞开楼梯间、封闭楼梯间、防烟楼梯间、防烟楼梯间前室入口的上方。

2）地下或半地下建筑（室）与地上建筑共用楼梯间时，应设置在地下或半地下楼梯通向地面层疏散门的上方。

3）应设置在室外疏散楼梯出口的上方。

4）应设置在直通室外疏散门的上方。

5）在首层采用扩大的封闭楼梯间或防烟楼梯间时，应设置在通向楼梯间疏散门的上方。

6）应设置在直通上人屋面、平台、天桥、连廊出口的上方。

7）地下或半地下建筑（室）采用直通室外的竖向梯疏散时，应设置在竖向梯开口的上方。

8）需要借用相邻防火分区疏散的防火分区中，应设置在通向被借用防火分区甲级防火门的上方。

9）应设置在避难层、避难间、避难走道防烟前室、避难走道入口的上方。

（2）方向标志灯的设置应符合下列规定：

1）有维护结构的疏散走道、楼梯应符合下列规定：

①应设置在走道、楼梯两侧距地面、梯面高度1m以下的墙面、柱面上。

②当安全出口或疏散门在疏散走道侧边时，应在疏散走道上方增设指向安全出口或疏散门的方向标志灯。

③方向标志灯的标志面与疏散方向垂直时，灯具的设置间距不应大于20m；方向标志灯的标志面与疏散方向平行时，灯具的设置间距不应大于10m。

2）候车室等开敞空间场所的疏散通道应符合下列规定：

①当疏散通道两侧设置了墙、柱等结构时，方向标志灯应设置在距地面高度1m以下的墙面、柱面上；当疏散通道两侧无墙、柱等结构时，方向标志灯应设置在疏散通道的上方。

②方向标志灯的标志面与疏散方向垂直时，特大型或大型方向标志灯的设置间距不应大于30m，中型或小型方向标志灯的设置间距不应大于20m；方向标志灯的标志面与疏散方向平行时，特大型或大型方向标志灯的设置间距不应大于15m，中型或小型方向标志灯的设置间距不应大于10m。

3）保持视觉连续的方向标志灯应符合下列规定：

①应设置在疏散走道、疏散通道地面的中心位置。

②灯具的设置间距不应大于3m。

4）方向标志灯箭头的指示方向应按照疏散指示方案指向疏散方向，并导向安全出口。楼梯间每层应设置指示该楼层的标志灯（楼层标志灯）。人员密集场所的疏散出口、安全出口附近应增设多信息复合标志灯具。

3. 应急灯具设置原则

1）设置在距地面 8m 及以下的消防应急照明灯具和消防应急标志灯具均采用 A 型灯具（工作电压：DC24V 或 DC36V）；室内高度超过 8m 的高大空间的照明灯具采用 B 型灯具（工作电压：AC220V 或 DC216V）。不应采用蓄光型指示标志代替消防应急标志灯具。

2）应急照明场所的疏散路径地面最低水平照度应满足规范要求。

3）A 型灯具一般采用 DC24V 或 DC36V，可采用二总线满足供电和信号传输的要求，即电源线与控制线采用两根线。B 型灯具由于灯具功率一般比较大，电压一般为 DC216V，故供电线路与信号线需要分开。

5.3.3 灯具配电回路设计和线路选择

水平疏散区域灯具配电回路的设计应符合下列规定：

1）应按防火分区、同一防火分区的楼层、隧道区间、地铁站台和站厅等为基本单元设置配电回路。

2）除住宅建筑外，不同的防火分区、隧道区间、地铁站台和站厅不能共用同一配电回路。

3）避难走道应单独设置配电回路。

4）防烟楼梯间前室及合用前室内设置的灯具应由前室所在楼层的配电回路供电。

5）配电室、消防控制室、消防水泵房、自备发电机房等发生火灾时仍需工作、值守的区域和相关疏散通道，应单独设置配电回路。

竖向疏散区域灯具配电回路的设计应符合下列规定：

1）封闭楼梯间、防烟楼梯间、室外疏散楼梯应单独设置配电回路。

2）敞开楼梯间内设置的灯具应由灯具所在楼层或就近楼层的配电回路供电。

3）避难层和避难层连接的下行楼梯间应单独设置配电回路。

任一配电回路配接灯具的数量、范围应符合下列规定：

1）配接灯具的数量不宜超过60只。

2）道路交通隧道内，配接灯具的范围不宜超过1000m。

3）地铁隧道内，配接灯具的范围不应超过一个区间的1/2。

任一配电回路的额定功率、额定电流应符合下列规定：

1）配接灯具的额定功率总和不应大于配电回路额定功率的80%。

2）A型灯具配电回路的额定电流不应大于6A；B型灯具配电回路的额定电流不应大于10A。

目前应急照明供电线路可采用系统线路电压等级的选择应符合下列规定：

1）额定工作电压等级为50V以下时，应选择电压等级不低于交流300V/500V的线缆。

2）额定工作电压等级为220V/380V时，应选择电压等级不低于交流450V/750V的线缆。

5.4 照明配电、控制与安全

5.4.1 照明配电

1. 照明系统供电电压

一般照明灯具的电源电压应采用AC220V；单灯功率1500W及以上高强气体放电灯灯具的电源电压宜采用AC380V；检修马道等灯具安装高度小于2.5m场所采用安全特低电压供电，电源电压不应大于AC50V；安装在水下的灯具应采用安全特低电压供电，其交流电压值不应大于AC12V，无纹波直流供电不应大于DC30V；安装高度8m以下的应急照明灯具，其配单电压不应大于DC36V。

照明灯具的端电压不宜大于其额定电压的105%，不宜低于其额定电压的95%，远离变电所小面积的一般场所，难以满足上述要求时可不宜低于其额定电压90%，应急照明、道路照明、警卫照明、安全特低电压照明可不低于其额定电压的90%。

2. 照明配电系统的设计

一般情况下，照明与一般动力负荷共用变压器供电，当电力设备有大功率冲击性负荷时，照明宜与冲击性负荷接自不同变压器；无法分开时，照明应由专用馈电线供电，并校验照明灯具端电压对照明质量影响。

当照明安装功率较大或谐波含量较大时，宜采用照明专用变压器。

当变电所的低压母线按负荷等级分段时，照明负荷电源应取自变电所一、二级负荷母线或重要负荷母线。

特大型站房设有柴油发电机时，其候车大厅、基本站台等场所的照明，宜根据发电机设置的数量和低压配电距离，将其全部或部分照明电源接在与柴油发电机并网的母线上。

站房照明系统配电根据负荷性质及供电容量，宜采用放射式和树干式结合的低压配电系统。

候车大厅、进出站通道、站台雨棚等公共场所内属于一级负荷的一般照明，宜由两个相互独立的电源分别交叉供电至均匀分组布置的灯具上。灯具的分组和布置宜使得失去一路电源时，仍能保证公共场所比较均匀的照度。

三相配电干线的各相负荷宜分配平衡，最大相负荷不宜超过三相负荷平均值的115%，最小相负荷不宜小于三相负荷平均值的85%。

电压偏差较大的场所，宜设置稳压装置。

站房面积为10000m^{2}及以上时，远离变电所的公共照明区域，宜就近设置照明配电间（可与其他配电间合用），或在能确保安全的前提下，利用其他可以利用的房间；10000m^{2}以下的站房可将终端配电箱设在可以利用的空间内；办公、设备区域可利用走廊等适宜位置放置照明配电箱。所有乘客可到达位置均不得设置配电装置。

使用小功率光源的室内照明线路，每一单相分支回路的电流不宜大于 16A，所接光源数或发光二极管灯具数不宜超过 25 个；连接建筑组合灯具时，回路电流不宜超过 25A，光源数不宜超过 60 个。连接高强气体放电灯的单相分支回路的电流不宜超过 25A，并应按启动及再启动特性，选择保护电器和验算线路的电压损失值。

电源插座普通照明灯应分回路配电。

在气体放电灯的频闪效应对视觉作业有影响的场所，应采用高频电子镇流器，或将各相邻灯具分接在不同相序的线路上。

室外照明低压配电的设计除满足上述要求外，还应符合下列要求：道路照明供电线路，宜与其他室外照明线路分开；照明干线连接的照明配电箱不宜超过 5 个；除各回路应有保护外，每个照明器宜设熔断器保护；室外照明线路的功率因数不应低于 0.9，当采用电感镇流器时，应设置电容补偿；当采用电子镇流器、光源功率小于或等于 25W 时，应有抑制谐波的措施。

景观照明低压配电的设计除满足上述要求外，还应符合下列要求：低压供电半径宜限制在 500m 以内；宜采用独立的配电线路，其负荷计算的需要系数应按最大运行模式取 1.0；应设置独立的计费计量装置；室外配电箱、控制箱的防护等级不应低于 IP54；由非铁路电源供电的站房景观照明，宜设专用配电箱，且宜纳入站房照明的日常控制。

站房内的四电用房如信息用房、信号用房等，其照明配电应采用独立的配电线路，并设置计量装置。

3. 照明配电线路的导体选择

照明配电干线和分支线应采用铜芯绝缘电线或电缆，分支线截面不应小于 1.5mm²。景观照明线路室外部分应采用双重绝缘的铜芯导线，其支路截面不应小于 2.5mm²。

照明配电线路应按负荷计算电流和灯端允许电压值选择导体截面面积。

主要供给 LED 灯及气体放电灯的三相配电线路，其中性线截面面积应满足不平衡电流及谐波电流的要求，且不应小于相线截面面积。当 3 次谐波电流超过基波电流的 33% 时，应按中性线电流选择线路截面面积，并应符合《低压配电设计规范》（GB 50054—

2011）的有关规定。接地线截面面积选择应符合国家和铁路行业现行标准的有关规定。

5.4.2 照明控制

1. 站房照明控制的原则

站房内照明应合理划分控制单元，满足功能分区或分组、不同场景的消防、节能等要求，做到便于操作，利于维修。

走廊、楼梯间、门厅、电梯厅等公共场所的照明，宜按建筑使用条件和自然采光状况采取分区、分组控制措施。其中，需要分时段、有规律长明的上述场所，可采用集中控制方式或夜间定时降低照度的自动控制装置；适宜就地控制的照明场所，宜采用延时自动熄灭或降低照度的开关。

2. 站房主要场所控制要求

进站大厅、售票厅（室）、候车厅（室）、换乘厅、旅客地道、旅客天桥、站台雨棚、车站广场等公共场所的照明，应采用集中控制。

一般站房应采用智能照明控制系统，智能照明控制系统应配置与车站机电设备监控系统（BAS）和火灾报警系统（FAS）及车站管控平台无缝互联的接口条件，并可接受 FAS 系统指令，强行启动应急照明。选用的现场控制器应可以被系统锁定，其控制范围和控制权限可由系统设定并修改，发生网络故障时，应可保持原状态，离网时可以现场手动操作。

进站大厅、候车大厅、旅客天桥等可利用天然采光的场所，宜随天然光照度变化自动调节照度；站台的照明，宜设置和客运列车到站联动控制措施。

每个照明开关所控光源数不宜过多，除设置单个灯具的房间外，每个房间的照明开关数不少于 2 个，在有可能分隔的场所，按每个有可能分隔的场所分组。除上述情况外，所控灯列可与侧窗平行。非人员频繁出入的设备用房可按使用需求设置自动开关灯。

室外作业场地照明应根据生产作业要求，采用分区、分组集中手动控制方式，或采用光控、时控等自动控制。乘降业务少的小站靠近行车室的站台灯柱宜单独控制。站场照明宜在车站有人值班的房屋内集中控制，条件不具备或建设经济性差时，宜采用光控和时控相结合的控制方式。道路照明宜采用光控和时控相结合的控制方式，应按所在地理位置及季节变化合理确定开关灯时间。

当采用自动控制时，应同时设置手动控制开关。

景观照明的控制，可采用手控、光控、时控、程控或智能控制等方式，并可实现集中控制，设置必要的控制模式，一般为平日前半夜、平日后半夜、一般节假日、重大节日等开灯控制模式。平日模式应节能，慎用大面积泛光。控制装置宜预留网络监控的接口条件，小型站房控制点应与车站中控室合并设置，中大型站房宜与车站中控室合并设置。

5.4.3 安全防护与接地

1. 安全防护

净空高度不大于 2m 的场所应采用 Ⅱ 类或 Ⅲ 类绝缘灯具。容易被触及的固定式灯具，移动式和手提式灯具，其安全特低电压限值在干燥场所交流供电不大于 50V，无纹波直流供电不大于 120V。在潮湿场所、高温场所、具有导电灰尘的场所、具有导电地面的场所、整备场、整备车间的检修地沟，其交流供电不大于 25V，无纹波直流供电不大于 60V。

当正常照明灯具安装高度在 2.5m 及以下，且灯具采用交流低压供电时，应设置剩余电流动作保护电器作为附加防护。

安全特低电压供电应采用安全隔离变压器，不得采用自耦变压器，且二次侧不得接地。

高度大于 12m 的空间，照明线路上应设置具有探测故障电弧功能的电气火灾监控探测器。

高压钠灯、金属卤化物灯、大功率 LED 灯等不应直接安装在可燃装修材料或可燃构件上。

安装在人员密集场所的吊装灯具玻璃罩，应采取防止玻璃破碎向下溅落的措施；所有高大空间灯具安装需要采取防坠落措施。

2. 接地

铁路照明采用 I 类绝缘灯具时，灯具的外漏可导电部分应可靠接地。

室外照明配电系统的接地形式可采用 TT 系统和 TN-S 系统。其接地和配电线路的保护要求，应符合《低压配电设计规范》（GB 50054—2011）、《铁路电力设计规范》（TB 10008—2015）等国家和行业现行相关标准的有关规定。

室外照明装置的防雷应符合《建筑物防雷设计规范》（GB 50057—2010）的要求。其中灯桥金属结构和电气设备的金属外壳应做保护接地；防雷接地和保护接地可共用接地装置，接地电阻不应大于 100Ω。

景观照明及其他附着在建筑物外檐上的照明设施的设计，在距离建筑物外墙 20m 以内的照明设备，应采用与建筑内一致的系统接地形式。当采用 TN-S 接地形式时，宜设置剩余电流接地故障保护；20m 以外部分宜采用 TT 接地形式，应设置剩余电流接地故障保护。灯具及安装固定件应具有防止脱落或倾倒的安全防护措施。由配电箱引出的配电线路应穿钢导管。钢导管应与配电箱外露可导电部分、照明器具金属外壳、保护网罩或金属基座、金属支架等相连，并就近接入防雷装置。

5.5　智慧电气照明创新技术

5.5.1　高铁站房智慧照明新技术

在"双碳"目标背景下，减碳降污、发展绿色低碳技术已成为全社会共识，国家对绿色低碳技术发展高度重视，其是保障国家能源安全的重要举措。PLC 数字化照明系统是基于双碳建筑管理节能技术，利用已有供电线路实现照明智能化的物联网光环境系统，其采用全数字光源与物联网相互融合，可实现整个高铁站房的光源集中管控，光源亮度、色温、场景智能可调，可合理实现能源的节约，提供舒适、健康的照明环境，同时使运行管理变得更加方便、快捷、合理。

PLC数字化照明系统免除控制总线的敷设，系统实现全调光调色温光环境的同时降低系统复杂度及系统实施工程量，其具有以下优势和特点：

1）系统免布控制线，简化系统设计、施工，降低系统复杂性。

2）系统全数字化光源可实现灯光亮度、色温、场景可调，利于实现建筑整体光环境提升。

3）光源支持数字化编组，适应不同的灯光使用需求，设置编组不受供电回路的约束，与传统光源及系统相比具有更高的性能和灵活性。

4）系统运行不依赖互联网，系统可脱网运行或局域网运行，不依赖中控计算机，系统安全性可靠性高。

5）实时监测用电数据，优化照明系统能耗，通过节律照明管理，实现节能，助力双碳目标。

此技术创新点为：

1）全数字化光源与智能控制技术及物联网相互融合的最新一代智能照明系统。物联网光环境系统集合智能、健康、节能等特点，是建筑照明领域发展趋势，系统实现整栋建筑全部光源物联网化，光源集中管控，光源亮度、色温、场景智能可调。

2）本地控制原理：智能开关接收到用户的指令，将信号调制到电力线，光源接收信号的同时解码获得控制信息，根据解码信息进行灯光调节亮度色温场景。

3）系统控制原理：系统架构分为3层，手机（平板、计算机）打开WEB页面，通过互联网（或局域网）向智能照明控制器系统主机下达指令，系统主机通过2.4G无线网络方式将指令发送给智能开关，智能开关利用新型电力线通信技术通过原有电力线对灯下达指令，灯具中的解码器将接收到指令解析并做出动作。

4）新型电力线通信技术可实现照明控制器与灯之间低成本传输照明控制数据（亮度、色温、场景、开关等）。其具有体积小、功耗低、抗干扰能力强、传输距离远、性价比高等特点。

5.5.2　光显场景技术

光显场景技术模拟人眼观察真实三维场景接受的漫反射光分布，利用特殊显示和控光器件重构三维空间光场信息的三维显示技术，能够给观看者提供真实的三维动态显示效果。为实现光场显示，需构建一种可以控制平面或柱面显示屏上每个点的光线强度和方向的显示器。光场三维显示是在重新构建三维物体的发光分布基础上实现的一种三维显示。光显场景技术应具有连续视角、消除聚焦辐辏冲突等特点，但所需要的信息量相比常规平面显示器信息量增大了数个量级。

光显场景技术主要分为集成成像光场显示、光场扫描显示、投影阵列光场显示、层叠光场显示、矢量光场显示、近眼光场显示和悬浮光场显示等。

光显场景技术在中国得到了大力发展，已经历了轻薄化和大型化的发展阶段，目前正处在精细化的关键阶段，超高清视频产业将推动显示的立体化进程。三维显示技术与产业是新型显示产业重要组成部分和重点发展方向。发达国家不仅在立体显示技术和设备方面拥有大量相关专利和知识产权，而且已经逐步往产业化方向发展。因此，保持与世界先进水平同步，并形成自主知识产权的立体显示核心关键技术，开展裸眼三维显示技术的研究，不仅仅是一个技术性的问题，同时也是一种战略性的问题。

5.5.3　直流智慧照明系统技术

直流智慧照明系统由智能直流柜、直流配电线路、直流 LED 灯具、智能监控系统构成。此系统采用直流集中供电方式，彻底解决传统交流配电方式下 LED 灯具寿命瓶颈难题，显著提高照明配电系统安全性；通过云智能管控软件，实现对 LED 灯具的智能调控，低成本实现二次节能；可友好接入更多智能设备，进而向智能楼宇（绿色建筑）、智慧园区、智慧城市扩展。

直流智慧照明系统采用 DC110 单极或双极低压直流集中供电母线，用电更安全。双极拓扑为两极三线制，中性线压降最优可达零，传输距离较单极110V更远，典型可达800~1200m，极端情况也可实现1500~2000m，具有极强的工程适应性；正负极交叉布局，避免单线故障全路段灭灯，再加上模块冗余双备份，系统更可靠，设计更灵活。

直流智慧照明系统支持DC200~DC300V，或者DC300~DC400V的远距离传输；多回路配电可节省1/4电缆；灯具端直流电压无级线性调光，精准节能，并免除传统灯控系统调试的麻烦；云平台自动调控、自动故障报警、自动生成统计报表，运维更智能。

智能直流柜主要由输入输出配电单元、整流模块、监控单元、主控单元、交直流防雷器组成。三相交流电通过直流柜内的电源整流模块整流后得到稳定可控的直流电，经过输出控制单元供电给直流灯具。直流灯具内部的DC驱动器负责将直流电转换为LED灯所需的工作电流，以实现照明和调光的功能。智能直流柜内部原理图如图5-5-1所示。

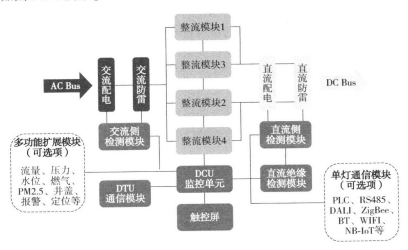

图 5-5-1　智能直流柜内部原理图

直流驱动器的作用是将直流配电线路传送过来的直流电（110V）转换为灯具适用的驱动电流，并具有无级线性调光或调色温功能，简化智能照明结构，实现真正意义的"去电解电容化"，增强了灯具可靠性，提高了 LED 灯具的使用寿命。

5.5.4　外立面整体景观照明创新技术

外立面整体景观照明创新技术布线简单，控制器与控制器之间使用单根网线连接即可，功能强大，控制点数高达 15 万多个 RGB 像素点，系统可配套控制大功率投光灯，点光源灯具，DMX 数码管灯具，一个 DMX512 信号端口可带大功率投光灯具 170 台，点光源灯具 170 个点，4 段 DMX 数码管 42 支，8 段 DMX 数码管 21 支，每个数据分配器具有 8 个 DMX512 信号端口。该系统特点如下：

1）带载量最大支持 45 万通道，极大满足客户项目的需求。

2）系统支持自动、定时、节日预设效果播放。

3）控制器带按键和外配遥控器，可实现节目片段选择、亮度调整、白平衡调整、播放速度调整等。

4）支持交换机并联方案，减少系统级联链长度，提高稳定性。

5）支持多回路环形备份，一个控制器坏或者网线断显示不受影响。

6）支持多台主控实时热备份。

7）支持 DMX512AP-N/NB、UCS512、TM512、WS2821 等多种驱动芯片脱机写地址。

8）三基色独立亮度控制，使精确调整白平衡更加简单有效。

9）支持单色、双色、RGB、RGBW、RGBWY 以及多色混合控制。

10）采用以太网接口和 UDP 网络协议传输稳定，最大传输距离 100m。

11）LCD 显示模块及时显示控制器参数及状态。

12）支持多台脱机主控局域网远程在线下载、更新脱机节目。

13）内置动画测试程序，方便客户在项目中调试和应用。

14）可支持不同类型灯具以及不同协议灯具混用，兼容性强。

第6章 电气线路及布线系统

6.1 概述

6.1.1 分类、特点及要求

电气线路及布线系统承担着电能传输到电力用户的重要任务。该系统的安全稳定运行对于保障电力系统的整体性能和电力用户的正常用电至关重要。电气线路及布线系统是电力系统的重要部分，具有结构复杂、技术要求高、安全可靠性要求严格等特点。

智慧站房电气线路及布线系统一般要求：

（1）布线方式应按以下条件选择：

1）场所的环境特征及人员密集场所特点。

2）交通建筑物的特征。

3）人与布线直接可接近的程度。

4）短路可能出现的机械应力。

5）在安装期间或运行中，布线系统可能遭受的其他应力和导线的自重。

6）布线系统中所有金属导管金属构架的接地要求。

（2）选择布线时，应防止下列外部环境带来的损害或有害影响：

1）由外部热源产生的热效应。

2）在使用过程中因水的侵入或因进入固体物而带来的损害。

3）外部的机械损害。

4）由于灰尘聚集在布线上对散热的影响。

5）强烈日光辐射带来的损害。

6）腐蚀或污染物存在的场所。

7）有植物或霉菌衍生存在的场所。

8）有动物的场所。

6.1.2　本章主要内容

本章适用于民用建筑（站房）室内电缆线路及室内绝缘电线、封闭式母线槽等高低配电线路布线系统的选择和敷设。消防系统、信息系统及信号系统对应低压配电线路部分适用于本章节；智能化系统、控制系统及消防弱电部分线路选择和敷设不适用本章节，其相关要求见本书其他对应章节。

电气线路及布线系统应符合《电力工程电缆设计标准》（GB 50217—2018）、《建筑设计防火规范》（GB 50016—2014）、《民用建筑电气设计标准》（GB 51348—2019）、《交通建筑电气设计规范》（JGJ 243—2011）、《建筑电气与智能化通用规范》（GB 55024—2022）、《铁路电力设计规范》（TB 10008—2015）等相关规定。

6.2　线缆选择

6.2.1　线缆选择的一般要求

（1）符合下列条件之一的高压电缆线路应采用铜导体：

1）有爆炸或火灾危险，有腐蚀，有剧烈振动，高温环境等场所。

2）耐火线路。

3）敷设在人防工程、闷顶等场所内的线路。

（2）符合下列条件之一时，低压电缆、电线线路应采用铜导体：

1）有爆炸或火灾危险，有腐蚀，有剧烈振动，高温环境等场所。

2）人员密集场所。

3）耐火线路。

4）消防设备线路。

5）应急疏散照明线路及安全电压照明设备。

6）人防工程。

7）货物仓库、材料库、票据库和行包房。

8）重要电源、移动式电气设备等需要保持连接具有高可靠性的回路。

（3）站房建筑中除直埋敷设的电缆和穿管暗敷的电线电缆外，其他成束敷设的电线电缆应采用阻燃电线电缆；用于消防负荷的应采用阻燃耐火电线电缆或矿物绝缘（MI）电缆。

（4）特大型和大型铁路旅客车站及具有一级耐火等级的站房建筑内，成束敷设的电线电缆应采用绝缘及护套为低烟无卤阻燃的电线电缆。

（5）站房和其他人员密集的建筑、地下室线路应采用低烟无卤型。火灾时继续供电的线路和消防联动控制线路应采用耐火型。

（6）站房、地下室、通信、信息、信号、火灾自动报警和机电设备监控系统、防灾系统设备机房、电力变、配电所、开闭所等应采用阻燃型或采取阻燃防护措施。

（7）不同电压等级的电力线缆不应共用同一导管或电缆桥架布线。

（8）有可燃物闷顶和吊顶内敷设电力线缆时，应采用不燃材料的导管和电缆槽盒保护。

（9）在隧道、沟、浅槽、竖井、夹层等封闭式电缆通道中，不得布置热力管道和输送可燃气体或可燃液体管道，严禁有可燃气体或可燃液体的管道穿越。

（10）消防设施用电线电缆与非消防设施用电线电缆宜分开敷设，当需在同一电缆桥架内敷设时，应采取防火分隔措施。

（11）与安检、传送等设施无关的配电线路不应穿过安检、传送等设施的基础；配电干线不应在安检设施的上方穿越。

（12）与轨道交通运行无关的电气线路不宜穿越轨道。

（13）布线系统中所有金属布线通道、支架和吊架应符合接地要求。

（14）布线系统用的各种电缆、导管、电缆桥架及母线槽在穿越防火分区楼板、隔墙及防火卷帘上方的隔板时，其空隙采用相当于建筑构件耐火极限的不燃烧材料进行防火封堵。

6.2.2 线缆阻燃及燃烧性能

1. 术语

阻燃：试样在规定条件下被燃烧，在撤去火源后火焰在试样上的蔓延仅在限定范围内，具有阻止或延缓火焰发生或蔓延能力的特性。

耐火：试样在规定火源和时间下被燃烧时能持续地在指定条件下运行的特性。

无卤：燃烧时释放出气体的卤素（氟、氯、溴、碘）含量均小于或等于 1.0mg/g 的特性。

低烟：燃烧时释放出的烟雾浓度不会使能见度（透光率）下降到影响逃生的特性。

低毒：燃烧时产生的毒性烟气的毒效和浓度不会在 30min 内使活体生物产生死亡的特性。

2. 燃烧性能标准

目前国内的阻燃、耐火电缆可供客户选择的标准为以下三类：

第一类标准：《电缆及光缆燃烧性能分级》（GB 31247—2014），源于欧盟标准，但是将欧盟 7 个等级变为 4 个等级。对于 B_1、B_2 级阻燃电缆，需要附加信息，考虑到阻燃性能之外的燃烧跌落物、烟气毒气、腐蚀性等级要求。《民用建筑电气设计标准》（GB 51348—2019）采用的是这个标准。

第二类标准：《阻燃和耐火电线电缆或光缆通则》（GB/T 19666—

2019）的 A、B、C、D 四个类别，源自于 IEC，综合了 IEC、BS、EN、NEK TS 等众多标准。GB 31247—2014 与 GB/T 19666—2019 关于阻燃等级要求见表 6-2-1。

第三类标准：《公共场所阻燃制品及组件燃烧性能要求和标识》（GB 20286—2006），来自于应急管理部归口标准《阻燃电缆》（XF 306.1—2007）、《耐火电缆》（XF 306.2—2007）（原 GA 306.1—2007，GA 306.2—2007），其中 XF 306.1—2007 按照 GB/T 18380 的 A、B、C 类划分了不同阻燃等级与类别。

表 6-2-1　GB 31247—2014 与 GB/T 19666—2019 关于阻燃等级要求

《电缆及光缆燃烧性能分级》 （GB 31247—2014）要求			《阻燃和耐火电线电缆或光缆通则》 （GB/T 19666—2019）要求		
等级	试验方法	燃烧性能等级分级判据	等级	试验方法	燃烧性能等级分级判据
A	GB/T 14402	总热值 PCS≤2.0MJ/kg[①]	A	GB/T 18380.33	试样非金属材料体积 7L/m；供火时间 40min
B_1	GB/T 31248—2014（20.5kW 火源）	火焰蔓延 FS≤1.5m；热释放速率 HRR 峰值≤30kW；受火 1200s 内的热释放总量 THR_{1200}≤15MJ；燃烧增长速率指标 FIGRA≤150W/s；产烟速率峰值 SPR≤0.25m²/s；受火 1200s 内的产烟总量 TSP_{1200}≤50m²	B	GB/T 18380.34	试样非金属材料体积 3.5L/m；供火时间 40min
	GB/T 17651.2	烟密度（最小透光率）I_t≥60%			
	GB/T 18380.12	垂直火焰蔓延 H≤425mm			

《电缆及光缆燃烧性能分级》(GB 31247—2014) 要求			《阻燃和耐火电线电缆或光缆通则》(GB/T 19666—2019) 要求		
等级	试验方法	燃烧性能等级分级判据	等级	试验方法	燃烧性能等级分级判据
B_2	GB/T 31248—2014 (20.5kW 火源)	火焰蔓延 FS≤2.5m；热释放速率 HRR 峰值≤60kW；受火 1200s 内的热释放总量 THR_{1200}≤30MJ；燃烧增长速率指标 FIGRA≤300W/s；产烟速率峰值 SPR≤1.5m^2/s；受火 1200s 内的产烟总量 TSP_{1200}≤400m^2	C	GB/T 18380.35	试样非金属材料体积 1.5L/m；供火时间 20min
	GB/T 17651.2	烟密度（最小透光率）I_t≥20%			
	GB/T 18380.12	垂直火焰蔓延 H≤425mm			
B_3	未达到 B_2 级		D	GB/T 18380.35	试样非金属材料体积 1.5L/m；供火时间 20min
					合格指标：试样上的炭化范围不应超过喷灯底边以上 2.5m

①对整体制品及其任何一种组件（金属材料除外）应分别进行试验，测得的整体制品的总热值以及各组件的总热值均满足分级判据时，方可判定为 A 级。

3. 燃烧性能标准附加分级

电缆及光缆燃烧性能等级为 B_1 级和 B_2 级的附加分级，包括燃烧滴落物/微粒等级、烟气毒性等级和腐蚀性等级，见表 6-2-2。

表 6-2-2　电缆及光缆燃烧性能附加分级

等级	试验方法	分级判据
燃烧滴落物/微粒等级		
d_0		1200s 内无燃烧滴落物/微粒
d_1	GB/T 31248	1200s 内燃烧滴落物/微粒持续时间不超过 10s
d_2		未达到 d_1 级
烟气毒性等级		
t_0		达到 ZA_2
t_1	GB/T 20285	达到 ZA_3
t_2		未达到 t_1 级
腐蚀性等级		
a_1		电导率≤2.5μs/mm 且 pH≥4.3
a_2	GB/T 17650.2	电导率≤10μs/mm 且 pH≥4.3
a_3		未达到 a_2 级别

6.2.3　线缆耐火性能

1. 耐火性能标准

电缆及矿物绝缘电缆耐火性能见表 6-2-3、表 6-2-4。

表 6-2-3　电缆耐火性能

代号	适用标准	试验时间	试验电压	试验方法
N（单纯供火的耐火）	0.6/kV 以下电缆	90min 供火 + 15min 冷却	额定电压	GB/T 9216.21
NJ（供火加机械冲击的耐火）	0.6/kV 以下外径小于或等于 20mm 电缆	120min 供火	额定电压	IEC 60331-2
	0.6/kV 以下外径大于 20mm 电缆	120min 供火	额定电压	IEC 60331-1
NS（供火加机械冲击和喷水的耐火）	0.6/kV 以下外径小于或等于 20mm 电缆	120min 供火最后 15min 水喷淋	额定电压	附录 A IEC 60331-2
	0.6/kV 以下外径大于 20mm 电缆	120min 供火最后 15min 水喷淋	额定电压	附录 A IEC 60331-1

合格指标：①2A 熔断器不断；②指示灯不熄灭

燃烧性能 A 级矿物绝缘耐火电缆产品在燃烧性能满足 GB 31247—2014 标准中 A 级要求（总热值≤2.0MJ/kg）的同时，因其主要用于消防线路，还需要满足耐火性能的要求。目前，耐火性能测试标准最严格且最接近火灾时电缆实际工况的是 BS 6387 和 BS 8491 标准，因此该电缆的耐火性能应满足 BS 8491 标准要求的通过线路完整性试验，即电缆在 950℃ 火焰下，可以持续为消防设备供电时间不低于 180min。

表 6-2-4 A 级云母带矿物绝缘电缆燃烧和耐火性能

检测项目	检测标准	检测要求	检测结果
燃烧热值/（MJ/kg）	GB/T 14402	≤2.0	绝缘（云母带）2.0；填充（玻璃纤维绳）0.8；保护层；（云母带＋玻璃纤维带）1.2
线路完整性试验	BS 8491	①电压保持（2A 熔断器不熔断）；②导体不熔断（指示灯不熄灭）	①2A 熔断器不熔断；②指示灯不熄灭

2. 耐火要求

（1）持续供电时间。耐火线缆应根据消防用电设备火灾发生期间的最少持续供电时间选择，并满足以下要求：

1）消防电源的主干线，消防水泵、消防控制室、防烟和排烟设备及消防电梯的电源线路应采用耐火温度 950℃、持续供电时间 180min 的耐火线缆。

2）消防联动控制线路、火灾自动报警系统的报警总线以及消防疏散应急照明、防火卷帘等其他消防用电设备的电源线路应采用耐火温度不低于 750℃、持续供电时间不少于 90min 的耐火线缆。

（2）敷设要求。消防配电线路应满足火灾时连续供电的需要，其敷设应满足以下要求：

1）明敷时（包括敷设在吊顶内），应穿金属导管或采用封闭式金属槽盒保护，金属导管或封闭式金属槽盒应采取防火保护措施；当采用阻燃或耐火电缆并敷设在电缆井、沟内时，可不穿金属导管或采用封闭式金属槽盒保护；当采用矿物绝缘类不燃性电缆时，可直接明敷。

2）暗敷时，应穿管并应敷设在不燃性结构内且保护层厚度不应小于30mm。

3）消防配电线路宜与其他配电线路分开敷设在不同的电缆井、沟内；确有困难需敷设在同一电缆井、沟内时，应分别布置在电缆井、沟的两侧，且消防配电线路应采用矿物绝缘类不燃性电缆。

3. 矿物绝缘电缆

耐火线缆是指在规定试验条件下，在火焰中被燃烧一定时间内能保持正常运行特性的线缆。耐火电缆按绝缘材质可分为有机型和无机型两种。无机型耐火电缆又称为矿物绝缘电缆，可分为刚性和柔性两种。无论是刚性，还是柔性矿物绝缘电缆，都具有不燃、无烟、无毒和耐火特性。刚性和柔性矿物绝缘电缆，都可外覆有机材料外护层，但要求无卤、无烟、阻燃。

常见矿物绝缘电缆结构对比及选择见表6-2-5。

表6-2-5　常见矿物绝缘电缆结构对比及选择

结构	刚性	柔性		
	BTTZ	YTTW	BTTRZ	NG-A（BTLY）
导线	退火铜棒	铜绞线	铜绞线	铜绞线
绝缘层	氧化镁粉（无机材料）	合成云母带（无机材料）	合成云母带（交联聚乙烯）	合成云母带（交联聚乙烯）
外护套	无缝铜管	轧纹铜带	氢氧化镁/铝	绕包铝带
耐火性能	好	好	差	差
抗机械冲击抗水冲击	差	差	好	好

4. 耐火母线槽

耐火母线槽是指在火焰条件下，用于在规定时间内保持电路完整性的母线，可按表6-2-6选择。

表6-2-6　耐火母线槽选择表

耐火母线槽	耐火隔热材质	耐火性能测试
陶瓷化硅胶耐火母线	利用陶瓷化硅胶，辅以氧化镁填充粉末作为相间隔热材料	满足 GA/T 537 标准规定 180min
密集型矿物质耐火母线	采用合成云母带外加陶瓷硅橡胶带作为相间隔热材料	满足 GB/T 19216 标准规定 180min
耐火板耐火母线	线外包保全防火板和耐火高硅酸或岩棉隔热层	满足 GA/T 537 标准规定 180min
火山岩浇筑耐火母线	采用火山岩灰加矿物填料作为绝缘材料，并外包耐火板	满足 GB/T 19216 标准规定 180min
树脂浇筑耐火母线	采用环氧树脂浇筑，外包高硅酸棉或岩棉类隔热材料	满足 GB/T 19216 标准规定 180min
云母绝缘耐火母线	内部母排采用云母带包，外包高硅酸棉或岩棉做隔热层	满足 GA/T 537 标准规定 180min

　　陶瓷化硅胶耐火母线槽和矿物质耐火母线槽，采用矿物质类材料隔热，具有体积小、散热性能好、运行时母排载流量有保障等优点，其工艺和材料性价比较高，质量也容易把控。

　　采用外包耐火隔热层耐火母线为满足耐火时间要求，外包耐火隔热层通常较厚，导致整个母线槽体积较大；另外由于外包耐火隔热层本身散热差，母线载流量降容比较严重。

　　站房项目中采用耐火母线宜采用陶瓷化硅胶耐火母线槽和耐高温950℃以上的密集型矿物质耐火母线槽。

6.2.4　站房建筑线缆选择

　　不同站房电缆的阻燃级别选择不宜低于表6-2-7所有要求级别。

表 6-2-7　不同站房电缆的阻燃级别

站房规模	阻燃级别	名称	代号
特大型铁路旅客车站	A 级	无卤低烟（低毒）阻燃 A 级	WDZA、WDZUA、矿物绝缘电缆、耐火母线
大中型铁路旅客车站	B_1 级	无卤低烟（低毒）阻燃 B_1 级	WDZB1、WDZUB1
小型铁路旅客车站	C 级	无卤低烟（低毒）阻燃 C 级	WDZC、WDZUC

注：低毒线缆可用于空间较小或环境相对密闭的人员密集场所等

6.3　布线系统设计

6.3.1　一般场所线缆敷设

1. 直敷布线

直敷布线可适用于既有站房改造工程中，电气照明及日用插座线路的明敷布线。

（1）室内场所采用直敷布线时，应满足：

1）采用不低于 B_2 级阻燃护套绝缘电线，其截面面积不宜大于 $6mm^2$。

2）护套绝缘电线水平敷设至地面的距离不应小于 2.5m，垂直敷设至地面低于 1.8m 部分应穿导管保护。

3）护套绝缘电线与不发热的管道紧贴交叉时，应加导管保护。

（2）建筑物顶棚内、墙体及顶棚的抹灰层、保温层及装饰面板内或易受机械损伤的场所不应采用直敷布线。

2. 金属导管布线

（1）管材选择

1）金属导管布线可适用于室内外场所，但不应用于对金属导管有严重腐蚀的场所。

2）室内干燥场所的线缆采用金属导管布线时，其管壁厚度不应小于 1.5mm；可采用普通碳素钢电线套管（又称薄壁管，简称电线管），也可采用管壁厚度不大于 1.6mm 的扣紧式（KBG）或紧定式（JDG）镀锌电线管。

3）室内潮湿场所采用金属导管明敷时，应采取防潮防腐措施，且其管壁厚度不应小于2.0mm；应采用低压流体输送用焊接钢管（又称厚壁管，简称黑铁管）。

4）建筑物底层及地面层以下外墙内采用金属导管暗敷时，其管壁厚度不应小于2.0mm；采用可弯曲金属导管布线时，应选用防水重型的导管。

5）在建筑物闷顶内有可燃物时，应采用金属导管布线。

（2）3根以上绝缘导线穿同一导管时导线的总截面面积（包括外护层）不应大于管内净面积的40%，2根绝缘导线穿同一导管时管内径不应小于2根导线直径之和的1.35倍，并符合下列要求：

导管没有弯时的长度不超过30m。

导管有一个弯（90°~120°）时的长度不超过20m。

导管有两个弯（90°~120°）时的长度不超过15m。

导管有三个弯（90°~120°）时的长度不超过8m。

每两个120°~150°的弯，相当于一个90°~120°的弯。若长度超过上述要求时应加设拉线盒、箱或加大管径。

（3）同一回路的所有相导体和中性导体，应穿于同一导管内。

（4）不同回路、不同电压、不同电流种类的导线，不得穿于同一导管内。但下类情况除外：

1）一台电动机所有回路。

2）同一设备或同一流水作业设备的电力回路。

3）标称电压50V及以下回路。

4）同一照明灯具的若干回路。

5）同类照明的几个回路，但不应超过8根。正常照明与应急照明线路不得共管敷设。

（5）不同回路、不同电压、不同电流种类的导线穿于同一导管内的绝缘导线，所有的绝缘导线都应采用与最高标称电压回路绝缘要求相同的绝缘等级。

（6）同一路径且无电磁兼容要求的线路，可敷设在同一导管内。导管内导线的总截面面积不宜超过导管截面面积的40%。

（7）互为备用的线路不得共管敷设。

（8）金属导管暗敷布线时，不应穿过设备基础；当穿过建筑物基础时，应采取止水措施；当穿过建筑物伸缩缝、沉降缝时，应采取防止伸缩或沉降的措施。

（9）金属导管与热水管、蒸汽管同侧敷设时，应敷设在热水管、蒸汽管的下方；当有困难时，也可敷设在其上方，金属导管与热水管、蒸汽管的净距不宜小于下列数值：

1）敷设在热水管下方时，不宜小于0.2m；在上方时，不宜小于0.3m；交叉时，不宜小于0.1m。

2）敷设在蒸汽管下方时，不宜小于0.5m；在上方时，不宜小于1.0m；交叉时，不宜小于0.3m。

3）当不能符合要求时，应采取隔热措施。对有保温措施的热水管、蒸汽管，其净距不宜小于0.2m。

4）金属导管与其他管道（不包括可燃气体及易燃、可燃液体管道）的平行净距不应小于0.1m；交叉净距不应小于0.05m。

（10）金属导管与水管同侧敷设时，宜敷设在水管的上方。

（11）金属导管不得采用对口熔焊连接；镀锌钢导管或壁厚小于等于2mm的钢导管，不得采用套管熔焊连接。

穿管管径选择参见表6-3-1～表6-3-5。

表6-3-1 BV、ZR-BV、WDZ-BYJ型绝缘线穿焊接钢管管径（SC）选择

（单位：mm）

导线截面 面积/mm²	导线根数						
	2	3	4	5	6	7	8
1.0	15						
1.5	15						20
2.5	15					20	
4	15			20			25
6	15		20		25		
10	15	20	25			32	
16	20	25			32		

表 6-3-2　BV、ZR-BV、WDZ-BYJ 型绝缘线穿镀锌金属管（KBG、JDG）、塑料管（PVC）管径选择　　（单位：mm）

导线截面面积/mm²	导线根数						
	2	3	4	5	6	7	8
1.0	16	16	16	16	16	20	20
1.5	16	16	16	20	20	25	25
2.5	16	16	20	20	25	25	25
4	16	20	20	25	25	32	32
6	16	20	25	25	25	32	32
10	20	25	32	32	32	40	40
16	25	32	32	40	40	50	50

表 6-3-3　KVV 控制电缆穿焊接钢管管径（SC）选择　（单位：mm）

电缆截面面积/mm²	控制电缆芯数													
	2	3	4	5	7	8	10	12	14	16	19	24	27	30
0.75～1.0	20	25	25	25	32	32	32	40	40	40	50	50	65	65
1.5～2.5	25	32	32	32	40	40	50	50	50	50	65	65	80	80

表 6-3-4　KVV 控制电缆穿镀锌金属管（KBG、JDG）、塑料管（PVC）管径选择　（单位：mm）

电缆截面面积/mm²	控制电缆芯数													
	2	3	4	5	7	8	10	12	14	16	19	24	27	30
0.75～1.0	32	32	32	32	40	40	50	50	50	—	—	—	—	—
1.5～2.5	40	40	40	40	50	50	—	—	—	—	—	—	—	—

表 6-3-5　电力电缆穿焊接钢管管径（SC）选择　（单位：mm）

电缆型号 0.6kV/1kV	电缆截面													
	2.5	4	6	10	16	25	35	50	70	95	120	150	185	240
YJV YJLV ZR-YJV WDZ-YJ（F）E	32	32	40	50	65	65	80	100	100	125	125	150	150	200

电缆型号 0.6kV/1kV	电缆截面												
	2.5	4	6	10	16	25	35	50	70	95	120	150	185	240
VV VLV NH-YJV WDZN-YJ（F）E	40	50		65		80		100	125	150	200	100	125	150

3. 电缆槽盒布线

（1）材质选择

1）槽盒布线可适用于建筑内正常环境的室内外场所的电缆或电线敷设，宜用于干燥和不受机械损伤的场所。

2）在建筑物闷顶内有可燃物时，应采用金属槽盒布线。

3）户外场所应采用热镀锌金属槽盒布线。

4）在地面内暗敷槽盒布线时，宜采用金属槽盒。金属槽盒应暗敷于现浇或预制混凝土地面、楼板或楼板垫层内。

5）在有腐蚀或特别潮湿的场所采用槽盒布线时，应根据腐蚀介质的不同采用阻燃型塑料槽盒或采取相应防护措施的钢制槽盒。阻燃塑料槽盒的氧指数不应小于27。

6）在建筑物内槽盒应选择燃烧性能不低于 B_1 级的难燃材料制品或不燃材料制品。

（2）槽盒水平敷设时，底边距地高度不宜低于2.2m。除敷设在配电间或竖井内，垂直敷设的线路1.8m以下应加盖板。

（3）槽盒水平敷设时，跨距宜为 1.5~3m。垂直敷设时，其固定点间距不宜大于2m。

（4）槽盒多层敷设时，层间距离应满足敷设和维护需要，并符合下列规定：

1）电力电缆的槽盒间距不应小于0.3m。

2）电信电缆与电力电缆的电缆槽盒间距不宜小于0.5m，当有屏蔽盖板时可减少到0.3m。

3）控制电缆的电缆槽盒间距不应小于0.2m。

4）最上层的电缆槽盒的上部距顶棚、楼板或梁等不宜小于0.15m。

（5）两组或两组以上电缆槽盒在同一高度平行敷设时，各相邻电缆槽盒间应预留维护、检修距离，且不宜小于 0.2m。

（6）槽盒内电线电缆的总截面面积（包括外护层）不应超过槽盒内截面面积的 40%，且电线电缆根数不宜超过 30 根。

（7）电线或电缆在槽盒内不宜设置接头。当确需在槽盒内设置接头时，应采用专用连接件。有专用接线盒的线槽宜布置在易于检查的场所。

（8）槽盒的连接处不得设在穿过楼板或墙体等处。槽盒的转角处应设置吊装或支架。

（9）由槽盒引出的线路，可采用金属导管、塑料导管、可弯曲金属导管、金属软导管等布线方式。导线在引出部分应有防止机械损伤的措施。

（10）地面内暗装金属槽盒出线口和分线盒不应凸出地面，且应做好防水密封措施。

（11）槽盒穿过建筑物伸缩缝、沉降缝时，应采取防止伸缩或沉降的措施。当钢制槽盒或高分子合金槽盒直线段超过 30m，玻璃钢槽盒、铝合金槽盒直线段超过 15m 时，宜设伸缩节。

（12）金属槽盒本体之间的连接应牢固可靠，金属槽盒与保护导体的连接应满足：

1）槽盒全长不大于 30m 时，应不少于 2 处与保护导体可靠连接；全长大于 30m 时，每隔 20～30m 应增加一个连接点，起始端和终点端均应可靠接地。

2）非镀锌槽盒本体之间连接板的两端应跨接保护连接导体。

3）镀锌槽盒本体之间不跨接保护连接导体时，连接板每段不应少于 2 个有防松螺母或防松垫圈的连接固定螺栓。

4）高分子合金槽盒、玻璃钢槽盒可不接地。

（13）室外的槽盒进入室内或配电箱（柜）时应有防雨水进入的措施，槽盒的底部应有排水孔。

（14）下列不同电压、不同用途的电缆，不宜敷设在同一层或同一个桥架内：

1）1kV 以上和 1kV 以下的电缆。

2）向同一负荷供电的两回路电源电缆。

3）应急照明和其他照明的电缆。

4）电力和电信电缆。

5）当受条件限制需安装在同一层桥架内时，宜采用不同的桥架敷设，当为同类负荷电缆时，可用隔板隔开。

（15）电缆桥架不宜敷设在气体管道和热力管道的上方及液体管道的下方。当不能满足上述要求时，应采取防水、隔热措施。

（16）电缆桥架与各种管道平行或交叉时，其最小净距应符合表6-3-6的规定。

表6-3-6　电缆桥架与各种管道的最小净距（单位：m）

管道类别	平行净距	交叉净距
一般工艺管道	0.4	0.3
具有腐蚀性气体管道	0.5	0.5
有保温层热力管道	0.5	0.3
无保温层热力管道	1.0	0.5

（17）电缆桥架转弯处的弯曲半径，不应小于桥架内电缆最小允许弯曲半径的最大值。

4. 母线槽布线

（1）母线槽宜按安装的周边环境选择防护等级。

（2）母线槽随线路长度的增加和负荷的减少而需要变截面并满足线路保护电器动作灵敏度时，应采用变容量接头及母线槽；变容量不应超过二级。

（3）除敷设在电气专用房间外，母线槽水平敷设时，底边至地面的距离不应小于2.2m；垂直敷设时，距地面1.8m以下部分应采取防止机械损伤措施。

（4）母线槽不宜敷设在腐蚀气体管道和热力管道的上方及腐蚀性液体管道下方。当不能满足上述要求时，应采取防腐、隔热措施。

（5）母线槽水平敷设时，宜按荷载曲线选取最佳跨距进行支撑，且支持点间距不宜大于 2m。垂直敷设时，应在通过楼板处采用专用附件支承并以支架沿墙支持，支持点间距不宜大于 2m。

（6）当母线槽直线敷设长度超过 80m 时，每 50～60m 宜设置膨胀节；当母线槽直线敷设长度超过制造厂给定的数值时，宜设置伸缩节。

（7）封闭式母线槽终端无引出、引入线时，端头应封闭。

（8）母线槽的插接分支点，应设在安全及安装维护方便的部位。连接点不应在楼板及墙壁处。

（9）母线槽外壳及支架，应做全长不少于 2 处与保护连接导体相连。水平为 30m 连接一次，垂直每三层楼连接一次。

（10）母线槽在穿越防火墙及防火楼板时，应采取防火封堵措施。

5. 电气竖井内布线

（1）电气竖井内可采用金属导管电缆槽盒及母线等布线方式。强电竖井内电缆布线，除有特殊要求外宜优先采用槽盒布线。

（2）电气竖井垂直布线时应考虑下列因素：

1）顶部最大垂直变位和层间垂直变位对干线的影响。

2）导线及金属保护管等自重带来的载重影响及其固定方式。

3）垂直干线与分支干线的连接方式。

（3）电气竖井垂直布线采用大容量电缆及大容量母线作为干线时，应满足下列条件：

1）载流量要留有一定的裕量。

2）分支容易、安全可靠、安装及方便、造价经济合理。

（4）电气竖井的位置和数量应根据建筑物规模、用电负荷性质、各支线供电半径、建筑物变形缝位置和防火分区等因素加以确定，并满足以下要求：

1）应靠近用电负荷中心，尽量减少干线的长度和电能损耗。

2）不应和电梯井、管道井共用同一竖井。

3）不应贴邻有烟道、热力管道及其他散热量大或潮湿的设施。

（5）强电和弱电线路，宜分别设置竖井。当受条件限制必须合用时，强电和弱电线路应分别布置在竖井两侧，弱电线路应敷设于金属槽盒之内。

（6）消防配电线路宜与其他配电线路分开敷设在不同的电气竖井内，确有困难需敷设在同一电气竖井内时，应分别敷设在电气竖井的两侧，且消防配电线路应采用矿物绝缘类不燃性电缆。敷设在同一电气竖井内高压、低压和应急电源的电气线路，相互之间应保持不小于 0.3m 的距离或采取隔离措施，并且高压线路应设有明显标志。

（7）电气竖井内各层钢筋混凝土楼板或钢结构楼板应做防火密封隔离，线缆穿过楼板或井壁应采用与楼板、井壁耐火等级相同的防火堵料封堵。

6.3.2 特殊场所线缆敷设

1. 直埋敷设

电缆室外埋地敷设应符合下列要求：

（1）当沿同一路径敷设的室外电缆小于或等于 6 根且场地有条件时，宜采用电缆直接埋地敷设。在人行道或非机动车道，也可采用电缆直埋敷设。

（2）宜采用有外护层的铠装电缆。在无机械损伤可能的场所，可采用无铠装塑料护套电缆。在流沙层、回填土地带等可能发生位移的土壤中，应采用钢丝铠装电缆。

（3）在有化学腐蚀的土壤中，不得采用直接埋地敷设电缆。

（4）电缆外皮至地面的深度不应小于 0.7m，并应在电缆上下分别均匀铺设 100mm 厚的细砂或软土，并覆盖混凝土保护板或类似的保护层。

（5）在寒冷地区，电缆宜埋设于冻土层以下。当无法深埋时，应采取措施，防止电缆受到损伤。

（6）下列各地段应穿导管保护，保护管的内径不应小于电缆外径的 1.5 倍：

1）电缆引入和引出建筑物和构筑物的基础、楼板和穿过墙体等处。

2）电缆通过道路和可能受到机械损伤等地段。

3）电缆引出地面 1.8m 至地下 0.2m 处的一段和人容易接触使电缆可能受到机械损伤的线段。

（7）埋地敷设的电缆严禁平行敷设于地下管道的正上方或正下方。电缆与电缆及各种设施平行或交叉的净距离，不应小于表 6-3-7 的规定。

表 6-3-7　电缆与电缆及各种设施平行或交叉允许最小净距

（单位：m）

项目	敷设条件	
	平行	交叉
建筑物、构筑物基础	0.5	—
电杆	0.6	—
乔木	1.0	—
灌木丛	0.5	—
10kV 及以下电力电缆之间，以及与控制电缆之间	0.1	0.5（0.25）
不同部门使用的电缆	0.5（0.1）	0.5（0.25）
热力管沟	2.0（1.0）	0.5（0.25）
上、下水管道	0.5	0.5（0.25）
油管及可燃气体管道	1.0	0.5（0.25）
公路	1.5（与路边）	（1.0）（与路面）
排水明沟	1.0（与沟边）	（0.5）（与沟底）

注：1. 表中所列净距，应有各种设施（包括防护外层）的外缘算起。

2. 路灯电缆与道路灌木丛平行距离不限。

3. 表中括号内数字是指局部地段电缆穿导管、加隔板保护或家隔热层保护后允许的最小净距。

（8）电缆与建筑物平行敷设时，电缆应埋设在建筑物的散水坡外。电缆进出建筑物时，所穿保护管应超出建筑物散水坡 200mm，且应对管口实施阻水堵塞。

2. 电缆沟敷设

电缆在电缆沟内敷设时，应符合下列要求：

（1）当同一路径的电缆根数小于或等于 21 根时，宜采用电缆沟布线。

（2）当电缆与供暖通风、给水排水管道在共同沟内敷设时，电缆宜单独敷设安装在一侧，当布线条件只能同侧布置时，电缆应在暖通风管下方、给水排水管上方敷设。

（3）电缆在电缆沟内敷设时，其支架层间垂直距离和通道净宽不应小于表 6-3-8 和表 6-3-9 所列数值，与其他管道的间距不应小于表 6-3-7 所列数值。

表 6-3-8　电缆支架层间垂直距离的允许最小值

（单位：mm）

电缆电压级和类型，敷设特征		普通支架、吊架	桥架
控制电缆明敷		120	200
电力电缆明敷	20kV 以下，但 6～10kV 交联聚乙烯电缆除外	150～200	250
	35kV，6～10kV 交联聚乙烯	200～250	300
电缆敷设在槽盒中		$h+80$	$h+100$

注：h 表示槽盒外壳高度。

表 6-3-9　电缆沟、隧道中通道净宽允许最小值

（单位：mm）

电缆支架配置及其通道特征	电缆沟沟深			电缆隧道
	<500	600～1000	>1000	
两侧支架间净通道	300	500	700	1000
单列支架与壁间通道	300	450	600	900

（4）电缆水平敷设时，最上层支架距电缆沟顶板或梁底的净距，应满足电缆引接至上侧柜盘时的允许弯曲半径要求。

（5）电缆在电缆沟内敷设时，支架间或固定点间的距离不应大于表 6-3-10 所列数值。

（6）电缆支架的长度，在电缆沟内不宜大于 0.35m。在盐雾地区或化学气体腐蚀地区，电缆支架应涂防腐漆、热镀锌或采用耐腐蚀刚性材料制作。

表 6-3-10　电缆支架间或固定点间的最大距离

(单位：mm)

电缆特征	敷设方式	
	水平	垂直
未含金属套、铠装的全塑小截面积电缆	400①	1000
除上述情况外的 10kV 及以下电缆	800	1500
控制电缆	800	1000

①能维持电缆平直时，该值可增加 1 倍。

（7）电缆沟应采取防水措施，其底部应做不小于 0.5% 的纵向坡度坡向集水坑（井）；积水可经止回阀直接接入排水管道或经集水坑（井）用泵排出。电缆沟较长时应考虑分段排水，每隔 50m 左右设置一个集水井。

（8）在多层支架上敷设电力电缆时，电力电缆宜放在控制电缆的上层；1kV 及以下的电力电缆和控制电缆可并列敷设；当两侧均有支架时，1kV 及以下的电力电缆和控制电缆宜与 1kV 以上的电力电缆分别敷设在不同侧支架上。

（9）电缆沟在进入建筑物处应设防火墙。电缆隧道进入建筑物及配变电所处，应设带门的防火墙，此门应为甲级防火门并应装锁。

（10）电缆沟盖板应满足可能承受荷载和适合环境且经久耐用的要求，可采用钢筋混凝土盖板或钢盖板，可开启的地沟盖板的单块重量不宜超过 50kg。在户内需经常开启的电缆沟盖板，单块重量不宜超过 30kg。

（11）电缆沟内应设接地干线，沟内金属支架应可靠接地。

3. 电缆排管敷设

在不宜采用直埋或电缆沟敷设的地段，可采用电缆排管布线。电缆排管可采用混凝土管、混凝土管块、玻璃钢电缆保护管及聚氯乙烯管等，电缆在排管内敷设应满足下列要求：

（1）电缆根数不宜超过 12 根。

（2）电缆宜采用塑料护套或橡胶护套电缆。

（3）电缆排管管孔数量应根据实际需要确定，并应根据发展预留备用管孔。备用管孔不宜小于实际需要管孔数的 10%。

（4）当地面上均布荷载超过 $100kN/m^2$ 时，应采取加固措施，防止排管受到机械损伤。

（5）排管孔的内径不应小于电缆外径的 1.5 倍，且电力电缆的管孔内径不应小于 90mm，控制电缆的管孔内径不应小于 75mm。

（6）电缆排管敷设应符合下列要求：

1）排管安装时，应有倾向人（手）孔井侧不小于 0.5% 的排水坡度，必要时可采用人字坡，并在人（手）孔井内设集水坑。

2）排管顶部距地面不宜小于 0.7m，位于人行道下面的排管距地面不应小于 0.5m。

3）排管沟底部应垫平夯实，并应铺设不少于 80mm 厚的混凝土垫层。

（7）当在线路转角、分支或变更敷设方式时，应设电缆人（手）孔井，在直线段上应设置一定数量的电缆人（手）孔井，人（手）孔井间的距离不宜大于 100m。

（8）电缆人孔井的净空高度不应小于 1.8m，其上部人孔的直径不应小于 0.7m。

4. 电缆室内明敷设

（1）应沿墙、沿顶板、沿柱及建筑构件敷设。

（2）无铠装的电缆水平敷设至地面的距离不宜小于 2.2m；除电气专用房间外，垂直敷设时，1.8m 以下应有防止机械损伤的措施。

（3）相同电压的电缆并列敷设时，电缆的净距不应小于 35mm，且不应小于电缆外径。

（4）1kV 及以下电力电缆及控制电缆与 1kV 以上电力电缆宜分开敷设；当并列明敷设时，其净距不应小于 150mm。

（5）电缆支架间或固定点间的距离应符合有关规范规定。

（6）电缆与热力管道的净距不宜小于 1m；当不能满足上述要求时，应采取隔热措施。

（7）电缆与非热力管道的净距不宜小于 0.5m；当其净距小于 0.5m 时，应在与管道接近的电缆段上以及由接近段两端向外延伸不小于 0.5m 以内的电缆段上，采取防止电缆受机械损伤的措施。

（8）当室内有腐蚀性介质时，电缆宜采用塑料护套电缆。

（9）电缆水平悬挂在钢索上时固定点的间距，电力电缆不应大于 0.75m，控制电缆不应大于 0.6m。

（10）电缆在室内穿导管保护穿越墙体、楼板敷设时，导管的管内径不应小于电缆外径的 1.5 倍。

6.3.3 线缆工程量

在铁路工程设计中，统计工程材料的数量是一个必不可少的环节。一方面，准确的工程量是施工材料定制的主要依据，另一方面在既有"量×价"计价模式下，正确的材料消耗是工程费用控制的主要因素之一。在站房项目初步设计审查中，干线电缆单位面积造价指标也是项目造价分项控制重要指标之一。

1. 计量单位

（1）线缆工程的计算尺寸，以设计图样标识的尺寸或设计图样能读出的为准。工程量的计算计量单位一般采用以下基本单位：

以面积计算的子目——平方米（m²）。

以长度计算的子目——米或公里（m 或 km）。

以自然计量单位计算的子目——个、处、孔、座或其他可以明示的自然计量单位。

（2）汇总工程量时其小数点后有效位数应按以下规定取定：

计量单位为"平方米""米"的取 2 位，第 3 位 4 舍 5 入。

计量单位为"公里"的，轨道工程取 5 位，第 6 位 4 舍 5 入；其他工程取 3 位，第 4 位 4 舍 5 入。

计量单位为"个、处、孔、座"或其他可以明示的自然计量单位取整，小数点后第 1 位 4 舍 5 入。

（3）线缆工程量应按长度计量，单位指标按长度/站房面积计量，造价指标按线缆费用/站房面积计量。

2. 线缆工程量计算原则

工程量的长度计算时，应以设计图样中心线的长度计算，不扣除接头、检查井等所占的长度；另有规定除外。

各种电缆、导线敷设的工程量，按设计长度计算，计算长度应包括实际路径长度与附加长度。

附加长度宜计入下列因素：①电缆敷设路径地形等高差变化、伸缩节或迂回备用裕量；②电缆蛇形敷设时的弯曲状影响增加量；③终端或接头制作所需剥截电缆的预留段、电缆引至设备或装置所需的长度；④工程需要的预留长度。

3. 线缆工程量表

电缆工程量可在配电干线计算书附加一列显示，也可在图样中以工程量表呈现。电缆工程量表：以建筑物或构筑物为单位，自电源点开始至终端主配电箱所有电力电缆，应包括回路编号、回路起止点名称，终端主配电箱编号，电缆规格，敷设方式及工程数量。

4. 线缆工程量常规算量过程

一般工程设计人员电缆长度的计算步骤：

（1）使用 CAD 配套天正电气或 "CAD 看图软件" 等软件打开需要测量电缆长度的图样。图样打开后，进入 "扩展工具" →选择 "距离" 测量功能。

（2）结合捕捉功能（捕捉绿框代表捕捉到端点，捕捉到不同的点显示不同的样式）点击选择这条线的各个端点（每一个拐点都要点击一下）→全部点击完成之后 "回车" 会看到测量的线变成了黄色的虚线→测量的结果为界面下方显示的 "总计"（距离和角度都是指的最后一段）。

（3）完成电缆敷设线的水平长度测量，敷设电缆还要考虑拐弯的长度，一般情况下一个拐弯追加 1m 的长度，如图上共有 4 处拐弯，要追加 4m。如有垂直路径，需再加上竖向长度。

（4）如此反复，逐一测量计算统计出每个回路电缆长度并列表。

5. 基于 Revit 与 Dynamo 交互模式的电缆算量方法

线缆工程在实际工程中敷设复杂、变化多样，工程量的精确统计是一个不易解决的难题。利用传统算量软件虽然可以计算出电缆工程量，但算量软件不仅价格较高而且不能完全满足实际使用需求，实际工作中尚需大量的手工计算（如前文常规算量过程）来完成电缆算量。BIM 技术的快速发展，为工程量自动统计提供了有效的技术手段。

现介绍一种利用 Revit 三维建模方式，将电路图采用"线管"方式编制成可视化程序；通过对三维模型参数化处理，为构建添加参数信息，按照清单规定计算规则，编制工程量计算函数，并将结果自动集成至项目参数内容，解决构件与清单子目匹配问题与清单计算规则中电缆算量扣减预留问题；最后利用数据处理功能，自动汇总生成工程量并导出至 Excel，既解决了碰撞引起的设计变更，又提高工程量的计算效率（技术路线如图 6-3-1 所示）。以某地区高铁站项目动力照明系统电缆算量为例，可参见《基于 Revit 与 Dynamo 交互模式的电缆算量方法的研究》。

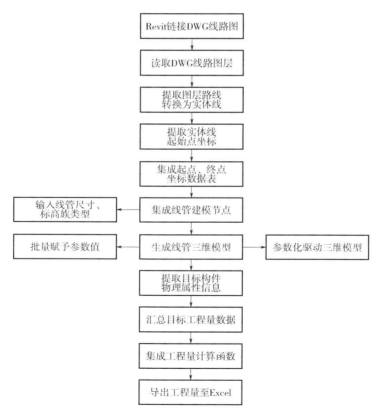

图 6-3-1　电缆工程量计算技术路线

6.4 线缆新产品

6.4.1 智慧电缆预警系统

据应急管理部消防救援局公布的 2022 年全国火灾数据，从发生火灾原因来看，电气仍是引发火灾的首要原因，因电气引发的火灾占 30.7%，其中较大以上火灾有三分之一由电气原因引起，且以电气线路故障高居榜首，占电气火灾总数近八成。同时，因用电安全问题引发灾害可造成重大直接财产损失，并且修复周期长，而且电缆的敷设使用环境比较复杂，不能排除用电安全问题对其他管线、建筑、设施和人员安全的威胁。

电力电缆故障的最直接原因是绝缘水平降低而被击穿，导致绝缘降低的因素很多，根据实际运行经验，归纳起来主要有以下几种情况：外力损伤；绝缘受潮；化学腐蚀；长期过负荷运行；电缆接头故障；环境和温度；电缆本体的正常老化或不可预测的自然灾害等其他原因。

智慧电缆预警系统利用智能探测、通信传输、网络技术、大数据分析等对传统线缆进行网络化、智能化、数字化升级，实现对线缆实时监测、故障预警、信息保存与分析等功能；发现问题可及时对电缆进行合理的维护、检修及更换，对保证电缆可靠运行具有重要意义。

1. 系统概述

系统由智能预警电缆、智能预警监测主机、监控软件等组成，基于光纤传输的拉曼散射原理，实现实时监测、快速反应、预警的功能，如图 6-4-1 所示。

智能预警电缆

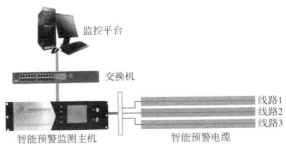

图 6-4-1 智能预警系统图

选择表见表6-4-1。智能预警电缆性能指标见表6-4-2。

表6-4-1 智能预警电缆选择表

电压等级	电缆类别	产品型号	备注
0.6kV/1kV	低压电力电缆	在传统电缆型号中增加代号"ZHY"，表示电缆具备智能预警功能	主要用于消防配电线路
10kV	中压电力电缆		主要用于铁路贯通线
27.5kV	智能预警环保防鼠蚁电缆		主要用于接触网馈电、回流
	电磁感应自抑制接触网馈电回流智能复合电缆		主要用于接触网馈电、回流，馈电线和回流线集成于一体

表6-4-2 智能预警电缆性能指标

功能	指标
运行温度实时在线监测	电缆运行温度的最大值、最小值、平均值
热温点的测量和定位	温度异常点测量（±1℃）和定位（±0.5m）
报警功能	温度超限报警（70~90℃）
	温升速率报警（相邻测量周期内温升超过5℃）
	断线报警（电缆因外界破坏导致断裂）
数据保存及事件识别	数据完整存储、自动保存、备份，异常事件识别

2. 系统功能

系统可以实现全天候实时在线监控，监测模块本征安全，采用光信号，不会与动力电缆之间产生相互电磁干扰；完全自动化，无需人员值守，监控成本低。

6.4.2 智能母线

母线槽是以导体系统形式的封闭成套设备，该导体系统由管道、槽或相似外壳中绝缘材料间隔和支持的母线构成，可为所有类型的负载配电，适用于工业、数据中心、商业建筑、基建等场景。相比传统的电缆和线槽，母线槽具有高使用性、高密度、高安全可靠性等优点。

1. 智能母线概念

智能母线是一种应用物联网和人工智能等技术的新型配电设备，其通过实时监测母线槽运行状况，结合电力系统实时数据，能够快速定位设备故障，保证供电连续性；并通过智能算法实现对电力负载的预测和优化调度，提高电力系统的运行效率和安全性。目前，智能母线已经在工业厂房、数据中心等领域得到广泛应用。

2. 智能母线原理

智能母线由母线槽和智能测控系统组成，其中，智能测控系统又包括测量模块、数据采集传输模块和数据监控平台等组件。智能测控系统的组件之间可通过有线或无线的方式进行数据传输。智能母线系统如图 6-4-2 所示。

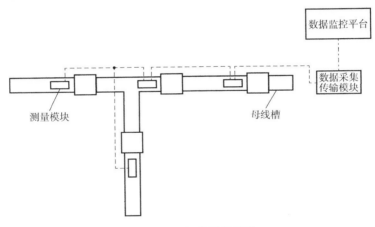

图 6-4-2　智能母线系统

3. 智能母线主要功能

智能母线对母线槽的运行状况实现遥调、遥测、遥控、遥信等一项或多项功能；结合监控系统中的母线路由视图，能够快速定位设备故障；并通过智能算法对数据进行分析，帮助故障诊断和预测性维护，提高能源管理效率。

智能母线系统实现以下功能：

对现场所有母线接头进行温度监测。

对于温度异常的母线接头，在监控系统上进行预警或报警，通知现场运维人员。

配合建筑级、分区级、回路级和元件级的母线路由视图，可清晰查看母线温度分布情况，并快速定位故障发生位置。

结合配电系统的电能测量数据，通过智能算法进行分析及预测，提高电力系统的运行效率和安全性。

4. 智能母线优势

对比传统的运维方式，智能母线有以下优势：

实时在线监测及反馈，帮助运维人员及时了解母线运行状况，快速发现故障，而非依赖定期巡检。

可记录历史数据，有助于分析母线运行趋势。

利用大量采集的数据进行数据分析与建模，用于故障诊断和预测性维护。

结合电力系统数据，帮助运维人员更好地管理并制订能源优化策略，提高能源使用效率。

5. 智能母线节能效果

通过采用智能母线，实现对母线槽本体的运行状态监测，以及上下游设备的能源监测与管理，帮助识别潜在的能源浪费或异常，从而采取措施减少能源浪费，避免计划外停电导致的生产材料损失。

同时，通过对运行数据进行数据分析，智能母线可以为运维人员提供更多有关能源管理的详细见解，帮助他们制订更有效的能源节省策略和决策，以减少建筑物的整体能源消耗。

第7章 防雷、接地与安全防护

7.1 概述

7.1.1 分类、特点及要求

高铁站房建筑根据高峰小时人数发送量可分为特大型站、大型站、中型站和小型站。高铁站房建筑防雷设计必须综合考虑建筑规模、建筑造型特点、结构类型、基础形式、屋面形式、雷击概率、损失后果及经济性，结合当地气候特点，因地制宜采用防雷、接地及安全防范措施，有效防止或减少雷击时所发生的人身伤亡和财产损失，以及雷击电磁脉冲引发的电气和电子系统损坏，做到安全可靠、技术先进、经济合理。

7.1.2 本章主要内容

本章根据高铁站房建筑的规模及特点，明确了高铁站房建筑的防雷类别分类原则，以及各类高铁站房建筑物防雷措施、重要机房的屏蔽要求及电涌保护器的选择和安装；介绍了各类接地系统及接地装置的特点，其中包括了四电机房接地、铁路贯通地线的连接等要求；阐述了高铁站房建筑电气安全设计的基本原则以及锅炉房、柴油发电机房储油间、电动汽车充电设施等场所的电气安全要求；分析了高铁站房建筑杂散电流腐蚀防护措施。

智慧防雷与接地监控技术是近年来智慧高铁站房建筑防雷技术的主要发展方向，可包含雷电预警系统、直击雷智慧监测系统、智慧接地电阻监测系统及智慧电涌保护器监控系统等子系统。智慧防雷与接地监控技术能通过对雷电防护装置进行实时监测的方式，自动掌握装置的使用状态、劣化信息等，并将信息进行记录、统计，当监测数据到达故障报警值或寿命预警值时，及时通知维护人员进行提前维护或更换，确保在雷击发生前防护装置的功能正常，进而保证雷电防护的可靠性和有效性，同时有利于提高巡检效率，降低巡检成本。

7.2　雷电防护设计

7.2.1　高铁站房建筑的防雷分类

1. 高铁站房建筑防雷类型

　　高铁站房建（构）筑物应根据使用性质、重要性以及发生雷击后影响铁路运输的严重程度，按表 7-2-1 规定进行分类。

表 7-2-1　站房建（构）筑物防雷类型

防雷类别	高铁站房建筑类型
第二类	1）预计雷击次数大于 0.25 次/a 的高铁站房建筑物 2）特大型和大型高铁站房及雨棚
第三类	1）高度超过 20m，且不高于 100m 的高铁站房建筑物 2）预计雷击次数大于或等于 0.05 次/a，且小于或等于 0.25 次/a 的高铁站房建筑物 3）中型和小型高铁站房及雨棚

2. 高铁站房电子信息系统雷电防护等级

　　铁路电子信息设备应根据使用性质、重要性以及发生雷击后影响铁路运输的严重程度，按照表 7-2-2 划分高铁站房建筑电子信息系统雷电防护等级。

表 7-2-2　高铁站房建筑电子信息系统雷电防护等级分类

雷电防护等级	高铁站房建筑电子信息系统
A 级	涉及行车安全及严重影响运输效率的设备，包括调度指挥中心、大型计算中心、枢纽通信站、信号设备机房等内的电子信息设备
B 级	影响运输效率的设备，包括小型通信站、计算中心的设备、灾害监测设备、车辆安全防范预警设备、车号自动识别设备等
C 级	除 A、B 级以外的设备

应根据防雷分类及电子信息系统的雷电防护等级，合理地设置站房防雷措施。

7.2.2　高铁站房建筑的防雷措施

铁路综合防雷措施包括外部防雷措施和内部防雷措施，外部防雷措施由安装接闪器、引下线、接地装置组成；内部防雷措施由电磁屏蔽措施、等电位连接、电涌保护器、合理布线等组成，如图 7-2-1 所示。

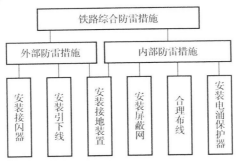

图 7-2-1　铁路综合防雷措施

根据铁路综合防雷措施的要求，防雷措施可按照以下要求设置。

1. 基本要求

根据建筑的防雷类别不同，防雷措施要求见表 7-2-3。

表 7-2-3　不同防雷类别高铁站房建筑防雷措施要求

防雷类别	防雷措施要求
第二类 防雷高铁站房建筑	防直击雷
	防闪电电涌侵入
	防闪电感应
	防雷击电磁脉冲
第三类 防雷高铁站房建筑	防直击雷
	防闪电电涌侵入
	防雷击电磁脉冲（视建筑情况而定）

2. 防直击雷

第二类、第三类防雷高铁站房建筑应设置防直击雷措施。在站房建筑屋顶装设接闪网、接闪带、接闪杆或由其混合组成的接闪器作为外部防雷装置，接闪网（带）应沿屋角、屋脊、屋檐和檐角等易受雷击的部位敷设。第二类防雷高铁站房建筑应在整个屋面组成不大于 10m×10m 或 12m×8m 防雷网格；第三类防雷高铁站房建筑应在整个屋面组成不大于 20m×20m 或 24m×6m 的防雷网格。

3. 防闪电电涌侵入

雷电流流经防雷引下线及接地装置时，产生的高电位可能会对附近金属物或电气和电子系统线路反击，此为闪电电涌侵入。为防止闪电电涌侵入，应采取下列措施：

（1）在金属框架的站房建筑中，或在钢筋连接在一起、电气贯通的钢筋混凝土框架的站房建筑中，金属物或线路与引下线之间的间隔距离可无要求。

（2）当金属物或线路与引下线之间有自然或人工接地的钢筋混凝土构件、金属板、金属网等静电屏蔽物隔开时，金属物或线路与引下线之间的间隔距离可无要求。

（3）当金属物或线路与引下线之间有混凝土墙或砖墙隔开时，其击穿强度可按空气击穿强度的 1/2 考虑；若间隔距离满足不了规定时，金属物应与引下线直接相连，带电线路应通过电涌保护器相连。

4. 防闪电感应

第二类防雷高铁站房建筑需要采取防闪电感应措施，主要金属物，如设备、管道、支架、桥架等，应就近接至防雷装置或共用接地装置上，以防静电感应。相互间净距小于100mm的管道、构架、电缆金属外皮等，应每隔不大于30m用金属线跨接；交叉净距小于100mm时，交叉处也应用金属线跨接；综合体建筑物内防闪电感应的接地干线与接地装置的连接不应少于2处。

7.2.3　高铁站房建筑的防雷装置

1. 高铁站房建筑物防雷装置

（1）高铁站房建筑物防雷装置包括接闪器、引下线、接地装置等，具体见表7-2-4。

表 7-2-4　高铁站房建筑物防雷装置

防雷装置	具体做法
接闪器	1）混凝土屋面区域：利用明敷40mm×4mm热镀锌扁钢或φ12热镀锌圆钢作为接闪器，第二类防雷建筑物≤10m×10m或12m×8m；第三类防雷建筑物≤20m×20m或24m×16m；每跨由混凝土柱内引出两根≥φ16钢筋与扁钢可靠焊接 2）金属屋面区域：站房屋顶中间区域为金属屋面，金属板下面无易燃物品时，铅板的厚度不应小于2mm，不锈钢、热镀锌钢、钛和铜板的厚度不应小于0.5mm，铝板的厚度不应小于0.65mm，锌板的厚度不应小于0.7mm。金属板应无绝缘覆层 3）四电用房屋面区域：采用40mm×4mm热镀锌扁钢或φ12热镀锌圆钢交叉焊接构成≤3m×3m的接闪网格，并将各端点与接闪带焊接连通
引下线	1）站房利用建筑物外侧混凝土柱内两根φ16及以上主筋通长焊接作为引下线。第二类防雷建筑物引下线间距沿周长计算不应大于18m，第三类防雷建筑物引下线间距沿周长计算不应大于25m。当建筑物的跨度较大，无法在跨距中间设引下线时，应在跨距端设引下线并减小其他引下线的间距，专设引下线的平均间距不应大于18m或25m 2）站台雨棚利用雨棚钢柱或混凝土柱内两根φ16及以上主筋通长焊接作为引下线，与雨棚柱下基础内主筋可靠连接。站台基础主筋在站台两端分别引2处与站场综合接地可靠连接

防雷装置	具体做法
接地装置	1）宜利用站房基础内主筋作为接地装置 2）在站房外3m地下设置环形接地网，站房四周40mm×4mm热镀锌扁钢在地面下1.5m深，在站房两端分别引2处采用扁钢与铁路综合接地系统相连接

（2）独立设置的信号楼或行车室、信号中继站屋顶室外避雷网网格不应大于3m×3m。

（3）独立设置的信号楼或行车室、信号中继站屋顶不宜安装天线和避雷针。当必须装设天线或避雷针时，不得与建筑物共用引下线。

（4）安装有通信信号设备建筑物的专设引下线宜优先采用热镀锌圆钢，直径不应小于12mm；也可采用热镀锌扁钢，截面面积不应小于100mm^2，厚度不应小于4mm。混凝土框架结构的建筑物可利用结构主筋作为自然引下线。

（5）区间中继站、通信基站、直放站等独立建筑物的防雷接地装置，应与其附近的箱式变电所、铁塔等室外设施的防雷接地装置统筹设计。

2. 构筑物防雷

桥梁索塔、通信铁塔等铁路构筑物应采取设置接闪器、引下线和接地装置等防直击雷的保护措施。

3. 设备及设施防雷

（1）高铁站房变配电所内供电设施应采取防止或减少直接雷击、雷电感应保护措施。

（2）新建高铁站房电子信息设备房屋室内屏蔽网的设置应符合相关专业规范的规定，其技术要求应符合下列规定：

1）屏蔽网应充分利用结构钢筋，并通过墙内结构主筋与建筑物接地装置多处连接。

2）墙面、地面及顶面屏蔽网采用直径不小于12mm的钢筋构成不大于 5m×5m 的网格；在 5m×5m 网格内，采用直径不小于 8mm 的钢筋铺设成不大于 600mm×600mm 的网格。

3）门窗屏蔽应采用截面面积不小于 9mm²、网孔不大于 80mm×80mm 的铝合金网。

4）屏蔽网的网格交叉点均应电气连接。相邻的墙面、顶面、地面及门窗屏蔽网之间应相互电气连接，并通过接地汇集线与接地装置多处连接。

（3）既有房屋改建的电子信息设备房屋室内屏蔽网的设置应符合相关专业规范的规定，其技术要求应符合下列规定：

1）墙面及顶面屏蔽网采用镀锌钢板，钢板厚度为 0.6mm。

2）在防静电地板的金属支架底部，采用厚 0.2mm 宽 20mm 的铜箔带构成地面屏蔽网，网格大小与防静电地板单块尺寸一致，网格交叉点应施焊或与各支架卡接。

3）门窗屏蔽应采用截面面积不小于 9mm²、网孔不大于 80mm×80mm 的铝合金网。

4）相邻的墙面、顶面、地面及门窗屏蔽网之间应相互电气连接，并通过接地汇集线与接地装置多处连接。

4. 通信信号铁塔防雷与接地

（1）GSM-R 铁塔防雷与接地应符合下列规定：

1）铁塔的接闪器应将塔上通信设备置于保护范围内。

2）铁塔应单独设置接闪器及接地体，接闪器应采用截面面积不小于 40mm×4mm 热镀锌扁钢作为引下线与铁塔接地体连接。

3）铁塔接地体与机房接地体边缘距离在 15m 及以内时，二者应互相连接；大于 15m 时，二者之间宜相互独立。

4）机房被包围在铁塔内时，机房外设接地体应在铁塔接地体外敷设，并与铁塔接地体连接。

5）铁塔接地体距离贯通地线 20m 及以内时，宜就近与贯通地线引接线等电位连接。

（2）天馈线接地应符合下列规定：

1）天馈线金属外护层应分别在天线处、离塔处及房屋入口处外侧就近接地。

2）当馈线长度大于 60m 时，宜在铁塔中部增加一个接地点。

3）天馈线在房屋馈线入口处接地时，接入室外接地汇集线。

4）室外走线架始末两端均应接地。

（3）天馈系统电涌保护器设置应符合下列规定：

1）每条天馈线均应设置电涌保护器。

2）电涌保护器宜安装在房屋馈线入口处或收、发通信设备的射频电缆接口处。

3）电涌保护器接地线宜接入室外接地汇集线。

（4）中继设备电源引入端应设置电涌保护器，也可设置防雷型或隔离型变压器。

（5）GSM-R 设备接地电阻值应符合下列规定：

1）GSM-R 核心网设备接地电阻值不应大于 1Ω。

2）基站、区间中继设备和漏泄同轴电缆独立设置的接地体接地电阻值不应大于 4Ω。

3）铁塔、电杆独立设置的接地体接地电阻值不应大于 10Ω。

7.2.4　防雷击电磁脉冲及屏蔽措施

高铁站房内信息机房、通信机械室是铁路站房的首脑，它必须时刻为高铁列车信息系统传输精准的数据，为火车制动系统发送及时的信号。为了保证高铁列车的正常安全运行，四电用房内的设备需要屏蔽掉外来不良信号的干扰。铁路站房工程常采用法拉第笼来实现电磁屏蔽，从而使站房内设置的通信设备、电子计算机、精密仪器以及自动控制系统免遭雷电电磁脉冲的危害。

可利用建筑物钢筋混凝土结构内的钢筋，即建筑物地面、四周墙面、顶板，以及柱、梁内的钢筋，使其构成一个六面体的"网笼"。即"法拉第笼"，从而实现电磁屏蔽。

高铁站房内的计算机房应根据需要采用电磁屏蔽和防静电措施，通信、信号设备用房（含电源室、机械室、计算机房）应采用电磁屏蔽和防静电措施。根据此要求，通信、信号用房均需设置法拉第笼。法拉第笼可分为内笼和外笼，具体做法如下。

1. 法拉第外笼

法拉第外笼是指整个综合楼顶面、外墙面大空间屏蔽笼。它由基础地网（网格尺寸不大于 3m×3m）及四面墙体圈梁、立柱（基础柱、构造柱、金属构架）主筋构成不大于 5m×5m 网格和屋顶面避雷网（网格尺寸不大于 3m×3m）组成的六面体金属笼。基础地网及屋顶面避雷网网格节点应进行焊接。

（1）屋顶面避雷网利用金属屋面作为接闪器，满足外笼屋顶网格的要求。

（2）基础地网利用 –40×4 热镀锌扁钢相互焊接形成不大于 3m×3m 的网格，有地梁处利用梁内不小于 φ10 的主筋。

（3）5m×5m 的网格，立柱及外墙主筋向上与金属屋面避雷网焊接，向下与基础地网焊接，并延长至水平环形接地体并焊接。

2. 法拉第内笼

法拉第内笼其六面体由镀锌圆钢（拉筋不小于 φ8，主筋不小于 φ12）焊接成不大于 600mm×600mm 笼式网格，其中门窗屏蔽（包括室内微电子设备隔断墙）均为铝网格型材，截面面积不小于 9mm²，网格尺寸不大于 80mm×80mm。设置内笼的房间，应采用金属门，且金属门与"内笼"有不少于两处的焊接。法拉第笼示意图如图 7-2-2 所示。

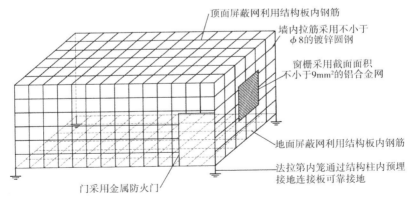

图 7-2-2　法拉第笼示意图

7.2.5 电涌保护器的选择和安装

1. 电压保护水平的选择

SPD 的电压保护水平的选择取决于受保护设备的耐冲击电压额定值 U_W、与 SPD 连接导体的长度、SPD 和设备之间的线路的布线及长度、SPD 后备保护装置的选择等。

SPD 的电压限制作用应评估有效保护水平 $U_{p/f}$，有效保护水平 $U_{p/f}$ 定义为保护水平和接头处导线压降引起的 SPD 回路输出的电压，如图 7-2-3 所示。对于电压限制型 SPD，$U_{p/f} = U_p + \Delta U$；对于电压开关型 SPD，$U_{p/f} = \max\{U_p, \Delta U\}$。

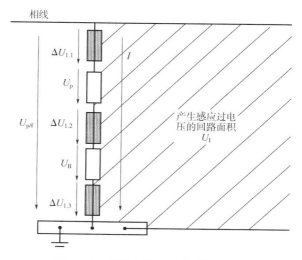

图 7-2-3　SPD 回路的有效保护水平

I——部分雷电电流　U_1——感应过电压

$U_{p/f} = U_p + \Delta U$——带电导体和连接排之间的浪涌电压

U_p——电压保护水平　U_R——后备保护装置的残压

$\Delta U = \Delta U_{1.1} + \Delta U_{1.2} + \Delta U_{1.3}$——连接导体上的电压降

有效保护水平 $U_{p/f}$ 的大小应符合以下要求：

要与上游的 SPD 能量协调配合，且满足以下三个条件之一：

（1）对于安装在站房设备终端处的 SPD，当 SPD 与设备之间的线路长度可以忽略时，$U_{p/f} \leqslant U_W$。

（2）对于安装在站房分配电盘处的 SPD，当 SPD 与设备之间的线路长度小于 10m 时，$U_{p/f} \leqslant 0.8 U_W$。

（3）对于安装在站房电源线路入口处的 SPD，当 SPD 与设备之间的线路长度可以忽略时，$U_{p/f} \leqslant (U_W - U_I)$。如果建筑物（或房间）已经安装空间屏蔽和/或线缆屏蔽（使用屏蔽线缆或金属线缆管道），感应过电压 U_I 通常可忽略不计。

为了减小 $U_{p/f}$ 的数值，提高 SPD 回路限制电压的能力，可以选择内置后备保护装置的一体式 SPD。

2. SPD 安装位置和放电电流选择

SPD 应能在安装点上承受预期的放电电流，见表 7-2-5。

表 7-2-5　雷击导致的低压系统浪涌过电流预期值

雷电防护水平 LPL	低压系统			
	直接和间接雷击服务设施		雷击建筑物附近	雷击建筑物
	损害源 S3（直接雷击）电流波形：$10\mu s/350\mu s$ /kA	损害源 S4（间接雷击）电流波形：$8\mu s/20\mu s$ /kA	损害源 S2（感应电流）电流波形：$8\mu s/20\mu s$ /kA	损害源 S1（感应电流）电流波形：$8\mu s/20\mu s$ /kA
Ⅲ～Ⅳ	5	2.5	0.1	5
Ⅱ	7.5	3.75	0.15	7.5
Ⅰ	10	5	0.2	10

SPD 的安装点如下：

（1）在站房的进线入口，即在电源线路主配电盘上，安装用 I_{imp} 测试的 SPD（Ⅰ类测试的 SPD）或用 I_n 测试的 SPD（Ⅱ类测试的 SPD）。

（2）在站房分配电盘或靠近被保护设备处，安装用 I_n 测试的 SPD（Ⅱ类测试的 SPD）。

（3）要求 SPD 的冲击电流 I_{imp} 或标称放电电流 I_n 应满足对应雷电防护水平的浪涌过电流预期值。

（4）考虑 SPD 应该具有一定的使用寿命，冲击电流 I_{imp} 或标称放电电流 I_n 可以适当选择大一些。

3. 后备保护装置的选择

SPD 后备保护装置的选择应考虑以下内容：

（1）能分断 SPD 安装线路的预期短路电流。

（2）耐受通过 SPD 的预期浪涌电流不断开。

（3）分断 SPD 内置热保护所不能断开的工频电流。

7.3 接地系统设计

铁路综合接地系统是用贯通地线将铁路沿线所有接地系统进行等电位连接，综合接地系统既是一个低电阻大地网，又是一个大等电位体。其中铁路站房、通信楼等建筑物的结构网接地又作为该综合接地系统的接地装置，如图 7-3-1 所示。

7.3.1 高铁站房建筑的接地装置

高铁站房建筑的接地分为功能接地、保护接地两大类。其中功能接地包括配电系统接地、信号电路接地；保护接地包括电气装置保护接地、雷电防护接地、防静电接地等。

1. 高铁站房建筑的接地装置

接地装置包括接地导体和接地极，用于传导站房的雷电流，并将雷电流引入大地。站房建筑接地装置应优先利用其基础内的非预应力筋作为基础接地装置。当基础接地装置的接地电阻达不到时，可采取增加人工接地体等措施。

在站房外 3m 地下设置环形接地网，站房四周 40mm × 40mm 热镀锌扁钢在地面下 1.5m 深，在站房两端分别引 2 处采用扁钢与铁路综合接地系统相连接。

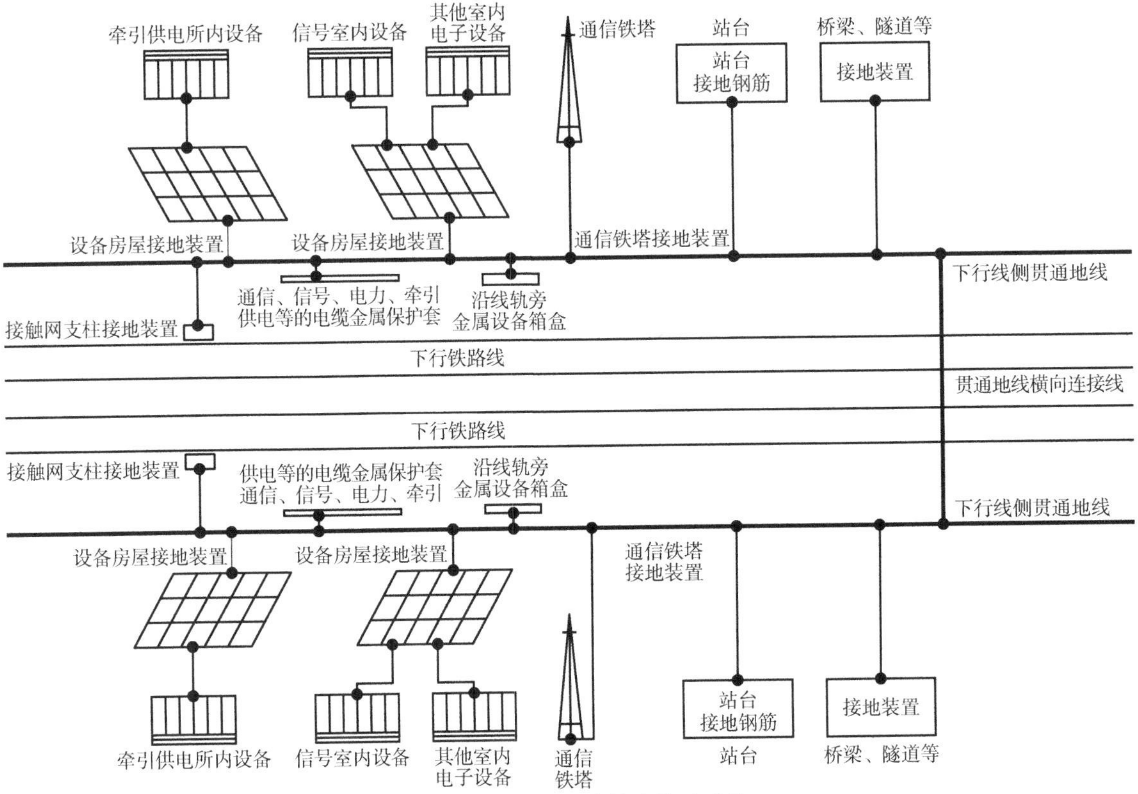

图 7-3-1　铁路站房综合接地系统

2. 接地装置的导体选择

对接地体的材料和尺寸的选择，应使其耐腐蚀又具有适当的力学强度。考虑耐腐蚀和力学强度要求的埋入土壤中的常用材料接地体的最小尺寸见表 7-3-1。

表 7-3-1　考虑耐腐蚀和力学强度要求的埋入土壤中的常用材料
接地体的最小尺寸

材料和表面	形状	直径/mm	截面面积/mm²	厚度/mm	镀层重量/(g/m³)	镀层/外护层厚度/μm
埋在混凝土内的钢材（裸/热镀锌或不锈钢)	圆线	10				
	条状或带状		75	3		
热浸镀锌钢③	带状②或成型带/板实体板-花格板		90	3	500	63
	垂直安装的圆棒	16			350	45
	水平安装的圆线	10			350	45
	管状	25		2	350	45
	绞线（埋在混凝土内）		70			
	垂直安装的型材		(290)	3		
铜包钢	垂直安装的圆棒	(15)				2000
电沉积铜包钢	垂直安装的圆棒	14				250⑤
	水平安装的圆线	(8)				70
	水平安装的带		90	3		70
不锈钢①	带状②或成型带/板		90	3		
	垂直安装的铜棒	16				
	水平安装的圆线	10				
	管状	25		2		

材料和表面	形状	直径/ mm	截面面积/ mm²	厚度/ mm	镀层重量/ （g/m³）	镀层/外 护层厚 度/μm
铜	带状		50	2		
	水平安装的圆线		(25)④50			
	垂直安装的圆棒	(12) 15				
	纹线	每股1.7	(25)④50			
	管状	20		2		
	实体板			(1.5) 2		
	花格板			2		

注：括号内的数值仅适用于电击防护，不在括号内的数值适用于雷电防护和电击防护。

①铬≥16%，镍≥5%，钼≥2%，碳≤0.08%。

②如轧制带状或带圆角的切割的带状。

③镀层应均匀、连续和无斑点。

④经验表明，在腐蚀和机械损伤风险极低的场所，可采用16mm²。

⑤此厚度是为在安装中铜镀层能耐受机械损伤而规定的，如果能按制造商说明书要求采取特殊措施（如在地面上钻孔或在接地极顶端上安装保护套）以免铜镀层受机械损伤，则此厚度可减少至不小于100μm。

3. 埋入土壤中的接地导体（线）的最小截面面积

埋入土壤中的接地导体（线）的最小截面面积，应按照表7-3-2选取。

表7-3-2　埋入土壤中的接地导体（线）的最小截面面积

	有防机械损伤保护	无防机械损伤保护
有防腐蚀保护	铜：2.5mm²	铜：16mm²
	钢：10mm²	钢：16mm²
无防腐蚀保护	铜：25mm²	
	钢：50mm²	

7.3.2　低压电气装置接地

1. 低压配电系统的接地形式

建筑电气低压配电系统中，接地系统有 TN 系统、TT 系统、IT

系统三种形式。高铁站房建筑接地形式一般采用 TN 系统，即电源中性点直接接地，同时电气装置的外露可导电部分通过 PE 导体接至装置的总接地端子，该总接地端子应连接至供电系统的接地点。TN 系统单相接地故障电流较大，可通过短路保护快速切断电源实现电击防护，可以有效提升站房整体供配电系统运行的稳定性和安全性。

2. 高铁站房建筑变压器中性点接地方式

站房供配电系统一般采用非并联运行的多电源形态，平时多个电源分列运行，且电源之间存在备用关系，并在电源端通过母线联络开关实现切换。一般采用两台或多台变压器在低压侧采用分段单母线主接线，设置 2 进线 1 母联方式。此种情况下推荐采用一点接地方式，进线和母联断路器采用 3 极开关，如图 7-3-2 所示。

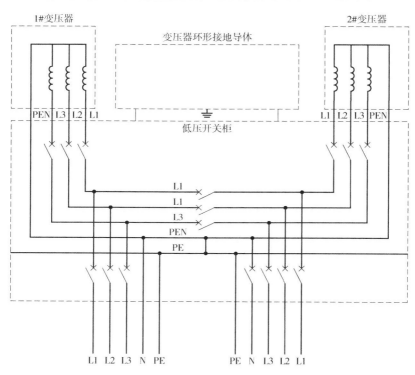

图 7-3-2 变压器中性点一点接地方式（两台变压器中间带母联）

变压器中性点不直接接地，而是通过在低压柜内，连接 PEN 和 PE 母排实现变压器中性点的一点接地。正常情况下，馈电回路 N 线工作电流不会在接地导体中产生杂散电缆；馈线回路发生在接地故障时，故障电流流经回路 PE 导体、一点接地连接点和 PEN 导体返回变压器中性点，满足导体热稳定要求。变压器外壳应通过 PE 导体和低压配电柜母排连接。变配电房四周可另行敷设一圈环形接地作为总等电位连接导体。由于不属于故障电流主要路径，因此变配电房环形接地导体截面可按照 $25\,\mathrm{mm^2}$ 铜导体或 $40\,\mathrm{mm}\times4\,\mathrm{mm}$ 镀锌扁钢。

非并联运行的多电源系统也可以采用中性点直接接地方式，如图 7-3-3 所示。

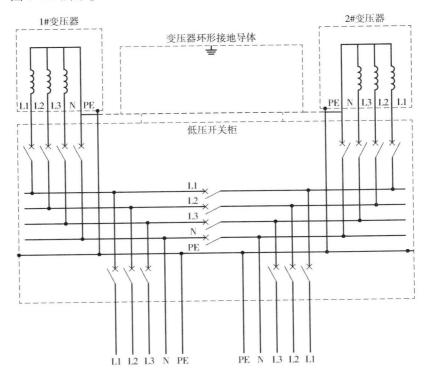

图 7-3-3　变压器中性点直接接地方式（两台变压器中间带母联）

以变配电房内 2 台变压器为例，变压器中性点分别就近接地。从变压器低压侧起，中性线（N 线）和 PE 线就严格分开，变压器至低压柜导体包括相导体、中性线导体和 PE 导体。为防止回路中出现杂散电流，进线断路器和母联断路器都采用 4 极开关。与一点接地方式相比，接地方式成本增加。另外由于系统采用 4 极开关，因此无法引出 PEN 导体，低压系统无法配出 TN-C 和 TN-C-S 系统。

7.3.3 等电位连接

为了防止雷电流及间接接触电击带来的危害，站房建筑应设置等电位连接。铁路站房建筑等电位连接做法如下。

（1）电子信息系统涉及多个相邻建筑物时，宜采用 2 根水平接地体将各建筑物的接地装置等电位连接。

（2）铁路建筑物内的电气设备、金属管道及构架、电缆金属外皮等均应做等电位连接并接地。

（3）在建筑物雷电防护区 LPZOA 或 LPZOB 区与 LPZ1 区交界处应设置总等电位连接带，总等电位连接带与接地装置的连接不应少于 2 处。

（4）应利用铁路建筑物内部或建筑物上的金属部件进行多重等电位连接，组成网格状低阻抗等电位连接网络，并与接地装置电气连接。

（5）在同一建筑物内的电力、牵引供电及电子信息系统设备房屋等电位连接应符合下列规定：

1）各系统应分别设置总等电位连接带，同一系统设备应连接各自的总等电位连接带，并采用单独的接地干线或接地支线。

2）各种金属管道可设局部等电位连接带。

3）垂直接地干线：

①特大型及大型高铁站房等工程规模较大、楼层较多、设备较多的建筑物内可设专用垂直接地干线。

②垂直接地干线由总等电位接地连接板引出，同时与建筑物各层等电位连接带连通。

③各楼层设置的等电位连接带应与垂直接地干线连接。

④垂直接地干线宜在竖井内敷设,通过连接导线引入设备机房,并与机房局部等电位接地端子板连接。

4)行车室、信号楼、信号中继站、通信基站和直放站、电所(亭)、变配电所等工程规模较小、楼层较少、设备较少的建筑物,可不设总等电位接地连接板,根据具体工程情况,设置楼层、机房局部等电位连接板。

(6)站台范围内旅客可接触的建筑物及金属构件等采取等电位或分设接地等措施。

(7)建筑物内电子信息设备等电位连接导体的材质及最小截面面积应符合表7-3-3的规定。

表7-3-3 电子信息设备等电位连接导体的材质及最小截面面积

序号	连接导体名称	材质	最小截面面积/mm²
1	总等电位连接带(板)	铜带	150
2	楼层等电位连接带(板)	铜带	100
3	机房局部等电位连接带(排)	铜带	50
4	垂直接地干线(竖向等电位连接带)	多股铜芯导线或铜带	50
5	楼层等电位连接带与机房局部等电位连接带之间的连接导体	多股铜芯导线或铜带	25
6	机房局部等电位连接带之间的连接导体	多股铜芯导线	16
7	设备与机房局部等电位连接带之间的连接导体	多股铜芯导线	6
8	机房屏蔽网格之间的连接导体	多股铜芯导线或铜带	25

7.3.4 高铁站房"四电"机房接地

铁路站房中电力、信息、通信、信号等"四电"用房是铁路站房的心脏。四电用房的接地安全关系到整个铁路系统是否能正常运行。

四电机房接地可分为防雷接地与工作保护接地（通信及信号系统接地）两大类。

在铁路综合接地系统中，应防雷接地与工作保护接地分开。防雷接地应就近接至建筑物基础接地网，四电机房工作保护接地应接至室外环形接地体，并要保证各弱电系统之间的接地点距离大于 5m。

引入机房的工作保护接地线均应接至室外环形接地体。在机房内四角距离地面 0.15m 处（或在静电地板下 0.1m 左右）设置接地端子，接地端子应与防静电地板下的金属支架等可靠连接。

7.3.5 站房接地极与铁路贯通地线的连接

铁路综合接地系统是用贯通地线将铁路沿线所有接地系统进行等电位连接。

距铁路 20m 范围内铁路建筑物的接地装置应与综合接地系统的贯通地线可靠连接。贯通地线在综合站房或信号楼上、下行两端应分别与其环形接地体连接，每端设 2 根连接线，2 根连接线的间隔为 2~3m。其他建筑物的地网应与贯通地线可靠连接。

站台接地体可通过热镀锌扁钢与铁路贯通地线可靠连接。在站台两端分别对两侧贯通地线做横向连接。

贯通地线与接地网连接的接地干线，可用铜排或热镀锌扁钢埋地敷设，铜排的截面面积不小于 $50mm^2$，热镀锌扁钢的截面面积不小于 $200mm^2$，厚度均不小于 4mm。

7.4 安全防护设计

7.4.1 基本要求及措施

高铁站房建筑的电气装置，在使用的过程中，需要采取适当措施，避免乘客、工作人员受到直接和间接的电击伤害。

电击防护设计是安全防护极为重要的部分。设计中应该灵活采取各类防电击措施，预防以及避免电击伤害事故的发生。

7.4.2 电击防护基本原则

高铁站房建筑电击防护的基本原则是在正常条件及单一故障情况下，危险的带电部分不应是可触及的，而且可触及的可导电部分不应是危险的带电部分。

发生下列任一情况，均认为是单一故障：

（1）可触及的非危险带电部分变成危险的带电部分（例如由于限制稳态接触电流和电荷措施的失效）。

（2）在正常条件下可触及的不带电的可导电部分变成危险的带电部分（例如由于外露可导电部分基本绝缘的损坏）。

（3）危险的带电部分变成可触及的（例如由于外护物的机械损坏）。

要满足基本规则中有关正常条件下的电击防护要求，必须采取基本防护。

根据相关规范标准，针对不同的电压水平，可采用不同的电击防护措施，不同区段的电压限值详表7-4-1。

表 7-4-1　电压区段限值

电压区段	交流	直流
高压（HV）	>1000 V	>1500 V
低压（LV）	≤1000 V	≤1500 V
特低压（ELV）	≤50 V	≤120 V

对于高压（HV），用特殊措施，尤其是接地配置来确保电击防护。

对于低压（LV），用基本防护和一般的故障防护来确保电击防护。

对于特低压（ELV），不需要故障防护，在某些条件下，基本防护是由限制电压来提供的，这些条件包括特殊应用定义的接触面积、湿度、电压、电流及其他。

1. 基本防护（直接接触防护）

基本防护（直接接触防护）包括带电部分的基本绝缘和遮栏或外护物（外壳）。

带电部分的基本绝缘要求带电部分应完全用绝缘覆盖，这一绝缘只有被破坏才能除去。

遮栏或外护物（外壳）设置要求：

（1）带电部分应置于防护等级至少为IPXXB或IP2X的外护物之内或遮栏之后。

（2）易于触及的遮栏或外护物的水平顶面的防护等级应至少为IPXXD或IP4X。

（3）遮栏和外护物应牢固地固定在其位置上，并应具有足够的稳定性和耐久性，在已知正常工作条件和外界环境影响下能保持所要求的防护等级以及与带电部分间的适当的分隔。

（4）在满足下列条件之一的情况下，才可能移动遮栏或打开外护物或挪动外护物的部件：使用钥匙或工具；切断遮栏或外护物所防护的带电部分的电源，在遮栏或外护物恢复原位或重新关闭以后才能合闸通电；设有能防止触及带电部分的防护等级至少为IPXXB或IP2X的中间遮栏，这一中间遮栏只能使用钥匙或工具才能挪动。

（5）如果在遮栏后或外护物内有切断电源后仍残存有危险电荷的电气设备（例如电容器等），则在此电气设备前应设置一警示危险的标牌。

2. 故障防护（间接接触防护）

（1）故障情况下自动切断电源。故障情况下自动切断电源是高铁站房建筑电击防护使用得较多，也是各类接地系统中最有效的电击防护措施。

采用自动切断电源作为保护措施时，首先必须满足两个基本条件：

一是，带电部分采用基本绝缘、遮栏或外护物作为基本防护。

二是，要求采用保护接地和保护等电位连接，外露可导电部分应与保护导体连接，可同时触及的外露可导电部分应连接到同一个接地系统。进入每个建筑物内且容易引入危险电位差的非电气装置的金属部分，应采用保护等电位连接导体连接至总接地端子。这些引入的金属部分可包括为建筑物提供服务的管道（例如气、水、区域供热系统等）、外界可导电结构件、钢筋混凝土结构上可触及的钢筋。

对于额定电流不超过 63A 装有 1 个或多个插座的回路和 32A 固定连接的用电设备的终端回路，其最长切断电源时间要求见表 7-4-2。

表 7-4-2　最长切断电源时间要求　（单位：s）

系统	$50V < U_0 \leq 120V$		$120V < U_0 \leq 230V$		$230V < U_0 \leq 400V$		$400V < U_0$	
电压	AC	DC	AC	DC	AC	DC	AC	DC
TN	0.8	—	0.4	1	0.2	0.4	0.1	0.1
TT	0.3	—	0.2	0.4	0.07	0.2	0.04	0.1

注：1. 当 TT 系统内采用过电流保护器切断电源，且其保护等电位连接端子连接到电气装置内的所有外界可导电部分时，该 TT 系统可以采用表中 TN 系统最长的切断电源时间。

2. U_0 为交流或直流线对地的标称电压。

3. 采用 RCD 切断电源的时间如果满足本表要求，则预期剩余故障电流显著大于额定剩余动作电流 $I_{\triangle n}$（通常为 $5I_{\triangle n}$）。

除以上情况下，TN 系统切断电源的时间不允许超过 5s，TT 系统内切断电源的时间不允许超过 1s。

如果自动切断电源的时间不能满足上述的要求时，可采取设置剩余电流动作保护器作为附加保护措施，如额定电流不超过 32A 供一般人员使用并用于普通用途的交流插座回路或额定电流不超过 32A 的户外交流移动式设备回路。

1）TN 系统的保护措施。高铁站房建筑物内多采用 TN 接地系统。TN 系统因绝缘损坏发生接地故障后，如 PE 导体上的接触电压超过其限值，这时如果人体接触到带电的设备外露可导电部分，就极有可能发生电击事故。

当建筑物内发生接地故障时，TN 系统的保护电器以及回路的阻抗应能满足在规定时间内自动切断电源的要求，它可以用下式表示：

$$Z_s I_a \leq U_0 \qquad (7\text{-}4\text{-}1)$$

式中　Z_s——故障回路的阻抗（Ω），它包括电源（变压器或发电机）、相导体、PEN 或 PE 导体的阻抗；

I_a——能保证保护电器在规定时间内动作的电流（A）；

U_0——相导体对地电压（V）。

高铁站房建筑物内的 TN 系统故障保护可以采用过电流保护电器和 RCD。如果 TN 系统内发生接地故障的回路故障电流较大，可利用过电流保护电器兼做故障保护。

对于体量较大的特大型、大中型高铁站房，其站台照明、泛光照明、景观照明灯线路较长、导线截面小的配电线路，过电流保护电器通常不能满足自动切断电源的要求，此时可以采用 RCD 做故障保护。还可以采用局部等电位连接或辅助等电位连接来降低接触电压，有效地防止电击事故的发生。

2）TT 系统的保护措施。TT 系统发生接地故障时，故障回路包含有电气装置外露导电部分保护接地的接地极和电源处系统接地的接地极的接地电阻。与 TN 系统相比，TT 系统故障回路阻抗大，故障电流小，通常采用 RCD 作为接地故障保护，此时应满足下列条件：

$$R_A I_{\triangle n} \leq 50\text{V} \qquad (7\text{-}4\text{-}2)$$

式中　R_A——电气装置外露可导电部分的接地极和 PE 导体的电阻之和（Ω）；

$I_{\triangle n}$——能保证保护电器在规定时间内额定剩余动作的电流（A）。

保护电器动作时间的要求详见表 7-4-2。

（2）双重绝缘或加强绝缘的防护措施。采用双重绝缘或加强绝缘用作防护措施时，应满足如下要求：

1）基本防护由基本绝缘来实现，故障防护由附加绝缘来实现。

2）或基本防护和故障防护两者都由在带电部分和可触及部分之间的加强绝缘来实现。

当只采用双重绝缘或加强绝缘防护措施时（即整个装置或回路全部由具有双重绝缘或加强绝缘的设备组成的），应核实该装置或回路是处在有效的监管下，不可能因其被改动而降低防护措施的有效性。所以，此防护措施不应用于带有接地触头插座的任何回路。

具有双重绝缘或加强绝缘的电气设备（Ⅱ类设备）用设备符号▫标识，这些设备不应接地，在外护物内外的明显易见处宜以符号▨标识。

（3）电气分隔的防护措施。电气分隔主要是采用隔离变压器供电，实现被保护回路与其他回路或地之间的分隔。电气隔离回路内带电导体不接地，设备金属外壳可与地面接触，但不能用 PE 导体接地。

（4）采用 SELV 和 PELV 特低电压的防护措施。高铁站房建筑的安全特低电压（SELV 或 PELV）系统的电压上限值为交流 50V 或直流 120V。

SELV 回路导体与地应有基本绝缘，由 SELV 系统供电的设备外露可导电部分不能连接 PE 导体而接地，但是可与地接触。PELV 回路和由 PELV 回路供电的设备外露可导电部分可以接地，PELV 回路既可以与地连接，也可以通过与安全隔离变压器（或其他电源）本身接地的保护接地导体的连接来实现接地。

在正常干燥的环境中，标称电压不超过交流 25V 或直流 60V 的 SELV、PELV 回路无需设置基本防护。在潮湿的环境下，或者 SELV、PELV 回路的标称电压超过交流 25V、直流 60V，SELV、PELV 回路带电部分应有绝缘，或者设置遮拦或外护物。如果标称电压不超过交流 12V 或直流 30V，无需设置基本防护。

3. 特殊情况下采用的附加防护

高铁站房的附加防护应符合下列规定：

（1）采用剩余电流保护器（RCD）作为附加防护时，应满足下列要求：

1）在交流系统中装设额定剩余电流不大于 30mA 的 RCD，可用作基本保护失效和故障防护失效，以及用电不慎时的附加保护措施。

2）不能将装设 RCD 作为唯一的保护措施，不能为此而取消本节规定的其他保护措施。

（2）采用辅助等电位连接作为附加保护时，应满足下列要求：

1）辅助等电位连接可作为故障保护的附加保护措施。

2）采用辅助等电位连接后，为防护火灾和电气设备内热效应，在发生故障时仍需切断电源。

3）辅助等电位连接可涵盖电气装置的全部或一部分，也可涵盖一台电气设备或一个场所。

4）辅助等电位连接应包括可同时触及的固定式电气设备的外露可导电部分和外界可导电部分，也可包括钢筋混凝土结构内的主筋；辅助等电位连接系统应与所有电气设备以及插座的保护接地导体（PE）相连接。

5）当不能确定辅助等电位连接的有效性时，可采用下式进行校验：

$$R_A \leqslant 50V/I_{\triangle n} \tag{7-4-3}$$

式中　R_A——电气装置外露可导电部分的接地极和 PE 导体的电阻之和（Ω）；

　　　$I_{\triangle n}$——能保证保护电器在规定时间内额定剩余动作的电流（A）。

7.4.3　高铁站房建筑特殊场所的电气安全

对于高铁站房建筑物中一些特殊场所或特殊电气装置，发生电气事故的危险性比较大，一般的电气措施并不能完全适应这些情况，对高铁站房建筑物的电气安全设计提出了更高的要求。

1. 锅炉房、柴油发电机房储油间

锅炉房、柴油发电机房储油间属于爆炸危险场所。爆炸危险场所内的电气设备应选防爆型的，配电线路采用阻燃型电缆并套低压流体输送用镀锌焊接钢管、防爆接线盒等保护措施。为了防腐蚀，钢管连接的螺纹部分应涂以铅油或磷化膏。与电气设备的连接处宜采用挠性金属连接管。

锅炉房、柴油发电机房储油间应设置防静电接地装置，要求房间内的所有正常非带电金属设备、构件、管道等均应与 LEB 端子箱可靠连接。

柴油发电机房储油间的总储油量不应大于 $1m^3$；其燃料供给管道在进入建筑物前和设备间内的管道上均应设置自动和手动切断阀；储油间油箱应密闭，且应设置通向室外的通气管，通气管应设置带有阻火器的呼吸阀；油箱下部应设置防止油品散流的措施。柴油的闪点不应小于 60℃。

2. 停车场电动汽车充电设施

高铁站房建筑物的电动汽车充电设施，除采取电气分隔防护措施回路外，每个充电桩回路应设置可同时切断所有带电导体的 RCD，并增设限流式电气防火保护器。室外电动充电车位应在地面下 0.15～0.30m 设置等电位均衡线，间距为 0.6m×0.6m 网格。车挡与等电位均衡线应可靠焊接，等电位均衡线与接地极可靠焊接。充电设备的周围也需要设置等电位均衡线，并与充电车位均衡线连接。

7.4.4 杂散电流腐蚀防护

很多大城市高铁站房都有地铁通过，地铁的杂散电流除对地铁本身腐蚀外，对相邻的城市建筑也有腐蚀作用，高铁站房建筑地下部分的结构金属件，以及各建筑设备专业的金属管道、电缆金属外皮等也需考虑有效地避免和限制地铁杂散电流，降低与消除其不利影响。

1. 地铁杂散电流腐蚀的主动防护措施

地铁杂散电流腐蚀的主动防护措施由地铁设计单位负责设计。以治本为主，其具体措施包括将地铁杂散电流减少至最低限度，以

及限制杂散电流向地铁外部扩散。

2. 地铁杂散电流腐蚀的被动防护措施

有地铁通过的高铁站房建筑地下部分的结构金属件及各建筑设备专业的金属管道、电缆金属外皮等需采取单独的防电化学腐蚀措施。具体措施包括：

（1）不采用带有金属外皮的电缆直接埋地敷设。

（2）高铁站房建筑不受水流和积水的侵蚀，不被污染。地下建筑部分不漏水和积水。应具有良好的排水系统，所有废水采用管道排放到城市排水系统中。

（3）结合工程的具体情况，将高铁站房及站台雨棚结构分为若干结构段，相邻的结构段之间应绝缘。每个结构段内部的主钢筋，应实现可靠焊接，在结构段两端的变形缝或沉降缝处附近，焊接引出杂散电流测防端子。

（4）高铁站房及站台雨棚结构的防水层，必须具有良好的防水性能和电气绝缘性能。防水材料的体积电阻率ρ不小于 $108\Omega/m$。

（5）地铁线路与电车线或直流电气化铁路交叉跨越的地方，在自交叉位置向两侧各延长 50m 的区段中，地铁主体结构应采取双倍的加强型防水绝缘措施。

（6）敷设在地铁沿线 50m 范围内的电力、通信及控制测量电缆，均采用防水绝缘护套的双塑电缆。

（7）敷设在地铁沿线 50m 范围内的各种电缆应以绝缘方式进行敷设。电缆在支架上敷设时应具有 5mm 以上的塑料绝缘垫层。

（8）高铁站房各建筑设备专业的金属管道、有金属外皮的电缆等均不直接穿越地铁结构。

7.5 智慧防雷与接地监控技术

7.5.1 智慧防雷监控系统

1. 系统组成

智慧防雷监控系统包含智能电涌保护器监测系统、雷电预警系统、智能直击雷监测系统、智能接地电阻监测系统共四种子系统，高铁站房可根据不同站房所处位置的需要，选择使用这些子系统，各子系统之间独立运行互不影响。系统网络示意图如图 7-5-1 所示。

各子系统的终端硬件设备通过智能中集器（MCCU）接入智慧防雷系统监控平台。终端硬件设备与智能中集器之间采用总线或网线进行信息传输，智能中集器与监控平台之间采用网线、光纤或无线方式进行信息传输。

2. 系统功能

智慧防雷监控系统能够实现以下功能，通过这些功能能够将雷电防护情况进行全面监测，了解落雷数据，预知防雷设备状态，了解地网状况，提前完善各方面防护措施，避免受到雷击损害。

（1）雷电预警，电磁场监测、雷电活动趋势分析、联动报警与预警、雷电数据统计记录和分析、气象参数监测等。

（2）直击雷监测，监测雷击时间、波形、幅值、位置等。

（3）电涌保护器监测，监测 SPD 运行状态、雷击记录、模块寿命和故障情况，提供浪涌保护器劣化预警和故障报警。

（4）接地电阻监测，实现导体连接状态监测、接地电阻值监测、多点监测与联网分析、异常报警等。

（5）数据监测，提供上述功能的图形化监控界面，实时监测故障报警、预警、设备管理、数据存储查询、统计分析、事件记录、报表统计、扩展接口、系统接口等。

7.5.2　智慧接地监控系统

在智慧防雷监控系统中已包括建筑物接地电阻监测系统，专门用于高铁站房的智慧接地监控系统还包括站房内接地汇集排接地电阻、设备电气完整性、接地引入线雷电流、地电位反击状况等监测功能，全面监测站房地网情况，为设备正常运行保驾护航。

上述功能模块可集成于一个综合监测柜安装于站房内，同时布置各项子功能的传感器或终端设备，组成一个站房综合智慧接地监测系统，组网示意图如图 7-5-2 所示。

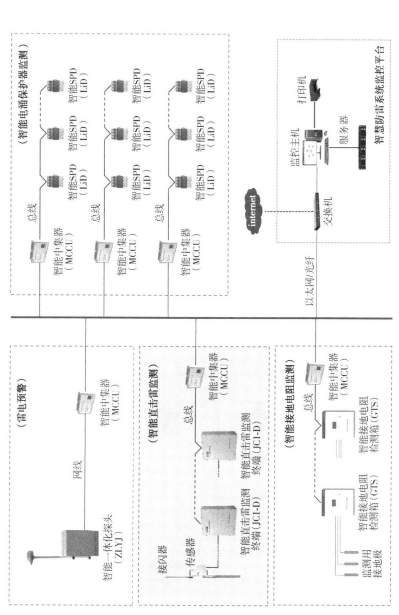

图 7-5-1　智慧防雷系统监控平台示意图

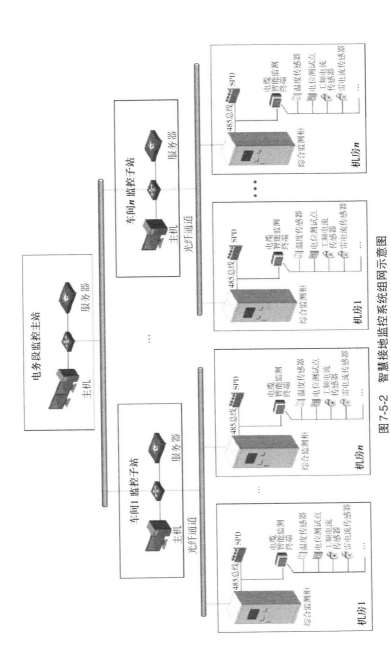

图 7-5-2 智慧接地监控系统组网示意图

7.5.3 智慧 SPD 电力载波监控技术

1. 智慧 SPD 电力载波技术简介

载波通信技术在电力系统中非常成熟，采用小型化、低功耗电力线载波通信模块，集成 32 位处理器，DBPSHK 数字调制解调方式传输，具有灵敏度高、通信可靠、抗干扰能力强、通信距离远等特点。采用串口直接与智能浪涌保护器设备的 MCU 通信，模块全部采用弱电接口，在模块外部接一个与强电连接的载波信号耦合电路，建立与电力线之间的载波信号通路。

2. 智慧 SPD 电力载波监控技术的优势

智慧 SPD 电力载波监控技术是指利用电力线，通过载波方式将模拟或数字信号进行高速传输的技术，其最大特点是不需要重新架设网络，无需重新布线，只要有电力线，就能进行数据传递。其系统图如图 7-5-3 所示。

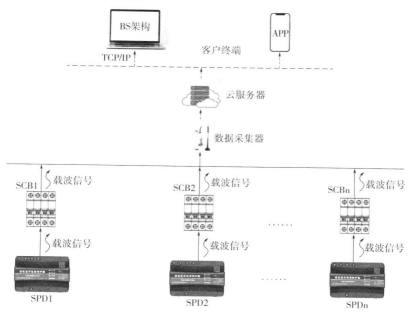

图 7-5-3　智慧 SPD 电力载波监控系统图

3. 传统普通型 SPD 痛点

（1）电涌发生后，SPD 是否失效，是否劣化以及劣化程度如何，是否需要及时更换。

（2）当电涌发生时，SPD 是否动作起到了保护作用。

（3）不同位置的 SPD 电涌峰值大小、遭受雷击概率、发生频率无法获知，缺乏防雷改进的基础数据。

（4）SPD 安装点位分散，巡检、评估和维护耗时耗力。

4. 智慧 SPD 电力载波监控技术的功能

智慧 SPD 是全生命周期监控技术的智能化产品，智慧 SPD 监控技术产品具备浪涌保护、工作状态监测、雷击/过压监测、雷击峰值、雷击大小、雷击时间、劣化监测、失效监测、接地状态监测、温度监测、预警、告警、故障设备定位、历史数据查询等功能，完善地掌握了 SPD 使用全生命周期管理数据。智慧 SPD 电力载波监控技术解决了传统普通型 SPD 产品的痛点、解决了当前市场运用 RS485 总线通信方式智慧 SPD 安装布线不便利性这一行业难题。用户通过手机端和计算机端实时可视化查看 SPD 工作状态及性能变化，为设备安全运行提供基础数据，智慧 SPD 也可无缝对接至用户集中管理平台，提高了用户的使用价值、安全价值和管理价值，集中管理平台界面如图 7-5-4 所示。

5. 智慧 SPD 电力载波监控技术系统特点

（1）从根本上节省材料成本和施工人工成本。

（2）自主研发的通信组网协议算法高达百万分之一的传输误码率，抗干扰能力强。

（3）通电即联网，无需复杂的网络配置，可实现千万套级别的设备接入量。

（4）采用无中心网络架构，多通道故障冗余，保证了数据传输和采集的高可靠性。

产品选型表见表 7-5-1。

统计报表

设备管理

历史告警数据

历史状态数据

百度创新中心
生产测试
名品乘信莱斯纳
湖北医院
浙江海正医药

SPD状态： 全部　　防雷等级： 全部　　通信状态： 全部　　前置开关状态： 全部　　接地状态： 全部

设备ID	设备名称	项目名称	防雷等级	楼栋	楼层	安装编号	置出次数	通信状态	设备温度	接地状态	SPD状态
91	湖北医...	湖北医院	一级 1...	A栋	-1层	B1-AI-3	0	在线	25.04℃	正常	正常
90	湖北医...	湖北医院	一级 1...	B栋	9层	9-AL-2	0	在线	25.03℃	正常	正常
89	湖北医...	湖北医院	一级 8...	A栋	-1层	B1-ALE-6	0	在线	25.03℃	正常	正常
79	湖北医...	湖北医院	一级 1...	B栋	2层	2-ALE-2	0	在线	25.04℃	正常	正常
77	湖北医...	湖北医院	一级 1...	B栋	6层	6-AN-2	0	在线	25.04℃	正常	正常
70	湖北医...	湖北医院	一级 1...	B栋	4层	4-AN-1-1	0	在线	25.04℃	正常	正常
67	湖北医...	湖北医院	一级 1...	B栋	1层	1-ALE-1	0	在线	25.03℃	正常	正常
65	湖北医...	湖北医院	一级 1...	B栋	4层	4-ALE-1	0	在线	25.03℃	正常	正常
50	湖北医...	湖北医院	一级 1...	B栋	7层	7-AN-2	0	在线	25.04℃	正常	正常
31	湖北医...	湖北医院	一级 8...	B栋	8层	8-AN-2	0	在线	25.04℃	正常	正常

图7-5-4　智慧SPD集中管理平台界面

表 7-5-1　**智慧 SPD（电力载波监控）产品选型表**

参数/型号	YSD-DNM-A160	YSD-DNM-B100	YSD-DNM-B80	YSD-DNM-B60	YSD-DNM-C40	YSD-DNM-D20
标称电压 U_n	220V/380VAC	220V/380VAC	220V/380VAC	220V/380VAC	220V/380VAC	220V/380VAC
最大持续工作电压 U_c	275V/420VAC	275V/420VAC	275V/420VAC	275V/420VAC	275V/420VAC	275V/420VAC
冲击电流 $(10\mu s/350\mu s)$ I_{imp}	25kA	/	/	/	/	/
标称放电电流 $(8\mu s/20\mu s)$ I_n	/	60kA	40kA	30kA	20kA	10kA
标称放电电流 $(8\mu s/20\mu s)$ I_{max}	/	100kA	80kA	60kA	40kA	20kA
电压保护水平 U_p	≤2.0kV	≤2.5kV	≤2.2kV	≤1.8kV	≤1.5kV	≤1.2kV
响应时间 T_a	≤100ns	≤25ns	≤25ns	≤25ns	≤25ns	≤25ns
工作温度 T	$-40\sim+85℃$					
防护等级 IP	IP20					
安装轨道	35mm DIN-Rail					
连接导线截面面积	$6\sim16mm^2$					

第8章　火灾自动报警及消防监控系统

8.1　概述

8.1.1　分类、特点及要求

随着我国高铁技术的发展，越来越多的高铁站房建成，其中许多大型高铁站房作为城市交通枢纽，是地铁、长短途汽车、公交等多种交通方式的集散枢纽。建筑特点是建筑规模大、大空间挑空、复杂多变的空间形式，多种换乘通道，属于大型人员密集场所，发生火灾时疏散难度大，消防设计至关重要。高铁站房的消防设计包含建筑防火设计和建筑消防设施设计。

消防设施是指火灾自动报警系统、自动灭火系统、消火栓系统、防烟排烟系统以及应急广播和应急照明、安全疏散设施等。其中电气消防设计作为消防设施设计的一部分起到了至关重要的作用，如何及时发现火情，并立即有效地通过消防联动控制将火灾消灭在初级阶段，是消防设计的重点。

8.1.2　本章主要内容

本章节内容主要为火灾自动报警系统设计，消防联动控制系统设计，电气火灾监控系统，消防电源监控系统，防火门监控系统，余压监控系统以及智慧消防创新技术。

8.2 火灾自动报警系统设计

8.2.1 报警系统形式的选择与设计要求

火灾自动报警系统主要有区域报警系统、集中报警系统及控制中心报警系统三种形式，其设计要求见表 8-2-1。高铁站房应根据其规模及需联动控制的消防设备类型确定具体采用的形式。

表 8-2-1　报警系统形式及设计要求

系统形式	系统构成	保护对象
区域报警系统	系统由火灾探测器、手动火灾报警按钮、火灾声光警报器及火灾报警控制器等组成，系统中可包括消防控制室图形显示装置和指示楼层的区域显示器。系统不包括消防联动控制器	仅需要报警，不需要联动自动消防设备的保护对象
集中报警系统	系统由火灾探测器、手动火灾报警按钮、火灾声光警报器、消防应急广播、消防专用电话、消防控制室图形显示装置、火灾报警控制器和消防联动控制器等组成	不仅需要报警，同时需要联动自动消防设备，且只设置一台具有集中控制功能的火灾报警控制器和消防联动控制器的保护对象
控制中心报警系统	设置了两个及以上消防控制室或设置了两个及以上集中报警系统，且符合集中报警系统的规定	设置了两个及以上消防控制室的保护对象，或设置了两个及以上集中报警系统的保护对象

8.2.2 报警区域与探测区域的划分

1. 报警区域的划分

报警区域应根据高铁站房防火分区或楼层划分；可将一个防火分区或一个楼层划分为一个报警区域，也可将发生火灾时需要同时联动消防设备的相邻几个防火分区或楼层划分为一个报警区域。

2. 探测区域的划分

（1）高铁站房探测区域应按独立房间划分。一个探测区域的面积不宜超过 500m²；从主要入口能看清其内部，且面积不超过 1000m² 的房间，也可划为一个探测区域。

（2）红外光束感烟火灾探测器和缆式线型感温火灾探测器的探测区域的长度，不宜超过 100m；空气管差温火灾探测器的探测区域长度宜为 20～100m。

（3）下列场所应单独划分探测区域：

1）站房内敞开或封闭楼梯间、防烟楼梯间。

2）站房内防烟楼梯间前室、消防电梯前室、消防电梯与防烟楼梯间合用的前室、走道、坡道。

3）站房内电气管道井、通信管道井、电缆隧道。

4）站房内闷顶、夹层。

8.2.3 消防控制室设置原则与要求

原则上每座高铁车站应考虑设置 1 处消防控制室，消防控制室可设置于站房内，也可结合铁路局需求，将消控室设置于信号楼、生产综合楼、宿舍楼等站区一体化用房内。对于综合交通枢纽工程，可根据产权单位、管理范围等具体要求设置消控室，宜按主、分消防控制室进行设置，并采用耐火阻燃光缆进行连接。各分消防控制室也可根据使用管理需要相互连接。

消防控制室内设置的消防设备应包括火灾报警控制器（联动型）、图形显示装置、消防专用电话主机、自动跟踪射流灭火装置控制器、消防应急广播控制装置、消防应急照明和疏散指示系统控制装置、消防电源监控器等设备或具有相应功能的组合设备。其中消防应急广播与客运广播共用，火灾时应能自动切换到消防状态。

8.2.4 火灾探测器的选择与设置要求

火灾探测器按探测火灾特性分类主要分为感烟探测器、感温探测器、复合火灾探测器、图像型感烟探测器、火焰探测器、气体火灾探测器等。高铁车站用房一般包括候车厅、售票厅、旅客服务用房、管理办公用房、设备机房等，火灾探测器的选择应满足设置场所火灾初期特征参数的探测报警要求。高铁站房火灾探测器的选择应满足《火灾自动报警系统设计规范》（GB 50116—2013）第6.2节的相关要求。高铁车站应采用智能编码型探测器，方便与主机的通信及自动识别。

1. 烟感及温感探测器的设置

在设备房、办公用房、旅客服务用房、值班室、会议室、工具材料库房、公共走道、楼梯间等处采用点型感烟探测器；在站房变电所、信息机房、通信机械室等气体灭火房间，设置感温、感烟两组探测器，用于启动气体灭火装置；在疏散通道上的防火卷门两侧、厨房、卫生间等处设置温感探测器。

2. 感温电缆的设置

在变电所电缆夹层、电缆沟、电缆通道、站台下等电缆密集区域设置线型感温电缆，线型感温探测器报警信号通过火灾自动报警系统信号输入模块接入火灾自动报警系统，所有线型感温探测器均应带地址编码。感温电缆采用"S"形布置，对电缆进行保护；在电扶梯内缠绕感温电缆，对电扶梯进行保护。

缆式线型感温火灾探测器在电缆表面S形敷设示意图如图8-2-1所示。

3. 高大空间探测器的设置

在旅客候车厅、售票厅等超过12m的高大空间区域，应同时选择两种及以上火灾参数的火灾探测器。火灾初期产生大量烟的场所，应选择线型光束感烟火灾探测器、管路吸气式感烟火灾探测器或图像型感烟火灾探测器。火灾初期产生少量烟并产生明显火焰的场所，应选择1级灵敏度的点型红外火焰探测器或图像型火焰探测器，并应降低探测器设置高度。

4. 手动火灾报警按钮的设置

在疏散通道或出入口处设带电话插孔的手动火灾报警按钮。每个防火分区应至少设置一只手动火灾报警按钮。从一个防火分区内的任何位置到最邻近的手动火灾报警按钮的步行距离不应大于30m。

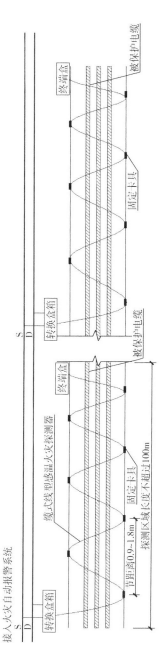

图8-2-1　缆式线型感温火灾探测器在电缆表面S形敷设示意图

5. 消火栓报警按钮的设置

消火栓箱内设有消火栓报警按钮，由消火栓箱自带。消火栓按钮的动作信号应作为报警信号及启动消火栓泵的联动触发信号，由消防联动控制器联动控制消火栓泵的启动。

6. 声光报警器的设置

火灾警报器采用火灾声光警报器，主要设置在每个楼层的楼梯口、消防电梯前室、建筑物内拐角等处的明显位置，以及高环境噪声的旅客候车厅、售票厅等；且不宜与安全出入口指示灯具设置在同一面墙上。每个报警区域内均匀设置火灾警报器。火灾声光警报器的设置应满足人员及时接受火警信号的要求，每个报警区域内的火灾警报器的声压级应高于背景噪声 15dB，且不应低于 60dB。

7. 区域显示器的设置

每个报警区域至少设置一台区域显示器（火灾显示盘）；区域显示器应设置在出入口或公共区等明显和便于操作的部位。安装在墙上时，其底边距地高度宜为 1.3~1.5m。

8.3 消防联动控制系统设计

消防联动控制器应能按设定的控制逻辑向各相关的受控设备发出联动控制信号，并接收相关设备的联动反馈信号。

消防联动控制系统工作原理如图 8-3-1 所示。

高铁站房消防联动一般包括以下内容：

（1）报警系统设备之间的联动。包括联动开启消防广播、声光警报器、消防应急照明和疏散指示灯。

（2）消防水系统的联动。包括自动喷水灭火系统的联动、各消防水泵、自动跟踪射流灭火装置的启停、压力开关、水流指示器、信号阀等装置的工作状态联动显示等。

（3）气体灭火系统的联动。包括警示处于防护区域内的人员撤离，联动关闭防护区内排风机、防火阀、空气调节系统，启动气灭装置、喷洒指示及状态反馈等。

（4）防烟排烟系统的联动。包括排烟风机的联动启停、防火

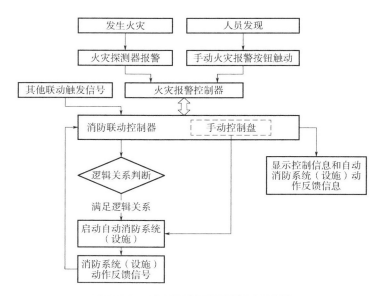

图 8-3-1　消防联动控制系统工作原理

阀门的联动关闭、排烟系统工作状态的联动显示等。其中暖通设计的防火阀有电磁脱扣型和自熔断型，前者需要与消防联动回路连接，后者仅有报警回路即可。可以根据实际情况进行选择。

（5）非消防电源的联动断电。非消防电源联动断电，同时应急照明灯等自带消防电源的消防应急设备将联动启动。非消防电源设计上应该有两套控制手段，联动自控断电与手动断电。

（6）防火卷帘门的联动。对于候车室等大型空间建筑，内部会设置防火卷帘门。同气体灭火联动一样，多数时候采取的是手动启动，但是也要有延时联动功能。

（7）门禁及闸机系统的联动开锁。这些系统应设计成断电联动开锁，确保出现严重火灾时，使所有电源都被切断，方便逃生。

（8）防火门的联动。包括疏散通道的常开、常闭防火门的联动控制。各防火门的开启、关闭及故障显示等。

（9）电梯、扶梯的联动控制。

8.3.1　自动喷水灭火系统的联动控制

自动喷水灭火系统按系统分类分为湿式系统、干式系统、预作用系统、雨淋系统及水幕系统。我国的高铁车站按地域差异及是否为采暖部位主要采用湿式系统、干式系统、预作用系统。

（1）湿式系统和干式系统的联动控制设计应符合下列规定：

1）联动控制方式，应由湿式报警阀压力开关的动作信号作为触发信号，直接控制启动喷淋消防泵，联动控制不应受消防联动控制器处于自动或手动状态影响。

2）手动控制方式，应将喷淋消防泵控制箱（柜）的启动、停止按钮用专用线路直接连接至设置在消防控制室内的消防联动控制器的手动控制盘，直接手动控制喷淋消防泵的启动、停止。

3）水流指示器、信号阀、压力开关、喷淋增压稳压泵、喷淋消防泵的启动和停止的动作信号应反馈至消防联动控制器。

（2）预作用系统的联动控制设计应符合下列规定：

1）联动控制方式，应由同一报警区域内两只及以上独立的感烟火灾探测器或一只感烟火灾探测器与一只手动火灾报警按钮的报警信号，作为预作用阀组开启的联动触发信号。由消防联动控制器控制预作用阀组的开启，使系统转变为湿式系统；当系统设有快速排气装置时，应联动控制排气阀前的电动阀的开启。

2）手动控制方式，应将喷淋消防泵控制箱（柜）的启动和停止按钮、预作用阀组和快速排气阀入口前的电动阀的启动和停止按钮，用专用线路直接连接至设置在消防控制室内的消防联动控制器的手动控制盘，直接手动控制喷淋消防泵的启动、停止及预作用阀组和电动阀的开启。

3）水流指示器、信号阀、压力开关、喷淋增压稳压泵、喷淋消防泵的启动和停止的动作信号，有压气体管道气压状态信号和快速排气阀入口前电动阀的动作信号应反馈至消防联动控制器。

8.3.2　消火栓系统的联动控制

1）联动控制方式，应由消火栓系统出水干管上设置的低压压力开关、高位消防水箱出水管上设置的流量开关或报警阀压力开关等信号作为触发信号，直接控制启动消火栓泵，联动控制不应受消防联动控制器处于自动或手动状态影响。当设置消火栓按钮时，消火栓按钮的动作信号应作为报警信号及启动消火栓泵的联动触发信号，由消防联动控制器联动控制消火栓泵的启动。

2）手动控制方式，应将消火栓泵控制箱（柜）的启动、停止按钮用专用线路直接连接至设置在消防控制室内的消防联动控制器的手动控制盘，并应直接手动控制消火栓泵的启动、停止。

3）消火栓泵的动作信号应反馈至消防联动控制器。

8.3.3 防烟排烟系统的联动控制

高铁车站设有消防专用排烟风机、正压送风机，平时不用，火灾时由火灾报警系统控制。排风兼排烟风机正常情况下为通风换气使用，火灾时则作为排烟风机使用。正常时为就地手动控制或建筑设备监控系统通过 DDC 控制，当火灾发生时由消防控制室控制，消防控制室具有控制优先权，其控制方式与专用排烟风机相同。

防烟排烟系统的联动控制方式应符合下列规定：

1）防烟系统应由加压送风口所在防火分区内的两只独立的火灾探测器或一只火灾探测器与一只手动火灾报警按钮的报警信号，作为送风口开启和加压送风机启动的联动触发信号，由消防联动控制器联动控制火灾层和相关层前室等需要加压送风场所的加压送风口开启和加压送风机启动。

2）排烟系统应由同一防烟分区内的两只独立的火灾探测器作为排烟口、排烟窗或排烟阀开启的联动触发信号，由消防联动控制器联动控制排烟口、排烟窗或排烟阀的开启，同时停止该防烟分区的空气调节系统；排烟口、排烟窗或排烟阀开启的动作信号作为排烟风机启动的联动触发信号，由消防联动控制器联动控制排烟风机的启动。

3）防烟系统、排烟系统的手动控制方式，应能在消防控制室内的消防联动控制器上手动控制送风口、电动挡烟垂壁、排烟口、排烟窗、排烟阀的开启或关闭及防烟风机、排烟风机等设备的启动或停止，防烟、排烟风机的启动、停止按钮应采用专用线路直接连接至设置在消防控制室内的消防联动控制器的手动控制盘，直接手动控制防烟、排烟风机的启动、停止。

4）送风口、排烟口、排烟窗或排烟阀开启和关闭的动作信号，防烟、排烟风机启动和停止及电动防火阀关闭的动作信号，均应反馈至消防联动控制器。

5）排烟风机入口处的总管上设置的280℃排烟防火阀在关闭后直接联动控制风机停止，排烟防火阀及风机的动作信号应反馈至消防联动控制器。

6）垂直主排烟管道与每层水平排烟管道连接处的水平管段上的排烟防火阀，一个排烟系统负担多个防烟分区的排烟支管上的排烟防火阀，排烟风机入口处的排烟防火阀以及排烟管道穿越防火分区处设置的排烟防火阀，在280℃时自行关闭和连锁关闭相应排烟风机和补风机。

8.3.4 高大空间的消防报警及联动系统

高铁车站站房按功能主要划分为地下层、站台层、站台夹层、高架候车层，其中高铁车站候车层主要包括候车大厅、商业区、客服区、办公设备区、局部夹层餐饮休闲区等构成完整的空间体系，屋顶钢结构最低点距离高架候车层地面净高常常达到20m，距离候车区的商业夹层地面也大部分超过了12m。

从火灾探测研究的角度出发，高大空间建筑具有可燃物种类多、内部空间大、空气供应充足等特点，存在环境热分层及热障效应等火灾特征。建筑高度不超过16m时，烟气在6~7m处开始出现分层现象；建筑高度在16~26m时，烟气在6~7m处开始出现第一次分层现象，11~12m处出现第二次分层现象；在开窗或通风空调形成对流层时，烟气会在该对流层下1m左右产生横向扩散。因此，这些超过12m高大空间是高铁站房报警系统火灾探测的一个难点和重点。

1. 高大空间报警探测器的选择

高度大于12m的空间场所宜同时选择两种及以上火灾参数的

火灾探测器。传统的点式感烟火灾探测器不适合安装高度超过 12m 的场所，可用于高大空间的报警探测器主要包括：

（1）线型光束感烟探测器：利用红外线组成探测源，利用烟雾的扩散性可以探测红外线周围固定范围之内的火灾，线型光束感烟探测器通常是由分开安装的、经调准的红外发光器和收光器配对组成的。其工作原理是利用烟减少红外发光器发射到红外收光器的光束光量来判定火灾，这种火灾探测方法通常被称为烟减光法。红外光束感烟探测器主要分为对射型和反射型两种。线型光束感烟探测器的设置应符合《火灾自动报警系统设计规范》（GB 50116—2013）第 12.4 节的相关要求。

（2）管路吸气式感烟火灾探测器：管路吸气式感烟火灾探测器是一种具有报警功能及继电器输出的空气管路采样式感烟火灾探测器，主要用于需要高灵敏度烟雾探测的场所及高洁净、高大空间、高温、高湿或具有强电磁辐射等环境。此探测器使用吸气泵/风扇通过预先布置好的采样孔和采样管道抽取保护区内的空气，并将空气样本送入激光腔，在激光腔内利用激光照射空气样本，其中烟雾粒子所造成的散射光被阵列式接收器接收，接收器将光信号转换成电信号后送到控制器的控制电路，信号经处理后转换为烟雾浓度以及设定的报警阈值，产生一个适宜的输出信号，并在符合条件的时候发出报警信号。空气采样烟雾探测非常灵敏，造价相对昂贵。管路吸气式感烟火灾探测器的设置应符合下列要求：

1）非高灵敏型探测器安装高度不应超过 16m，超过 16m 时应选用高灵敏型探测器。

2）探测器的采样管宜采用水平和垂直结合的布管方式，并应保证至少有两个采样孔在 16m 以下，并宜有两个采样孔设置在开窗或通风空调对流层下面 1m 处。

3）可在回风口处设置起辅助报警作用的采样孔。

（3）光截面图像感烟火灾探测器：是一种智能型感烟火灾探测器，采用光截面图像感烟火灾探测技术，在探测方式上属于图像型感烟火灾探测器。此产品利用主动红外光源作为目标，结合红外摄影像机形成多光束红外光截面，通过成像的方式和利用图像的方

第 8 章　火灾自动报警及消防监控系统

203

法测量烟雾穿过红外光截面对光的散射、反射及吸收情况进行判定火灾。产品由发射器和接收器组成，使用时每只接收器可对应多只发射器，发射器的数量根据现场情况确定。探测距离有 30m、60m、100m 等。每个探测范围内发射器数量可按式（8-3-1）、式（8-3-2）进行计算。

$$n = (D_h/d) + 1 \qquad (8\text{-}3\text{-}1)$$

$$D_h = LK_1 \qquad (8\text{-}3\text{-}2)$$

式中，n 为单层布置时发射器数量（计算结果为小数时，四舍五入取整）；D_h 为水平视场范围；d 为发射器安装间距，$d \leqslant 10m$；L 为实际探测距离；K_1 为距离因子（光路长度为 3 ~ 30m，$K_1 = 1.7$；光路长度为 3 ~ 60m，$K_1 = 0.9$；光路长度为 3 ~ 100m，$K_1 = 0.4$）。

光截面感烟火灾探测器水平安装平面示意图如图 8-3-2 所示。

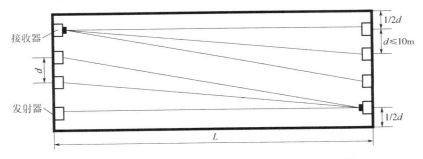

图 8-3-2 光截面感烟火灾探测器水平安装平面示意图

（4）点型火焰探测器：主要包括对波长较短（185 ~ 260nm）的光辐射敏感的紫外线火焰探测器；对波长较长（2500 ~ 4600nm）的光辐射敏感的红外线火焰探测器；同时探测火焰中波长较短的紫外线和波长较长的红外线的紫外/红外混合探测器。火焰探测器的探测区域需要有不遮挡的视野，用于火灾初期有明显火焰辐射的情况，适合那些有特殊要求的场所，如需产生烟气的摄影棚、易燃材料储存仓库等。

（5）双波段图像型火灾探测器：属于智能型火灾探测设备，它具有火焰探测及现场视频监控功能，检测距离为 0.5 ~ 100m，保护面积可达 2000m²，适用于大空间和其他特殊空间场所。它由红外 CCD 和彩色 CCD 组成，可将采集到的红外视频图像信号/彩色视频图像信号传送给信息处理主机，通过对监控区域的现场图像信号进行综合分析热、色、行、形、光谱、动态特性等多方面参数，建立色谱特征判断模型、稳定性模型、频闪特征模型、火焰燃烧的纹理模型及增长趋势模型等，采用基于彩色影像和红外影像的双波段火灾识别模型可实现高大空间场所的早期火灾检测和空间定位。双波段图像型火灾探测器具有保护面积大、探测距离远、响应速度快、稳定性高、可靠性高的特点，可实现防火、防盗、日常监控的三位一体式作用，目前在高铁站房高大空间火灾探测中使用较多。

在高铁站房高大空间火灾报警系统设计时，需根据高铁站房建筑的特点和消防性能化设计要求，通过对火灾时候产生的烟雾、火焰、温度等多个参数进行分析判断，将多种高大空间火灾探测技术有效地组合，才能实现快速准确的探测，使火灾能够在第一时间得到处理。

2. 大空间联动系统

在高铁站房内超过 12m 的大空间区域，水专业按规范要求会设置自动跟踪定位射流灭火系统。该系统主要由自动射流灭火装置、电磁阀、信号阀、水流指示器、供水管网、末端试水装置等组成。控制系统包括灭火装置控制主机、接口模块（与水泵控制系统接口）、现场手动控制盘、现场控制箱、解码器、硬盘录像机、网络及配套光电缆组成。

火灾发生时，大空间火灾探测器（图像型火灾探测器）将火灾信息和图像信息传至消防控制室，灭火装置控制主机发出报警信号，显示报警区域的图像，自动启动录像机进行录像。同时控制主机确定着火点位置，启动消防水泵，联动控制器驱动灭火装置进行扫描并锁定着火点，对准着火点后开启电动阀喷水灭火。灭火后，手动关闭消防水泵和电动阀。每个射流灭火装置处均设水流指示器和电动阀（常闭）。电动阀和水流指示器动作信号显示于消防控制室。

系统具有自动控制、消防控制室手动控制和现场手动控制三种控制方式。

（1）消防控制室手动控制和现场手动控制相对于自动控制应具有优先权。

（2）自动消防炮灭火系统和喷射型自动射流灭火系统在自动控制状态下，当探测到火源后，应至少有 2 台灭火装置对火源扫描定位，并应至少有 1 台且最多 2 台灭火装置自动开启射流，且其射流应能到达火源进行灭火。

（3）喷洒型自动射流灭火系统在自动控制状态下，当探测到火源后，发现火源的探测装置对应的灭火装置应自动开启射流，且其中应至少有一组灭火装置的射流能到达火源进行灭火。

（4）系统在自动控制状态下，控制主机在接到火警信号，确认火灾发生后，应能自动启动消防水泵、打开自动控制阀、启动系统射流灭火，并应同时启动声光警报器和其他联动设备。系统在手动控制状态下，应人工确认火灾后手动启动系统射流灭火。

高铁站房高大空间消防报警及联动系统构成如图 8-3-3 所示。

8.3.5　其他相关消防设施的联动控制

高铁车站内火灾自动报警联动设计还包括气体灭火系统的联动控制设计，防火门及防火卷帘系统的联动控制设计，电梯、扶梯的联动控制设计，火灾警报和消防应急广播系统的联动控制设计，消防应急照明和疏散指示系统的联动控制设计等常规消防联动控制系统。

1. 气体灭火系统的联动控制

高铁车站水专业会根据规范及专业需求在重要的电子、电气设备机房设置气体灭火装置。设置范围一般包括变电所、信息机房、通信机械室、售票机房、UPS 电源室、服务器机柜室等。

高铁车站气灭系统主要有管网式和柜式两种形式，配套控制系统具有自动、手动控制和机械应急操作三种启动方式，其联动控制装置功能如下：

（1）联动控制方式。由同一防护区域内两只独立的火灾探测器（感烟、感温探测器的组合）的报警信号或防护区外的紧急启动信号，作为系统的联动触发信号。气体灭火控制器在接收到首个触发信号（防护区内设置的感烟火灾探测器、手动报警按钮）后，

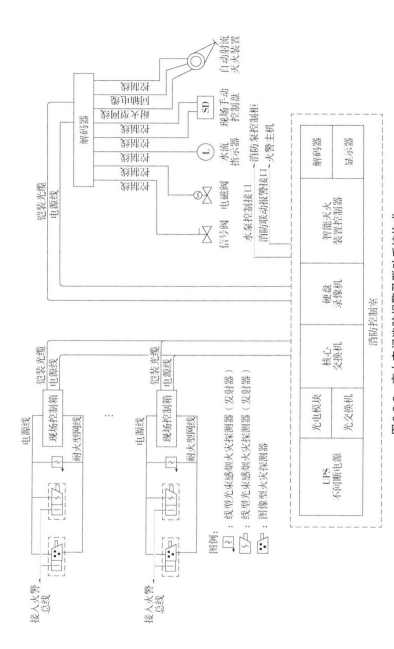

图8-3-3 高大空间消防报警及联动系统构成

图例:

〜 : 线型光束感烟火灾探测器(发射器)

⌇ : 线型光束感烟火灾探测器(发射器)

▦ : 图像型火灾探测器

启动设置在该防护区内的火灾声光报警器，同时火灾报警控制器总线联动关闭防护区域的送排风风机及送排风阀，空气调节系统及电动防火阀，门窗。气体灭火控制器在接收到第二个触发信号（同一防护区域内与首次报警的火灾探测器相邻的感温火灾探测器、火焰探测器的报警信号）后，启动气体灭火装置（无人工作的防护区无延迟喷射，有人工作的防护区延迟30s喷射；组合分配系统应首先开启相应防护区域的选择阀，然后启动气体灭火装置），同时启动设置在该防护区出口外上方的火灾声光报警器。

（2）手动控制方式。在防护区疏散出口的门外设置气体灭火控制器手动启停按钮，但火灾探测器报警后，现场工作人员进行火灾确认后，提供手动按钮发出手动控制信号，经气体灭火控制器联动开启选择阀（组合分配系统）和启动阀，实施灭火。现场人员也可提供机械应急操作开关开启选择阀（组合分配系统）和启动阀，实施灭火。

（3）联动反馈。气体灭火控制器通过总线将其直接连接的烟/温火灾探测器信号、手/自动状态信号、选择电动阀动作信号、压力开关动作信号反馈接入火灾报警控制主机。

2. 防火门系统的联动控制

本系统对设置于疏散通道上的防火门进行监控。防火门监控器设置于消防控制室内。疏散通道上的防火门有常闭型和常开型，常闭型防火门有人通过后，闭门器将门关闭，不需要联动，但需要反馈信号至消防控制室。常开型防火门平时开启，防火门任一侧所在防火分区内两只独立的火灾探测器或者一只火灾探测器与一只手动报警按钮报警信号的"与"逻辑联动防火门关闭。防火门的开启、关闭及故障状态（包括闭门器故障、门被卡后未完全关闭）等状态应反馈至消防控制室。

3. 防火卷帘系统的联动控制

（1）防火卷帘的升降应由防火卷帘控制器控制。

（2）疏散通道上设置的防火卷帘的联动控制设计，应符合下列规定：

联动控制方式，防火分区内任两只独立的感烟火灾探测器或任一只专门用于联动防火卷帘的感烟火灾探测器的报警信号联动控制防火卷帘下降至距楼板面 1.8m 处；任一只专门用于联动防火卷帘的感温火灾探测器的报警信号联动控制防火卷帘下降到楼板面；在卷帘的任一侧距卷帘纵深 0.5～5m 内应设置不少于 2 只专门用于联动防火卷帘的感温火灾探测器。

手动控制方式，由防火卷帘两侧设置的手动控制按钮控制防火卷帘的升降。

（3）非疏散通道上设置的防火卷帘的联动控制设计，应符合下列规定：

联动控制方式，由防火卷帘所在防火分区内任两只独立的火灾探测器的报警信号，作为防火卷帘下降的联动触发信号，由防火卷帘控制器联动控制防火卷帘直接下降到楼板面。

手动控制方式，由防火卷帘两侧设置的手动控制按钮控制防火卷帘的升降，并应能在消防控制室内的消防联动控制器上手动控制防火卷帘的降落。

（4）防火卷帘下降至距楼板面 1.8m 处，下降到楼板面的动作信号和防火卷帘控制器直接连接的感烟、感温火灾探测器的报警信号应反馈至消防联动控制器。

4. 电梯、扶梯的联动控制

消防联动控制器应具有发出联动控制信号强制所有电梯停于首层或电梯转换层的功能。电梯运行状态信息和停于首层或转换层的反馈信号应传送给消防控制室显示，轿箱内应设置能直接与消防控制室通话的专用电话（轿箱内的电话由设备厂家设置）。

电梯、扶梯接收到火灾信号时，自动停于首层或电梯转换层并打开电梯门、扶梯缓停。火灾自动报警系统接收到电梯归首、扶梯缓停成功信号后，延时 30～60s 切断非消防电梯、扶梯电源。

5. 火灾警报和消防应急广播系统的联动控制

（1）火灾警报器

1）火灾自动报警系统应设置火灾声光警报器，在确认火灾后启动建筑内的所有火灾声光警报器，系统应能同时启动和停止所有火灾声警报器工作。

2）应选用带有语音提示的火灾声光警报器；应同时设置语音同步器。

3）火灾声警报器单次发出火灾警报时间宜在 8～20s，应与消防应急广播交替循环播放。

（2）消防应急广播

1）高铁车站消防应急广播一般与客运广播合用，应具有强制切入消防应急广播的功能。

2）消防应急广播系统的联动控制信号应由消防联动控制器发出。当确认火灾后，应同时向整个车站进行广播。

3）消防应急广播的单次语音播放时间宜在 10～30s，应与火灾声警报器分时交替工作，可采取 1 次声警报器播放，1 次或 2 次消防应急广播播放的交替工作方式循环播放。

4）在消防控制室应能手动或按照预设控制逻辑联动控制选择广播分区，启动或停止应急广播系统，并能监听消防应急广播。在通过传声器进行应急广播时，自动对广播内容进行录音。

5）消防控制室内应能显示消防应急广播的广播分区的工作状态。

6．消防应急照明和疏散指示系统的联动控制

（1）高铁车站应设置集中控制型消防应急照明和疏散指示系统，火灾时由火灾报警控制器或消防联动控制器启动应急照明控制器实现。

（2）当确认火灾后，由发生火灾的报警区域开始，顺序启动车站疏散通道的消防应急照明和疏散指示系统，系统全部投入应急状态的启动时间不应大于 5s。

（3）正常照明出线故障，疏散照明和安全照明应具有自动开启及消防控制室强行开启功能。

7．消防切非控制

火灾确认后，火灾自动报警控制器根据火灾信号自动控制切断火灾发生区域的非消防电源，并接收其切断反馈信号。通过在变电所出线低压断路器设置分励脱扣器附件的方式（由强电专业设计）切除非消防电源。

火灾时，可立即切断的非消防电源有：普通动力负荷、空调用电等。

火灾时，不应立即切断的非消防电源有：正常照明、电梯、自动扶梯，但其应在电梯归首后，自动喷淋系统、消火栓系统动作前切断。

8. 安防系统的联动控制

（1）消防联动控制器应具有自动打开涉及疏散的电动栅杆等的功能，宜开启相关区域安全技术防范系统的摄像机监视火灾现场。通过预留与相关专业的接口实现。

（2）消防联动控制器应具有打开疏散通道上门禁、票务系统闸机的功能，并打开停车场出入口的挡杆。通过预留与相关专业的接口实现。

9. 电动排烟窗、ETFE 天幕膜的联动控制

高铁站房电动排烟窗、屋顶 ETFE 天幕膜控制箱在消防控制室直接手动/自动控制。控制箱的动作信号反馈至消防联动控制器。

10. 电动挡烟垂壁的联动控制

应由同一防烟分区内且位于电动挡烟垂壁附近的两只独立的感烟火灾探测器的报警信号，作为电动挡烟垂壁降落的联动触发信号，并应由消防联动控制器联动控制电动挡烟垂壁的降落。

8.4 其他消防电气监控系统设计

8.4.1 电气火灾监控系统

高铁车站电气火灾监控系统基本组成包括电气火灾监控设备、剩余电流式电气火灾监控探测器及测温式电气火灾监控探测器等设备。其中，剩余电流式电气火灾监控探测器又由监控探测器和剩余电流互感器所组成；测温式电气火灾监控探测器由监控探测器和测温传感器所组成。

1）电气火灾监控器的报警信息和故障信息应在消防控制室图形显示装置或起集中控制功能的火灾报警控制器上显示，但该类信

息与火灾报警信息的显示应有区别。

2）剩余电流式电气火灾监控探测器应以设置在低压配电系统首端为基本原则，宜设置在第一级配电柜（箱）的出线端。在供电线路泄漏电流大于 500mA 时，宜在其下一级配电柜（箱）设置。

3）选择剩余电流式电气火灾监控探测器时，应计及供电系统自然漏流的影响，并应选择参数合适的探测器，探测器报警值宜为 300～500mA。

4）测温式电气火灾监控探测器应设置在电缆接头、端子、重点发热部件等部位。

5）保护对象为 1000V 及以下的配电线路，测温式电气火灾监控探测器应采用接触式布置。

6）保护对象为 1000V 以上的供电线路，测温式电气火灾监控探测器宜选择光栅光纤测温式或红外测温式电气火灾监控探测器，光栅光纤测温式电气火灾监控探测器应直接设置在保护对象的表面。

7）高铁车站大于 12m 大空间的照明线路上设置具有故障电弧功能的电气火灾监控探测器，其保护线路的长度不宜大于 100m。

8）电气火灾监控主机具有声光报警功能，并同步显示报警回路。系统有效通信距离可达 1200 多米，多台设备之间或者设备和其他系统如报警与消防联动系统、电力监控系统等可进行数据交换。

8.4.2　防火门监控系统

防火门监控系统是负责监测所有位于疏散通道的防火门开启、关闭及故障状态并在消防应急疏散时能够联动关闭常开防火门的控制系统。

高铁站防火门监控系统由防火门监控器、现场电源、防火门分机、电磁释放器、电动闭门器、门磁开关等组成。

防火门监控器专用于防火门监控系统并独立安装在消防控制室，不能兼用其他功能的消防系统，不与其他消防系统共用设备；防火门监控器用于控制防火门打开、关闭并接收各种防火门反馈回的开启、关闭及故障状态信号，显示并控制防火门打开、关闭状态。

8.4.3　消防电源监控系统

高铁车站设置消防电源监控系统，用于监测消防电源的工作状态。系统由消防电源电压/电流信号传感器、消防设备电源监控器组成。

（1）消防电源监控器设置在消防控制室内，当消防电源发生过压、欠压、过流、漏电、缺相等故障时，立即发出报警信号；信号传感器用于各种电参数的监测。

（2）监控器用于对监测模块的集中监控，二者通过485总线相连，构成分散式监测、集中式报警的消防电源监控系统。

（3）消防电源监控点设置在以下部位：

1）消防电源柜内消防设备主电源、备用电源母排。

2）向消防控制室、消防泵、消防电梯、防烟排烟风机、防火卷帘门等消防负荷供电的双电源切换开关的出线端。

8.4.4　余压监控系统

余压监控系统主要由余压探测器、气压采集管、余压控制器、带电动执行器的旁通阀及气管末端面板组成。主要用于辅助正压送风系统对高铁站房防烟楼梯间/走道、前室（或合用前室）/走道进行余压值的监测与控制。

8.5　智慧消防创新技术

8.5.1　智慧高铁站房物联网消防系统创新技术

高铁车站属于公共人员密集场所，客流量大，设有为旅客出行服务的售票厅、候车厅、便利店、快餐店等，也有各种技术办公用房以及牵引、供电、通信、信号等"四电"用房，一旦发生严重火灾将会造成严重的安全和经济损失。在车站设有火灾自动报警及联动、消火栓、自动喷水灭火、气体灭火、防烟排烟、电气火灾监控等消防系统，这些系统虽功能都非常完善，但缺少统一的消防管理平台，无法有效完成车站或路局级消防设备管理、报警管理、安全防范管理及消防值班人员管理等功能，智能化程度不高。

随着科学技术的不断进步，可以将物联网、大数据、云计算、安消一体化等现代信息技术应用到高铁车站消防系统建设中，通过搭建消防物联网云平台，实现对消防设施设备运行情况的全方位监测，与消防管理系统相关联，当隐患及报警产生时系统自动启动隐患分析系统，将分析后的结果分发给相关人员，及时处理，消除火灾隐患，实现动态感知、智能研判、精准防控，使车站的消防工作实现信息化、智慧化。

消防物联网云平台可以通过有线或者无线方式完成各消防系统的数据接入：

1）通过用户信息传输装置实现对火灾报警控制器、防火门监控主机、消防设备电源监控主机、电气火灾监控主机、智能末端试水主机、气体灭火等主机的数据监测。

2）在消火栓泵的出口总管上、试验消火栓处、高位消防水箱内设置压力传感器，通过采集装置接入物联网云平台；在消火栓泵处设置信息采集装置，采集水泵的电源、手/自动、启动/停止、故障的状态信息。

3）在喷淋泵出口总管上及每组湿式报警阀所控制的最不利点喷头处设置压力传感器，通过采集装置接入物联网云平台；喷淋泵控制柜处设置信息采集装置，采集水泵的电源、手/自动、启动/停止、故障的状态信息。

4）在排烟风机、正压送风机、补风机控制柜处设置信息监测装置，采集风机的电源、手/自动、启动/停止、故障等状态信息。

与车站视频监控系统联动：消防物联网云平台通过与车站视频监控系统联动，实现消防设备报警后系统自动调取相关视频画面，查看报警现场视频辅助进行火情确认，方便进行火灾探测，能够快速识别火焰和烟雾，及时在火灾初期做出反应，可通过网关实现视频接入。

物联网云平台宜采用 B/S 架构，支持 GIS 地图和手机 APP。平台完成各类消防参数的采集、存储、处理、报警、展示、报表、定位、联动等功能。用户可通过计算机或手机 APP 查看现场状况、报警接收及定位、系统管理、现场控制等功能。

高铁站房物联网消防云平台架构如图 8-5-1 所示。

8.5.2　智慧高铁站房机电一体化消防创新技术

为有效解决 FAS 系统故障、失效及防烟排烟系统自身隐患导致的防烟排烟系统失控，通过在高铁车站设置消防风机机电一体化监控系统，实现对火灾状态下消防风机应急启动、停止进行管理控制。消防风机机电一体化监控系统能够控制加压送风机、补风机、排烟风机和常闭加压送风阀、补风阀、排烟阀及排烟窗的动作，并反馈信号；监控疏散通道余压值，并对加压送风量进行量化管理。系统由应急监控器、送（补）风空气质量探测器、风量探测器、联锁隔离器、排烟窗监控器、排烟专用探测器、余压探测器、一氧化碳探测器、风阀执行器等组成。主要功能包括：

1）合理实现常闭式应急排烟窗的手动和联动控制。

2）监测加压送、补风机的进风是室外不受火灾和烟气污染的空气，解决火灾状态疏散通道空气质量隐患问题。

3）通过一对线缆，实现任一排烟防火阀关闭后，联锁关闭相应排烟风机与补风风机。

4）监测消防风机及最不利端风量/风压，可对调节型风阀进行角度控制，对风量进行量化。

5）将消防风机控制电路中传统二次线路中的中间继电器、复杂的二次线等众多分立元件集成，为消防风机联动、联锁、自动巡检等应急控制管理，提供智能化解决方案。

6）具有余压和地下车库 CO 浓度监控功能。

高铁站房消防风机机电一体化监控系统（一）、（二）如图 8-5-2、图 8-5-3 所示。

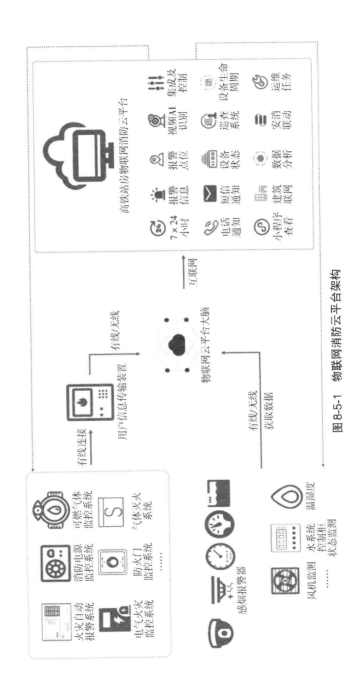

图 8-5-1　物联网消防云平台架构

智慧高铁站房建筑电气设计手册

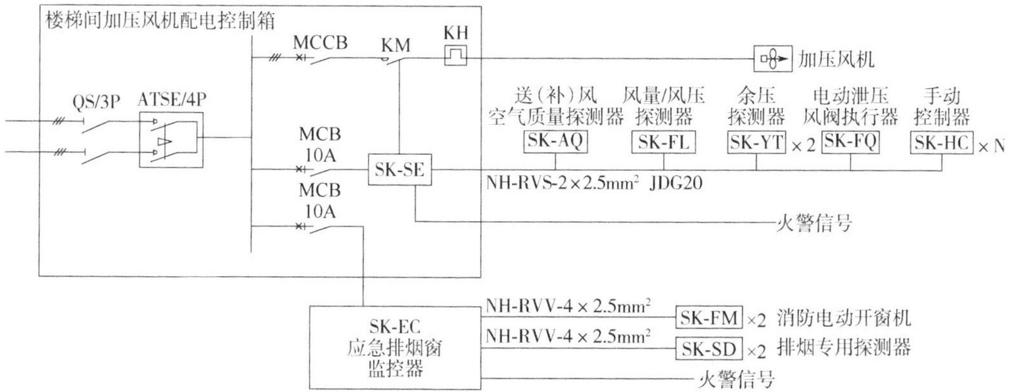

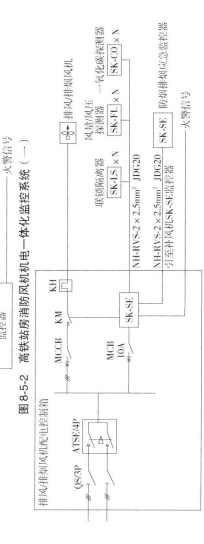

图 8-5-2 高铁站房消防风机机电一体化监控系统（一）

图 8-5-3 高铁站房消防风机机电一体化监控系统（二）

8.5.3 智慧高铁站房消防传输创新技术

1. 消防无线传输技术

无线通信技术的发展速度与应用领域超过了固定通信技术，呈现出如火如荼的发展态势。目前 5G 移动通信业务已大规模普及，6G 技术也已经在研究中，室内宽带无线覆盖也已进入 WiFi7 时代。

目前智慧消防领域常用的无线传输技术包括 4G、5G、LoRa、NB-IoT 等。

4G、5G 网络具有大带宽、高可靠、低时延的特点，特别是 5G 网络将传输速度提升到 4G 网络的 10 倍以上，有效解决了消防接入高清视频传输带宽问题，直接推动智慧消防行业快速发展。

LoRa 是基于扩频技术的超长距离（1～20km）无线传输解决方案，属于低功耗广域网，是种低带宽、长距离、低功耗、连接量大的物联网通信技术。它可以工作在免授权频段，无需申请便可以建立网络设备，相对来说网络架构简单。主要应用领域包括如智慧消防、智能抄表、智能停车、车辆追踪、宠物跟踪、智慧农业、智慧工业、智慧城市、智慧社区等。LoRa 网络主要由终端（内置 LoRa 模块）、网关（或称基站）、服务器和云四部分组成，应用数据可双向传输。

NB-IoT 是 3GPP 标准化组织定义的物联网窄带射频技术，它是种低功耗、广域覆盖、超长距离、连接量大的蜂窝通信技术，使用的是运营商提供的授权频段，因为是专门划分的频段，因此干扰相对要少很多。

上述几种智慧消防采用的无线技术中，5G 功能最强大，但应用成本也是相对最高的。利用其大带宽的优势，可以应用于高铁站房间、高铁站房与路局间超远距离消防信息的传输。LoRa 和 NB-IoT 技术两者之间没有太大的优劣之分，面向物联网领域提供了长距离、低成本的信息传输方案，在消防产品中也有大量应用，通过将通信模块内嵌至温感、烟感等消防末端设备中，使其具备远程组网功能。在高铁站房内，对于设备操作难度大、布线困难的区域可以部署采用 LoRa 或者 NB-IoT 技术的无线消防设备。

2. 消防总线技术

目前的火灾报警控制系统，绝大部分都是采用总线制系统，主要有二线制和四线制两种应用。

（1）二线制系统：是把直流24V电源和通信信号合并在一起，同时进行电能输送和数据传输的一种两线通信方式。实现方式分为以下两类：

1）"信号线"类：省去了电源线，增加信号线的驱动能力。

这种增强信号线驱动能力的方式，输出电流的提高有限，而且调制效率低，加上长距离传输损耗，到部件端电压有效值已经不足20V。对于需要对外输出脉冲电压的执行部件（如风阀等），基本都是采用大电容储能放电，给脉冲电流让其启动；但对于需要持续供电的启动部件，如果完全省去24V外控电源，还是存在供电瓶颈。

2）"电源线"类：省去了信号线，在电源线上载波通信。

这种在将信号调制到电源线的方式，由于其本身调制效率很高，输出内阻小，所以具有驱动电流大、供电效率高、完全不需要24V外控电源，还可以持续对外输出电流的特点。

目前大多数厂家采用的是第一种"信号线"类，陆续推出全新二线制系统，实现了现场部件的两线化。

二线制火灾报警系统构成示意图如图8-5-4所示。

（2）四线制系统：由信号二总线 + DC24V 电源总线组成。在这种系统中信号二总线能为负载提供的电流很小，只能为烟感、温感、手报、消火栓等所需电流极小的部件供电。对于声光、火灾显示盘、输入输出模块等功率较大的部件，二总线只提供通信，还需要另加24V电源供电。

两种制式的比较：二线制的优势是设备功耗低，节能环保；全系统设备二线制布线，节省电线、线管；无极性设计接线简单方便，对施工人员要求较低，节省人工费；节省了施工和线缆成本，给现场施工和后期维护带来了便利。劣势是总线回路输出电压、电流是固定有限的；不适用于控制持续性大电流联动设备，其可靠性和稳定性相对较差。

四线制火灾报警系统构成示意图如图8-5-5所示。

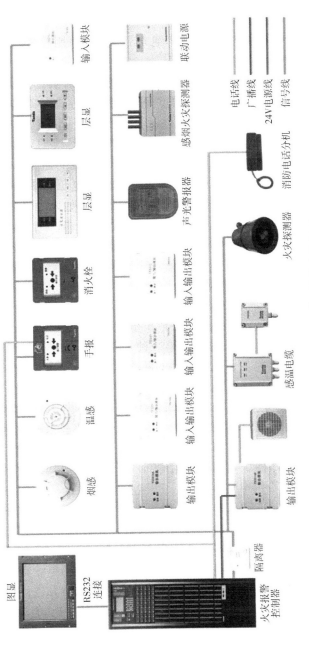

图 8-5-4　二线制火灾报警系统构成示意图

电话线
广播线
24V电源线
信号线

输入模块
联动电源
感烟火灾探测器
消防电话分机
火灾探测器
声光警报器
输入输出模块
感温电缆
层显
层显
消火栓
手报
温感
烟感
输入输出模块
输入输出模块
输入输出模块
输出模块
输出模块
隔离器
图显
RS232连接
火灾报警控制器

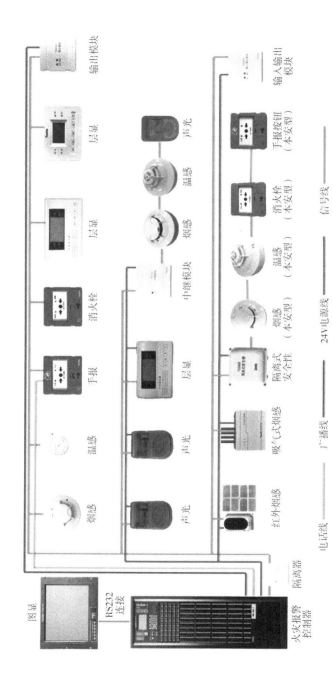

图8-5-5 四线制火灾报警系统构成示意图

高铁车站人流密集，各种消防风机、风阀、排烟口、挡烟垂壁、压力开关、水泵、水阀数量众多，对火灾报警系统联动控制运行可靠性要求非常高，四线制仍是目前高铁站房消防报警系统普遍采用的解决方案。但随着二线制的出现，四线制的应用和市场占比在逐步下降，各大消防报警设备厂家也在大力跟进推广、研发二线制产品，会有更多的高铁站房消防报警系统采用二线制解决方案。

第9章 建筑节能与机电设备管理系统

9.1 概述

9.1.1 分类、特点及要求

（1）分类、特点：高铁站房建筑通常采用大开间、大高度、有利于采光的设计，室内公共照明面积较广，空调设备、自动扶梯及电梯等大型机电设备较多，节能潜力较大。电气节能设计应根据高铁站建筑的特点、所处地的气候条件，采用成熟和有效的节能措施，以达到绿色低碳节能的目的。

（2）要求：高铁站建筑的电气节能设计应符合国家节能减排政策的要求，与铁路规划的有关要求相结合，在安全适用、供电可靠、技术先进、经济合理、使用维护方便的前提下，采用合理的利于节能的供配电系统和智能化系统，采用合理的电气照明节能方式，采用高效、低损耗的节能型机电设备，当条件适宜时，高铁站建筑应采用太阳能光伏发电等新能源利用系统。

9.1.2 本章主要内容

本章主要内容为：电气设备的选择及节能要求、电气系统节能的控制要求及措施、电气运维管理节能的要求及措施、新型能源系统的设计及机电设备管理与节能创新技术的应用。

9.2　机电设备节能设计

9.2.1　变配电所电气设备

变压器是高铁站建筑供配电系统的重要组成部分，降低变压器的损耗有利于供配电系统的节能，变压器运行时的损耗主要包括空载损耗（铁损）和负载损耗（铜损），变压器各能效等级的空载损耗和负载损耗的允许最高限值见国家标准《电力变压器能效限定值及能效等级》（GB 20052—2024），高铁站建筑配电系统应采用能效水平高于能效等级 3 级的变压器。高铁站建筑内存在大量单相用电设备及非线性用电设备，供配电系统会存在三相不平衡电流及谐波电流，变压器应选用［D，yn11］结线组别的变压器。

高压断路器宜配置弹簧储能型、永磁操动型等节能类型的操动机构。

变配电所及自动控制装置的信号显示、继电器、仪表等应选用节电产品。

9.2.2　电梯、自动扶梯、通风窗、电动遮阳装置

在高铁站建筑中，电梯、自动扶梯、通风窗及电动遮阳装置是重要的用能设备。电梯、自动扶梯、通风窗、电动遮阳装置的节能措施如下：

（1）电梯电动机选择采用永磁同步电动机驱动的无齿轮曳引机等高效电动机，电梯控制技术采用调频调压（VVVF）控制技术和计算机控制技术，电梯轿厢配置无人自动关灯、驱动器休眠技术等节能控制措施。为最大限度地减少乘客等候时间、减少电梯的运行次数、提高电梯调度的灵活性及节约电能，当两台及以上的电梯集中布置时，电梯控制系统要求具备群控和按程序集中调控的功能。

（2）自动扶梯应具有控制其启、停的感应传感器及变频感应启动等节能拖动及节能控制装置，具有在重载、轻载、空载的情况

下均能自动获得与自动扶梯相适应的电压、电流输入，保证自动扶梯电动机输出功率与其实际载荷始终得到最佳匹配，以达到节电运行的目的。自动扶梯感应探测器包括红外、运动传感器等，当感应传感器探测到自动扶梯在空载时，自动扶梯可暂停或低速运行；当红外或运动传感器探测到目标时，自动扶梯与自动人行道转为正常工作状态。

（3）高铁建筑宜对建筑物通风窗、电动遮阳装置的开闭实施自动控制及管理。

9.2.3　电动机

（1）水泵、风机等电动机设备的能效水平应高于《电动机能效限定值及能效等级》（GB 18613—2020）能效等级3级的要求，电动机的效率不应低于《电动机能效限定值及能效等级》（GB 18613—2020）规定的能效限定值，宜采用符合节能评价值的电动机。

（2）额定功率大于200kW的电动机宜采用高压电动机。

（3）恒负荷连续运行，功率在250kW及以上的电动机，宜采用同步电动机。

（4）除特殊要求外，不宜采用直流电动机。

（5）应合理采用电动机启动调速技术；当机械工作在两个不同工况时，在满足工艺要求的情况下，宜通过调整电动机极数进行调速；当机械的工况大于两个时，宜采用电动机变频调速方式，且变频调速装置应有抑制高次谐波的措施。

9.2.4　光源与灯具

为保证高铁站建筑的照明质量，同时降低照明用电能耗，除有特殊要求的场所外，高铁站建筑应选用高光效光源、高效灯具和节能器材。

1. 光源的选择

（1）除对电磁干扰有严格要求且其他光源无法满足的特殊场所外，不应选用白炽灯和自镇流荧光高压汞灯，一般照明的场所不应选用荧光高压汞灯。

（2）一般照明在满足照度均匀度的前提下，宜选择单灯功率较大、光效较高的光源；在满足识别颜色要求的前提下，宜选择适宜色度参数的光源。

（3）高大空间和室外场所的光源选择应与其安装高度相适应；灯具安装高度不超过 8m 的场所，宜采用单灯功率较大的直管荧光灯，或采用陶瓷金属卤化物灯以及 LED 灯；灯具安装高度超过 8m 的室内场所宜采用金属卤化物灯或 LED 灯；灯具安装高度超过 8m 的室外场所宜采用金属卤化物灯、高压钠灯或 LED 灯。

（4）室内同一区域的一般照明不宜选用多种类型的光源。

（5）一般房间、楼梯间、卫生间、设备房等场所宜选用三基色荧光灯或 LED 灯。

（6）疏散指示标注灯应采用 LED 灯。

（7）建筑外立面泛光照明颜色不宜超过 2 种。

2. 灯具的选择

（1）在满足眩光限制和配光要求的情况下，应选用高效率灯具，灯具效率不应低于国家标准《建筑照明设计标准》 （GB 50034—2024）第 3.3.2 条的规定。

（2）在满足眩光限制和配光要求前提下，应选用直射光通比例高、控光性能合理的高效灯具。

（3）照明灯具的附件应采用功率损耗低、性能稳定的附件。

（4）高大空间照明在满足均匀度要求的基础上，宜尽可能采用窄配光灯具，减少空间光通损失。

（5）荧光灯或高强度气体放电灯应采用就地电容补偿，使其功率因数达 0.9 以上。

9.3　机电设备管理系统设计

9.3.1　供配电系统节能

供配电系统应满足使用功能和系统可靠性要求，并应进行技术经济比较，采用节能的供配电系统。

（1）电源和内部配电网的电压等级应根据用电设备的负荷等级、容量、供电距离、变配电设施的分布情况、用电设备特点等合理确定。对具有几个电压等级的供配电系统，应进行经济技术比较，以减少电压层次、降低变电损耗，并选用经济合理的运行方式。

变压器的选择应使变压器工作在经济运行范围内。应根据用电负荷情况，正确选择和配置变压器的容量和台数，合理分配负荷，且宜符合《电力变压器经济运行》（GB/T 13462—2008）的有关要求。变压器的额定容量选择宜保证其运行在经济运行参数范围内，配电变压器经济运行计算可参照现行行业标准《配电变压器能效技术经济评价导则》（DL/T 985—2022）的要求。

电力变压器不宜长期轻载甚至空载运行。

冷水机组、冷冻水泵等容量较大的季节性负荷应采用专用变压器供电，当不需使用空调系统的时节，可将其专用变压器关停以利节能。

（2）线路损耗

1）变、配电设施应尽量靠近负荷中心。当高铁站建筑物内有多个负荷中心时，需进行技术经济比较，合理设置变电所位置。负荷中心按式（9-3-1）计算：

$$(x_b, y_b, z_b) = \frac{\sum_{i=0}^{i=n} (x_i, y_i, z_i) \mathrm{EAC}_i}{\sum_{i=0}^{i=n} \mathrm{EAC}_i} \qquad (9\text{-}3\text{-}1)$$

式中　　(x_b, y_b, z_b)——负荷中心坐标；

(x_i, y_i, z_i)——各用电设备的坐标；

EAC_i——各用电设备估算的年电能消耗量（kWh）或计算负荷（kW）。

2）电力线路应选择合理的供电方式、导线截面，根据经济电流密度选择长寿命周期电缆，降低运营成本。

（3）电源质量。在采取提高自然功率因数措施的基础上，在负荷侧应设置集中与就地无功补偿设备，补偿后的功率因数应符合下列规定：

1）功率因数较低的大功率用电设备，且远离变电所时，应就地设置无功功率补偿。

2）安装无功补偿设备不得过补偿。

3）大型用电设备、大型晶闸管调光设备等应就地设置谐波抑制装置。

4）用电设备的冲击负荷及波动负荷引起电网电压波动、闪变时，应采取限制冲击负荷及波动负荷的措施。

9.3.2 照明系统节能

1. 功率密度限值

高铁站建筑内的各房间或场所的照明功率密度值不应高于现行国家标准《建筑节能与可再生能源利用通用规范》（GB 55015—2021）及《铁路照明设计规范》（TB 10089—2015）中的限值（LPD）要求，高铁站建筑照明功率密度限值见表 9-3-1。室内一般空间宜采用直接照明，不应大量采用装饰性侧出光或反射光照明。建筑物外立面夜景照明的照明功率密度值（LPD）不应大于表 9-3-2 的规定，并应结合高铁站建筑内光外透特点，减少外立面夜景灯具设置，以满足节能目标。

表 9-3-1　高铁站建筑照明功率密度限值（LPD）

房间或场所	照度标准值/lx	照明功率密度限值/（W/m²）
其他车站候车室	150	≤6.0
特大型车站候车室	200	≤8
通道、连接区、扶梯、换乘厅、进出站地道、流动区域	150	≤6.0
售票厅/售票处	200	≤8.0
特大型车站基本站台	150	≤6.0
特大型车站其他站台、其他车站有棚站台有棚天桥	75	≤4.5

房间或场所	照度标准值/lx	照明功率密度限值/（W/m²）
行李托运处	300	≤8.0
行李存放库房、小件寄存处	100	≤5.0
办公、会议、调度室	300	≤8.0
计算机房、网络机房	500	≤13.5
卫生间	75	≤3.0
风机房、空调机房、水泵房	150	≤3.5
冷冻站、压缩空气站	150	≤5.0
锅炉房、煤气站	100	≤4.5
卫生间	75	≤3.0

表 9-3-2　建筑物外立面夜景照明的照明功率密度值（LPD）

建筑物饰面层太阳辐射吸收系数	城市规模	E2 区（低亮度环境区）		E3 区（中等亮度环境区）		E4 区（高亮度环境区）	
		对应照度/lx	功率密度/（W/m²）	对应照度/lx	功率密度/（W/m²）	对应照度/lx	功率密度/（W/m²）
0.6 ~ 0.8	大	30	1.3	50	2.2	150	6.7
	中	20	0.9	30	1.3	100	4.5
	小	15	0.7	20	0.9	75	3.3
0.3 ~ 0.6	大	50	2.2	75	3.3	200	8.9
	中	30	1.3	50	2.2	150	6.7
	小	20	0.9	30	1.3	100	4.5
0.2 ~ 0.3	大	75	3.3	150	6.7	300	13.3
	中	50	2.2	100	4.5	250	11.2
	小	30	1.3	75	3.3	200	8.9

注：1. 为保护 E1 区（天然暗环境区）的生态环境，建筑立面不应设置夜景照明。

2. 表中功率密度除光源功率外，还包括电器配件（镇流器、电容等）的损耗功率。

3. 城市中心城区非农业人口在 50 万以上的城市为大城市；城市中心城区非农业人口为 20 万 ~ 50 万的城市为中等城市；城市中心城区非农业人口在 20 万以下的城市为小城市。

2. 节能控制措施

应根据高铁站建筑大开间、大高度、有利于采光的设计，室内公共照明面积较广的特点，合理利用天然采光，合理分组、分区及采用智能照明控制系统，以保证照明质量、满足节能要求。智能照明控制系统宜预留联网监控接口，为遥控或联网监控创造条件。

室内照明控制应按下列方式设置：

（1）应结合高铁站建筑使用情况及天然采光状况，进行分区、分组控制。

（2）应结合高铁站建筑天然采光良好的场所，宜按该场所照度要求、营运时间等自动开关灯或调光。

（3）候车厅、进出站通道、站台及其他公共区域照明，应采用智能照明控制系统。

（4）功能性照明宜每盏灯具单独设置控制开关；当有困难时，每个开关所控的灯具数不宜多于6盏。

（5）设置电动遮阳的场所，宜设照度控制与其联动。

室外照明控制可按下列方式设置：

（1）建筑景观照明应至少有三种照明控制模式，平日应运行在节能模式。

（2）建筑景观照明应设置深夜减光或关灯的节能控制。

9.3.3 能效管理系统

设置能效管理系统，可利用专用软件对以上分项计量数据进行能耗的监测、统计和分析，以最大化地利用资源、最大限度地减少能源消耗。同时，可减少管理人员配置。

系统通过设置前端智能化仪表、处理主机以及调用其他系统能源数据，实现对整个高铁站房的变配电所（站）设备、公共动力配电设备、暖通空调设备、新能源发电及储能设备、照明设备、充电桩及其他各类用能设备进行数据和运行信息采集，对能耗进行监视、分析、调控，可制订能源分析调控策略，据此进行设备耗能等级评定，为系统运行节能提供依据等，并通过建筑设备监控系统对负载进行调控。

系统由管理软件、云端管理平台、通信管理机、接入交换机、建筑设备监控系统、智能监测单元、传感器、控制器等组成。系统框图如图 9-3-1 所示。

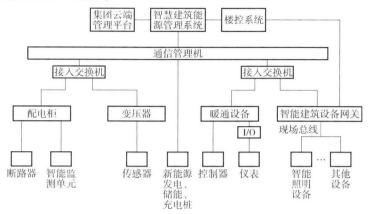

图 9-3-1　建筑能效管理系统框图

系统管理软件主要由信息采集、信息处理、信息存储、建筑节能评估及信息发布等功能模块组成。系统能够实现电力在线监控、电能质量分析、能效分析、能流分析、KPI 考核、用能报表、数字运维、移动运维等功能。系统可对能源进行综合管理，实现负载调控、高效运维、降低成本、减少碳排放。

系统应分别对电量、冷/热量、水量进行分类分项的实时采集。

（1）电量采集：当设置有电力监控系统时，电量数据采集宜由电力监控系统完成，电力监控系统通过第三方接口将机电设备用电量、市电供电电量等数据提供至能效管理系统进行能耗分析；当未设置电力监控系统时，可设置数字智能电表采集楼层用电量，通过网关联到能效管理系统。

（2）冷/热量采集：市政供热/供冷入口及分户处、变风量的空调机组和新风机组等设置冷/热计量表，通过网关联到能效管理系统服务器。风机盘管可采用联网型风机盘管管理系统对风机盘管进行统一管理及实现远程控制，实现对空调末端的冷量供应的精确控制，实现风机盘管的远程控制、管理以及实现冷量统计功能。多联机系统通过第三方接口将室外内机等能耗数据提供至能效管理系统进行能耗分析。

（3）水量采集：水表计安装在水井内，通过网关联到能效管理系统服务器。

可再生能源系统设置可再生能源及常规能源分项计量装置。太阳能热利用系统设置太阳能集热系统得热量、太阳能集热系统供热量、辅助热源供热量、系统水泵、风机耗电量等的计量装置。太阳能光伏发电系统设置发电量计量装置，接入公用电网的光伏发电站的电能计量装置还应经当地质量技术监督机构认可。地源热泵、空气源热泵等系统设置电量及热量计量装置。

9.3.4　建筑设备监控系统

利用建筑设备监控系统对建筑内所属设备的运行、安全状况、能源使用状况及节能等实行综合自动监测、控制与管理，以达到安全、节能、舒适和优化管理的目的，满足站房运营管理的要求。

根据系统的规模、功能要求及选用产品的特点，可采用单层、两层或三层的网络结构，但不同网络结构均应满足分布式系统集中监视操作和分散采集控制的原则。地下车站及地下区间的机电设备监控系统宜设置中央和车站两级监控管理。大型系统宜采用由管理、控制、现场设备三个网络层构成的三层网络结构，中型系统宜采用两层或三层的网络结构，其中两层网络结构宜由管理层和现场设备层构成，小型系统宜采用以现场设备层为骨干构成的单层网络结构或两层网络结构。

系统由监控系统软件、系统管理器、应用控制器、扩展模块、传感器、执行器、网关等组成。系统框图如图9-3-2所示。

系统能够实现建筑设备智能管理，具有分布式、集中式等管理功能，支持多站点管理，设备支持以太网链接云端，实现远程控制器程序编制、运行测试、系统图形界面编制、后期设备远程运维管理等服务，并通过高阶加密机制保障整个控制网络的操作安全性。系统可控制各类机电设备的启停、联锁，实现安全运行；可对各类机电设备的故障自动监测、自动报警，及时发现故障。

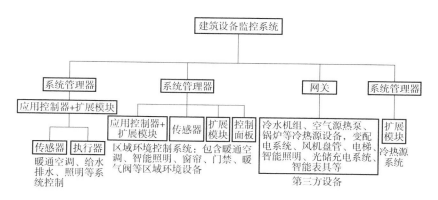

图 9-3-2 建筑设备监控系统框图

系统支持多种通信接口和协议，并具有接口开放和开发功能，可以直接集成各类系统和设备。系统应建立标准、统一的数据库，并具有标准的开放接口，便于被集成信息的利用和更高层次的信息集成融合，为建筑内的综合管理与调度提供基础平台。与其他系统接口时，应注意各系统之间的相互隔离和保护，必要时应设置防火墙。

管理网络层是建筑设备的监控、调度和管理中心，宜由操作工作站、交换机、服务器、计算机网络以及打印机、UPS 等组成，应根据系统规模和功能要求进行配置。管理网络层应完成系统集中监控和各种系统的集成，与其他系统接口时，应注意各系统之间的相互隔离和保护，必要时应设置防火墙。

控制网络层应完成建筑设备相对独立的自动控制。

现场设备网络层主要包括传感器、智能仪器仪表、执行器执行机构等，应完成末端设备控制和现场仪表设备的信息采集与处理。

地下车站应在车站配置车站紧急控制盘，其盘面应以火灾工况操作为主，操作程序应简单、直接；作为设备监控系统火灾工况自动控制的后备措施，其操作权限应高于车站级和中央级工作站。

设有防灾救援系统的长大隧道或隧道群的设备监控系统，其监控主站宜设置在有人值班的隧道控制室或防灾救援指挥中心，隧道紧急救援站应设置紧急控制盘。

正常运行工况需控制的设备，应由设备监控系统直接监控。火灾工况专用的设备，应由火灾自动报警系统直接监控。防烟排烟系统与正常通风系统合用的设备，宜由机电设备监控系统统一监控。设备监控系统和火灾自动报警系统之间应设置可靠的通信接口，由火灾自动报警系统发布火灾模式指令，设备监控系统优先执行相应的火灾控制程序。

当纳入铁路电力远动系统的配电所、变电所高、低压回路需要同时纳入设备监控系统时，机电设备监控系统宜只对其进行监视，不控制。

设备监控系统在完成各类设备自动监控的同时，还应能满足机电设备本身所固有的控制工艺要求，并应实现最优及节能控制。

设备监控系统应能对机电设备运行工况进行监视、测量、记录，提供监控设备和系统运行工况的有关数据、资料、报表，并应具备故障报警功能；设备监控系统应能对机电设备进行控制，并能根据设备运行要求完成设备的自动控制及设备间联动控制；设备监控系统应能完成机电设备运行模式和参数的设置，具有不同应用场合节能控制的运行方案，并能对运行模式进行自动或手动转换；设备监控系统应具有与火灾自动报警系统（FAS）联动的功能；地下车站及地下区间的设备监控系统应能根据环控工艺要求，对地下车站、地下区间隧道通风系统设备进行正常模式控制、阻塞及事故灾害模式控制；设备监控系统应具备系统维护功能。

控制器（DDC）采用现场控制方式，控制器之间采用 TCP/IP 通信方式。控制器具有独立的监测和控制能力，可根据需要随意增加/减少控制器，而总线故障不会影响控制器的现场控制功能。每个控制器点数预留 10% ~15% 的余量以备扩展。

监控对象宜包括以下系统和设备：冷冻水及冷却水系统、热源及热交换系统、采暖通风及空气调节系统、给水及排水系统、自动扶梯、电梯和自动人行道系统、客车上水及污水处理系统、照明系统、长大隧道或隧道群的防灾救援设备、其他需要控制的工艺设备及系统。系统主要控制设备及控制功能如下：

（1）冷热源监控主要功能

1）根据冷冻水的总供、回水温度及回水流量，计算出系统实际所需的负荷，根据系统所需的负荷及压差旁通阀开度，自动控制冷却塔及水泵的运行台数，以达到节能效果。

2）按程序进行系统的联锁控制和保护，根据暖通专业要求，启停不同的冷却塔、水泵。开启顺序为：先开启冷冻水电动阀及冷冻水泵，最后开启风冷热泵机组。停机顺序反之。水泵启动后，水流开关检测水流状态，发生断水故障，自动停止相应机组。火灾时自动停机。

3）根据冷冻水的总供、回水压差控制旁通阀的开度，以维持系统压差设定值，满足末端冷量的需求。

4）根据事先安排的工作及作息时间表，定时启停系统，监测及记录各设备运行参数，累计设备工作时间，实现同组设备的均衡运行，提示定时维修，形成各种报表等。BAS通过接口与风冷热泵机组进行通信，除获取厂家提供的标准内部数据外，还可以设定内部参数，控制风冷热泵机组运行模式。

（2）空调系统监控主要功能：环境参数监控；排烟兼排风机、排风机、送风机等按程序进行风机、风阀的联锁控制和保护，如属于消防设备，优先受消防控制；空调末端设备分区启停管理；根据事先安排的工作、作息时间表及环境参数，启停系统，监测及记录各空调设备运行参数，累计工作时间，提示定时维修，形成各种报表等。

（3）排污系统自带控制柜，设备监控系统的主要监控功能：水泵的运行状态、集水井的超高水位检测报警。

（4）系统内部集成

1）系统通过网关与电梯设备进行通信，获取设备的各种状态参数。

2）系统通过网关与生活水泵进行通信，获取设备的各种状态参数。

（5）软件要求：标准的开放接口、模块化的设计、图形化操作软件，具有报警管理程序、能源供应管理程序、主动节能控制程序、报表生成程序等功能。

9.3.5 电气管理和运维节能

建筑的节能主要有两种方式：一种是技术上节能，另一种是管理和运维上节能，物业管理部门通过查找设备运行中的能耗漏洞、寻找管理环节的疏漏、优化管理措施、在少量增加成本的情况下实现节能。

1. 管理上节能

管理上节能主要有以下几个方面：

（1）电能、水耗、燃气、集中供热等设置能耗计量和管理系统，设置分级分类自动远传计费缴费系统。通过能源管理系统一段时间收集的数据，可以分析各个设备子系统的工作状态以及后期能耗的发展趋势，使管理人员可以做好节能管理和节能规划。

（2）空调设备是建筑的耗能大户，设置建筑设备监控系统（BA），在各功能区设置温度传感器，通过 BA 系统实现冷热源主机、水泵、末端设备的闭环自动控制。

（3）设置空气质量监测系统，监测 PM2.5、CO_2 等浓度，引导保持理想的室内空气质量指标。

（4）设置水质监测系统，对自来水的浑浊度、氯残余、pH 值等指标进行监测，保证用水卫生。

（5）以能源管理系统为平台，监测水、电、气等能源的能耗变化趋势，监测能耗突增以及非工作时间异常等信息，以便排查设备管道损坏、泄漏等故障，减少故障损失。

（6）采用数字孪生技术，建立三维可视化运维管理平台，直观、便捷监控机电设备运行以及物资管理等，节约物业人力资源。

2. 运维上节能

（1）变压器经济运行。变压器在平时运行中除了给用电设备供电外，自身还存在着损耗（空载损耗和负载损耗），提高变压器的经济节能运行，主要在于降低变压器的损耗，可以通过以下方式：

1）变压器。在负载太低时，只供三级负荷的两台变压器可以只运行一台，变压器可通过母线联络方式给重要负荷供电。

2）电力监控系统。设置电力监控系统，监控变压器、高低压配电柜、主要断路器的工作状态和电气参数，合理调配电能，优化供电管理。

（2）照明智能控制节能。对于建筑内不同的功能分区，采用集中、自动、定时等控制模式，在某些特定场所采用声控、光控等技术。设定合理的照明灯点亮时段和触发机制，避免灯具常亮和无效照明等的问题。

（3）空调系统节能。空调系统的冷热站、传输系统设备纳入建筑设备监控系统或设置单独智能管理系统，制订符合建筑性质的管理策略，达到环境舒适度和节能减排的平衡。末端房间内配置带通信功能的温度控制器，通过采集空调室内温度，将信息传输至管理平台，平台综合考虑室外湿度、人流数量等因素，智能控制调节阀开度和风机转速来实现室内温度控制。

9.4 新能源利用系统设计

9.4.1 太阳能利用系统

太阳能利用系统主要包括光伏发电系统、光伏光热系统和导光管照明系统等。

1. 光伏发电系统

光伏发电系统是利用太阳能电池的光伏效应将太阳辐射能直接转换成电能的系统。与公共电网无连接的独立光伏发电系统宜配置储能设施。并网光伏发电系统分为发电全部上网型、自发自用余电上网型、离网型三种形式。并网光伏发电系统可由电池板、变换器、储能设施等组成，系统框架如图9-4-1所示。

（1）光伏组件。光伏发电系统根据项目所在地太阳能资源情况、可安装太阳能光伏组件的有效建筑面积等进行光伏组件布置。

光伏组件是具有封装及内部连接的、能单独提供直流电输出的、最小不可分割的太阳电池组合装置，又称太阳能电池组件。现

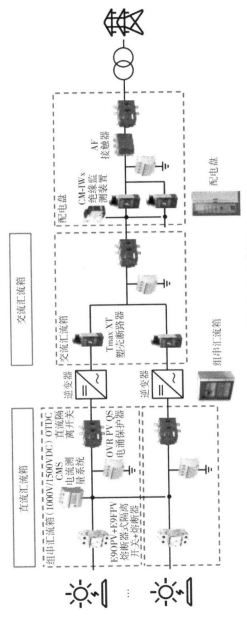

图 9-4-1 并网光伏发电系统框图

阶段太阳能电池的主要分类如图 9-4-2 所示，晶硅电池与非晶硅薄膜电池的主要参数对比见表 9-4-1。

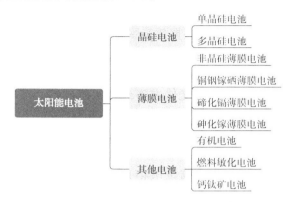

图 9-4-2　太阳能电池的主要分类

表 9-4-1　晶硅电池与非晶硅薄膜电池的主要参数对比

对比内容	多晶硅电池	单晶硅电池	非晶硅薄膜电池
技术难度	难度一般、技术成熟	难度一般、技术成熟	较难、技术日趋成熟
光电转换效率	15% ~ 21%	18% ~ 22%	5% ~ 9%
组件成本	较低	较低，比多晶硅略高	较高
组件寿命	寿命长，满足 25 年	寿命长，满足 25 年	衰减较快，10 ~ 15 年
安装方式	屋面或开阔地平铺	屋面或开阔地平铺	重量轻，对屋顶或建筑构件强度要求低
组件运行维护	故障率低，易维护	故障率低，易维护	柔性组件表面易积灰难清理

　　站房的分布式光伏宜安装在屋顶等处，安装方式可结合屋顶形式采用固定水泥基础形式、配重块固定形式、小倾角背后导流板等安装形式；彩钢板屋顶常规采用光伏组件与屋顶平行的安装方式，采用铝合金材质的型材和夹具将光伏组件固定在屋面上。

　　不同地区的光伏发电都有一个最佳倾角，但由于分布式光伏电站需要结合不同的建筑形式，故并不一定都能按最佳倾角来设计。在平屋面的分布式光伏电站设计中，基本采用固定倾角的光伏支架，最佳光伏的方位角是正南，最佳光照的倾斜角根据建设地点维度不同，最佳倾角也不同。国内各地区阳光辐射量、最佳安装角度、峰值日照数、年发电量、年有效利用小时数可查阅相关书籍资料，或者使用辐照计算软件获得。

光伏阵列的排布需要根据建筑屋面类型确定安装区域和安装形式，光伏阵列排布四周还需要考虑维修通道，要避开主体结构伸缩缝、沉降缝等区域。

（2）逆变器。将来自光伏方阵或光伏组件的直流电转换为交流电的设备，是分布式光伏发电系统的核心器件。

（3）直流汇流箱。在光伏系统中将若干个光伏组件串并联汇流后接入的装置。

（4）交流配电柜。交流配电柜是连接在逆变器与交流负载之间的接受和分配电能的电力设备，主要功能为电能调度、电能分配、用电监测等。

（5）接入系统。光伏发电系统并网接入应根据电源容量、线缆规格、变配电系统、地区配网情况综合比较确定。不同规模接入电压等级不同，可参照表9-4-2。

表9-4-2　分布式光伏发电系统并网电压等级参考表

项目规模	并网电压等级
8kW	220V
8～400kW	380V
400kW～6MW	10kV

（6）防雷设计。光伏系统的防雷设计应作为建筑防雷设计的一部分，其防雷分类应与建筑物的防雷类别一致；防直击雷设计可利用建筑物本身的防雷措施，光伏组件金属框架、金属支架、金属管道槽盒、汇流箱接地端子等应与防雷装置连通，与主体建筑物共用接地系统。接闪装置宜设置在光伏方阵北侧，避免遮挡光伏组件；控制及信号传输等线路应采用屏蔽线、穿金属管或沿金属槽盒敷设进行屏蔽保护。

2. 光伏光热系统

PV/T系统利用太阳能电池的光伏效应将太阳辐射能直接转换成电能，并将光电转换过程中产生的热量用于太阳能集热器加热，同时输出电能和热能，实现电热联供。系统由光伏光热组件、热泵主机、储热水箱/缓冲水箱等组成。系统框架如图9-4-3所示。

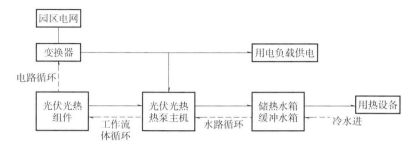

图9-4-3　建筑太阳能光伏光热系统（PV/T）框图

系统太阳能电池在发电过程中，通过集热组件带走光伏组件热量，提升发电效率。系统利用太阳能光伏光热组件作为空气源热泵的外挂蒸发器收集热量，通过热泵组件进行供热。供热使用端采用水循环换热器进行隔离。系统采用物联网及变频技术，实现远程控制。系统能在 −25 ~ 40℃ 环境温度下正常运行。

3. 导光管照明系统

导光管系统是通过室外集光器采集天然光，并经导光管道传输到室内，由安装在末端的漫射器把引入的自然光照射到室内的天然光照明采光系统。系统无需消耗电能，可通过采用自然光将室外光线引入室内，实现了真正意义上的绿色健康照明，适用于地下车库灯无自然采光的地方，可降低照明系统能耗。

导光管系统通常由集光器、导光管和漫射器组成。

1）集光器。导光管系统中用于采集天然光的部件，通常由采光罩及其附件组成。采光罩常规采用 PC 材质或亚克力材质，按形状一般可分为平板形、晶钻形、半球形等。

2）导光管。导光管采光系统中用于传输天然光的管状部件。常规由铝材料制作而成，厚度约 0.4mm，具有很高的光反射和汇聚作用，反射率高达 98%，常见管道直径有：250mm、350mm、450mm、530mm、750mm。

3）漫射器。导光管采光系统中用于将光线均匀漫射至室内的部件。通常采用 PC 等材料制成透镜和漫射装置，可将光线相对均匀地漫射到室内，光照效果更加柔和均匀，无眩光。

9.4.2 光储直柔微网系统

为了适应建筑内部新能源自消纳要求，友好接入分布式储能装置和实现用电负荷柔性控制，建筑电气系统迫切需要发展新技术，其中光储直柔微网就是把新能源、储能和负荷柔性控制以直流为载体一体化实现上述目标的新型配电系统。光储直柔建筑系统是一个自消纳的高度整合的集成系统，由于风光等新能源发电系统、分布式储能系统、充电桩、柔性用电设备等底层接口为直流，该系统可方便源、网、荷、储几方设备的友好接入，在配置能源调度管理系统和柔性用电设备运行优化管理系统情况下，对内可以灵活实现系统内部资源灵活调节，对外可与电网互动。

由于变换器等电力电子元器件对过电压等故障敏感，容易误动作，为了实现建筑园区内部电网的稳定可靠安全运行，考虑设置微网运行控制系统。

光伏发电系统的功率因素、LED 照明和变频设备等柔性负荷带来的谐波超标造成中性线过载和变压器过热噪声大、直流系统的纹波等电能质量新问题，值得关注。

适合采用光储直柔微网系统的场景见表 9-4-3。

表 9-4-3　光储直柔微网系统应用场景

序号	场所	场景
1	停车场、服务区	光储充一体方案
2	屋顶	光伏空调一体系统
3	制冷主机房	高效机房直流配电系统
4	市政	直流供电方案
5	数据机房	高压直流机柜配电方案
6	办公	分层分区考虑直流配电单元

1. 光储直柔微网的组成

光储直柔微网系统一次接线如图 9-4-4 所示。光储直柔微网系统与低碳建筑能源系统关系如图 9-4-5 所示。

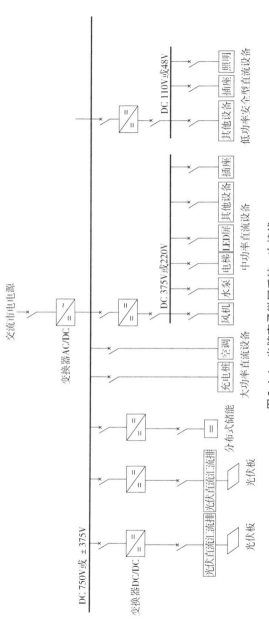

图 9-4-4 光储直柔微网系统一次接线

第 9 章　建筑节能与机电设备管理系统

243

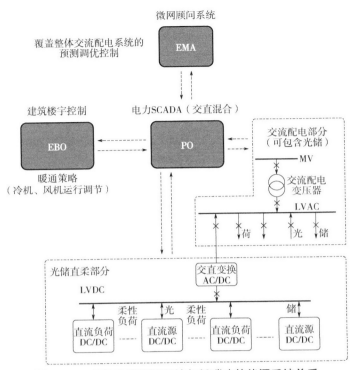

图 9-4-5　光储直柔微网系统与低碳建筑能源系统关系

"光储直柔"中的"光"即分布式光伏;"储"即储能;"直"即直流配电系统;"柔"即柔性用电技术。

2. 光储直柔微网的设计要点

光储直柔微网设计时,先根据项目具体情况,确定光伏发电系统的装机容量,然后做光伏发电量消纳分析,接入系统的设备容量应能够满足光伏发电的自消纳要求,尽量减少余电返送电网;并配置确定适当比例的储能,储能容量选择须确保可以稳定微网内部电能质量。系统内部电压等级根据接入系统的光伏、储能和用电设备综合确定,原则是尽量减少变换次数,提高系统能效。

3. 微网运行控制系统

运行控制系统应具备实时监测和调控、功率平衡控制、运行优化、故障检测保护及电能质量治理等功能。系统由主机、智能网络控制设备、终端显示设备、终端数据采集设备及专用的管理平台软件等组成，系统框架如图9-4-6所示。

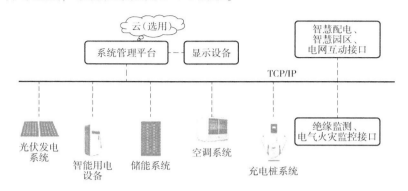

图9-4-6　微网运行控制系统框图

　　系统平台可采用云网边端架构，系统宜采用物联网、云边端协同、大数据、AI智能分析等技术。支持并网、离网两种运行模式。并网运行模式时，系统可采用PQ恒功率控制方式运行，市电故障时系统应按离网模式运行。支持系统设备状态评估、健康管理、系统故障预测与诊断。支持与变换器、储能单元等"源网荷储"设备对接，实现设备的即插即用。支持与绝缘监测、电气火灾监控、光伏发电、风力发电、储能、电动汽车充换电设施、智慧配电、空调等子系统对接。

9.4.3　智慧充电桩管理系统

　　高铁站房通常配套停车场规模大，配建充电桩数量多，设置智慧充电桩管理系统，可以对充电桩状态进行有效管理，提高充电桩的利用效率，提升充电桩的运维水平，协调充电桩参与电网交互，挖掘站房负荷柔性调节潜力，降低充电桩无序充电对电网带来的冲击，实现电动车充电按需分配，降低充电桩变压器的装机容量，节省初始投资。

　　系统由现场充电桩设备、网关、服务器、储存设备、展示设备/客户端等组成，系统架构如图9-4-7所示。系统可采用微服务

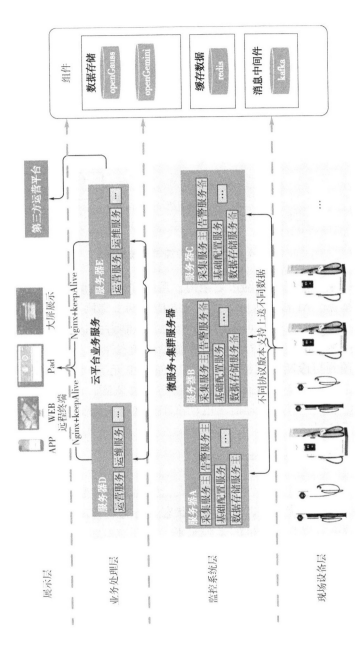

图 9-4-7 智慧充电桩管理系统架构

架构，组件安装包和程序安装包分包安装部署，支持多类数据库应用，适配数据库结构升级。

系统主要功能如下：

（1）智慧运维

1）设备状态可视化；异常订单占比、异常责任划分、可用率、离线率、故障率占比情况。

2）运维告警：异常告警、桩站异常率榜单、故障率榜单、异常码榜单、故障告警。

3）设备管理：设备运维（设备一键分析定位问题，快速升级解决问题）、关键器件使用情况。

4）异常预警：针对充电过程异常情况可配置策略触发平台小程序或 APP 提前告知，同时支持设置延时短信通知运维人员。

5）车辆档案管理：实现 V2G 充放电检测功能以及电池的一致性检测，电池评分。同时支持生成车辆电池报告导出 PDF 文档。

6）智能化运维一键导数据分析，提升设备故障识别速度，并提供充电桩日志检索。

7）省市、场站、设备故障率、在线率、使用率、异常率榜单智能化分析，提前知晓站点运行情况并进行改善。

8）充电过程配置策略提前异常预警。

9）采集整机环境监控数据、各关键器件使用情况数据分析、模块电解电容寿命预测、整机健康度评分。

10）V2G 充放电池一致性检测、电池健康度 SOH 并提供报告。

11）支持充电桩采集动态扩容。

（2）有序充电。充电设备输出功率动态调配，电网需要削峰时，电动汽车和充换电站就减少用电量，需要填谷时，就增加用电量，合理利用峰平谷电价；避免负荷超载前级开关跳闸，保证电网用电安全；灵活分组，并可根据尖峰平谷不同时段进行电力调配，优化电费支出；安全前提下可增加有限范围内充电设备的数量，减少初始投资。实现手段通常有：

1）改变充电时间：选择低谷期充电。

2）改变充电功率：设置充电上限。

大功率液冷超充模块如图 9-4-8 所示，采用一台充电主机带多个充电桩的形式，一般采用全柜制冷技术，充电桩采用液冷桩体和液冷枪线技术，使得枪线更加轻细，提升充电转换效率，可以实现下辖充电桩功率的柔性分配和功率共享，支持多辆车同时充电，按需分配功率，自适应调节，实现系统功率最大化利用。图 9-4-8a 方案一的系统可实现充电 5min，续航可达 200km，单桩最大输出可达 650kW，650A 峰值电流可达 30min，可实现 500A 额定电流持续输出，满充功率 480kW。图 9-4-8b 方案二的系统，最大支持 24 辆车同时充电，可实现充电 3min，续航可达 200km，单桩最大输出可达 480kW，支持 250A/400A 风冷与 600A 液冷，线端灵活配置，50 ~ 1000V 超宽电压充电。

（3）微网智能调度控制

1）可对储能、光储充放微电网、新能源配储能等多种应用场景下的数据采集、运行控制和就地能量管理。

2）可通过多种物联网协议和云端互动，执行云端经济调度，参与电网辅助服务及需求侧响应；实现系统监视、控制、经济调度等多种功能。

3）集成微电网控制和本地显示功能，对整个微电系统智能控制和管理，增加微网系统惯性，提升微网运行的稳定性；执行微网能量云经济运行策略，提升用户运行收益。

4）车网互动，构建虚拟电厂或参与聚合商平台，通过多种物联网协议和云端互动，执行云端经济调度，参与电网辅助服务及需求侧响应；实现新能源的就地消纳。

5）对微网运行状态监测、历史数据查询、定值参数修改等多种功能。

（4）创新技术。用于充电桩的创新技术主要有电池检测技术、充电桩关键元器件使用情况技术、充电桩异常策略预警技术、充电桩采集动态扩容技术、充电桩日志检索技术、系统架构分包安装部署技术、系统架构支持多类数据库应用技术和系统架构适配数据库结构升级技术等。创新技术点如下：

1）充电大数据算法分析提前异常预警。

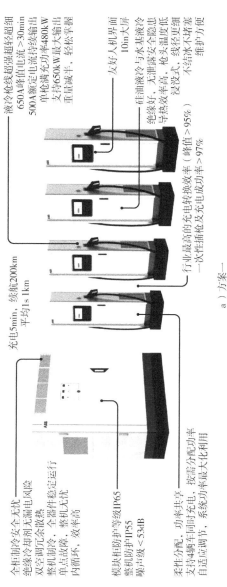

全柜制冷安全无忧
绝缘冷却剂无漏电风险
双空调冗余散热
整机制冷，全器件稳定运行
单点故障，整机无忧
内循环，效率高

模块柜防护等级IP65
整机防护IP55
噪声级＜53dB

柔性分配，功率共享
支持4辆车同时充电，按需分配功率
自适应调节，系统功率最大化利用

充电5min，续航200km
平均1s 1km

液冷枪线超强超轻超细
650A峰值电流 持续电流＞30min
500A额定电流持续输出
单枪满充功率480kW
支持650kW最大输出
重量减半，轻松掌握

友好人机界面
10in大屏

硅油液冷与水基液冷
绝缘好，无泄露安全隐患
导热效率高，枪头温度低
浸没式，线径更细
不结冰不堵塞
维护方便

行业最高的充电转换效率（峰值＞95%）
一次性插枪及充电成功率＞97%

a）方案一

480~960kW大功率超充电堆
充电3min，续航200km

 50~1000V超宽电压，满足99%+车型充电需求

 智能柔性投切，最多同时服务24辆车

 支持250A/400A风冷与600A液冷超充灵活配置

 支持本地限功率，大幅提升场站收益

 100余项防护措施，全方位保障充电安全

 智能运维管理，远程可解决90%以上问题

b）方案二

图9-4-8 大功率液冷超充模块

2）充电大数据算法计算设备器件健康度分析。

3）充电大数据算法对电池一致性、电池状态综合评估。

4）分包安装配置分开、组件不变轻量化部署，系统升级时只用更新程序包，提高升级效率。

5）支持多类数据库应用一套代码完全适配不同种类数据库，切换不同数据库只需指定数据库类型即可，无需大量修改配置。

6）终端系统服务器支持检索文件，可用 Linux 系统将文件类型、文件大小、整个目录结构以文件列表方式展示在云端，提升了分析桩体异常情况能力，大大缩减了解决问题时间。

7）海量数据分布式采集、动态扩容设备的接入量、平台的基础架构和业务分层、互不影响。

9.5　机电设备管理与节能创新技术

9.5.1　智慧环境监测与管理系统

系统可实现对智能照明、暖通空调、门禁、遮阳帘、空气质量等多协议系统设备的集成联控，使用多合一室内环境监测传感器，将温度、湿度、光照度、色温、人体感应、声音的接收与发送等参数纳入监测，传感器可支持 EnOcean 和 MQTT 协议，将采集的环境数据传输至物联网平台。系统由多合一室内环境监测传感器、控制器、扩展模块、软件程序等组成。系统框图如图 9-5-1 所示。系统具有实时监控室内环境（温度、湿度、空气质量、人员占用、噪声等参数）、动态调整环境参数、优化控制能源策略等功能。

1. 智慧环境监测

系统通过 CO 传感器、CO_2 传感器、温湿度传感器、PM2.5 监测设备、PM10 监测设备等采集甲醛，PM2.5/PM10，温度，湿度，二氧化碳，一氧化碳，有毒有害气体浓度等空气质量数据，对环境状况进行智能化管理，当指标超过阈值时，联动新风系统和空调系统自动开启，营造舒适的室内环境。

可在候车厅、办公室、卫生间等区域设置室内空气监测系统，

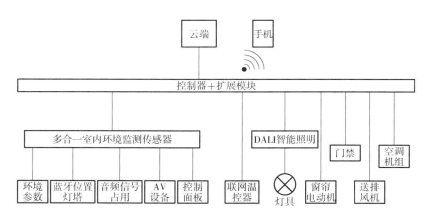

图 9-5-1　室内环境低碳节能控制系统框图

集成温湿度、PM2.5、PM10、二氧化碳、甲醛、TVOC 等各类参数指标；在地下车库区域设置集成温湿度、一氧化碳参数指标。

系统基于智能化终端，实时监测园区环境，构建空气质量监测、水质水位监测，实现园区室内外环境监测数据的实时感知和分析，可多渠道发布信息，推送相应提示。主要功能如下：

（1）后台管理系统应提供传感器设备的监控及远程控制功能，监测点位的增加、变更等功能，监测点数据的查询、对比、绘图、导出及监控等功能，方便对设备、站点和数据进行统一管理。

（2）实现不同维度查询空气监测点信息、查询站点信息（包括名称、站点类型、空气评价类型、经纬度、监测参数等信息）。

（3）支持监测点化数据查询、对比，对监测点不同监测参数可实现小时、日均值查询，对实时数据可进行分钟值数据查询。

（4）支持多监测点位数据查询、对比。

（5）数据查询对比结果以折线图、曲线和表格等形式展示，支持以图片和 Excel 形式导出图表数据。

（6）具有传感器监控提醒功能。

（7）具有监测点状态监控功能。

（8）具有实时报警功能。实时监控数据和超标报警指标。

（9）可根据报警来源、报警类型、时间范围查询实时报警信息，查询结果可显示报警源名称、报警类型、触发报警值、报警时间等内容。

（10）具有报警统计功能，每日定时自动汇总历史报警信息，统计每个源不同报警类型条数。

2. 智慧遮阳

智慧遮阳系统包括电动百叶遮阳系统、真空低碳发电遮光玻璃系统。电动百叶遮阳系统具有自动遮阳、隔热等功能，真空低碳发电遮光玻璃系统具有发电、保温、隔热、隔声、遮阳等功能。

电动百叶遮阳系统能实现立面遮阳装置集中智能控制，可随室外光照强度主动调节遮阳设施，实现建筑节能与室内舒适性调控。系统由电动遮阳设施、光传感器、风速传感器、温度传感器、墙控开关、区域集中控制器等组成。系统框图如图 9-5-2 所示。

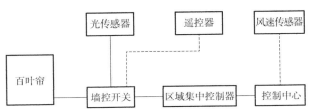

图 9-5-2　电动百叶遮阳系统框图

真空低碳发电遮光玻璃系统以真空玻璃为基础，通过外侧光伏发电膜所产电能控制内侧雾化膜，实现对阳光的遮挡，同时具备良好的保温、隔热及降噪功能。系统由光伏发电膜、真空玻璃、雾化调光膜、太阳能控制器组成。系统框图如图 9-5-3 所示。

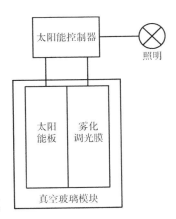

图 9-5-3　真空低碳发电遮光玻璃系统框图

9.5.2　智慧能源与碳管理系统

本系统对高铁站房的能源进行统一管理，实现站房能源微网的能量采集、能流调节，实现园区能源使用的经济调度，对接电网互动；可实现碳盘查（能源监测、能源量化、碳排折算、碳排报告）管理、碳交易（配额管理、CCER自愿减排交易）管理、绿电绿证交易管理等；应具有自主学习、自动决策、自我进化功能，通过智慧感知设备等智能终端以及园区智能化系统的集成，实现园区的智慧感知、智慧交互、智慧服务；宜建立园区地理信息模型和智能运营中心（IOC），实现园区数据可视化展示和管理。

系统是对建筑设备监控（多联机空调、空调处理机、新风机、送/排风机、集水坑等设备）、建筑能耗监管（用水、用电、冷热量等）的综合管理平台，软件平台预留对新能源、储能、充电桩、环境监测、智能照明、配电监控、电梯监测等系统拓展接入功能。

系统主要功能如下：

（1）智慧能源

1）能效管理：主要包括综合能源监控、安全用能、综合能效分析、综合能源调控、能源大数据分析、新能源发电管理等，实现对园区内各用能系统的能效数据、关键设备、人员操作、环境参量等能源相关数据的采集、存储，形成园区能源大数据中心，为园区综合能源能效管理提供数字化服务和分析依据。将园区智能光伏系统、分散式小型风力发电系统等新能源发电系统统一纳入园区管理平台，提高新能源的消纳率。

2）能源运营管理：主要包括虚拟电厂、站房能源运营管理、制订直售电运营管理、充电桩运营管理、绿电绿证交易管理等。

3）供能态势管理：对园区供热、供冷、供电、供气等供能系统的能耗数据进行监测、计量、统计和分析，使园区各类碳达标能耗指标符合国家标准。

4）用能态势管理：基于园区能源大数据，对园区用能情况进行分场景（区域）、分类计量、统计、监测和分析，对用能计量出的数据以文字、图表等形式在二维、三维平台中进行分类分项展示和管理。

（2）碳管理系统

1）碳配额管理：计算碳配额，采用由国家发展和改革委员会公布的区域电网平均碳排放因子计算建筑因电力消耗造成的碳排放。

2）碳排放监测：对园区建设期间有关的建材生产及运输、建造及拆除、运行阶段的温室气体排放量进行监测和统计，并对园区运行阶段的碳排放量实时监测。

3）碳排放统计：包括园区建造和运行阶段的碳排放统计与分析。

4）碳排放报告：具有分类、分级用能自动计量、统计、分析功能，设置碳排放报告流程管理，实现对双碳园区建筑碳排放统筹报告功能。

5）碳足迹管理：通过对园区内参与产品碳足迹认证的设备材料的碳排放数据进行监测、统计及可视化展示，制订合理的减排方案，优化减排决策。

6）碳排放态势管理：对园区的各项碳排放指标进行实时监测，分类分区域统计、分析，同时能够以数据、图表等多种形式向园区内相关单位实时公布各区域的排放指标，展示态势分析结果。

7）碳达标态势管理：通过对园区各项碳排放指标的监测数据分析，定期发布园区达标态势。

9.5.3　电气与智能化一体化控制箱新技术

电气与智能化一体化控制箱系统集低碳节能控制理念与计算机、网络通信、配电控制技术为一体，采用模块化、数字化成品集成，标准化接线，将机电系统集成于同一监控平台，且满足强弱电物理隔离及屏蔽要求。实现了设备数量减少、数据融合、综合管理、节能低碳。系统利用智能化设计的综合布线系统，末端均采用电气与智能化一体化控制箱（柜），将给水排水、通风、冷热源、空调、供配电、智能照明及环境感知设备信号通过现场总线和I/O传输技术接入箱（柜）内，经过底层数据处理后直接控制末端设备，并通过智能化设备网采用TCP/IP网络传输技术上传信息到管控平台，其中采用电梯监控及远程抄表通过独立接口网关的方式接入一体化智能管控系统平台；将多系统信息通过现场采集技术进行数据整合复用，利用以太网高速通信能力进行数据交互。系统可实现现场手动（优先）运行、脱机自主自动运行、后台遥控及策略等多种运行控制方式，支持云端、手机客户端等远程监控方式。系统由平台设备及软件、有线或无线传输网络、电气与智能化一体化控制箱（柜）、现场传感器和执行器组等组成。系统框图如图9-5-4所示。

系统具有设备监控、电力及安全监控、照明监控、环境检测、能效管理、智能运维、节能控制、自主学习等功能。系统运用人工智能、专家系统及神经网络等技术，完成数据过滤及运算，主动推送状态变位、数据突变等信息，构建主动防御体系；可实现故障分析、持续跟踪、远程维保等功能。箱（柜）及系统平台具有标准化接口，实现智能元器件、设备及其他系统平台的对接。

通过一体化智能管控平台，对建筑设备正常运行和事故状态等进行实时监控，实现遥测、遥信、遥控、遥调功能；可定时自动报表打印或召唤报表打印，图形化运行监控、状态、越限和事故报警，事件顺序记录与事故追忆，历史数据管理，权限管理，趋势曲线分析，系统自诊断功能，进行数据采集与处理，完成智能监控功能，能耗、环境等数据分析，传送远动信号与数据，接收调度遥控命令，以及其他一些运行管理功能；平台与火灾自动报警（FAS）及安全防范（SAS）等系统通过数据通信接口，实现应急联动。

系统末端选用电气与智能化一体化控制箱（柜）采用以太网方式与管理中心平台通信，实现人机交互操作、信息、状态的显示及设备的监测、计量、控制、保护功能；箱柜内选用具备边缘计算功能一体化智能控制器，与现场传感器和执行机构直接进行信号采集和控制执行，实现数据底层过滤，主动推送状态变位、数据突变、故障信息等，双向传输可靠，可脱机运行，采用自动PID调节、模糊控制或其他智能调节算法，实现针对不同配电设备低碳节能控制。

系统主要示意图如图9-5-5～图9-5-9所示：

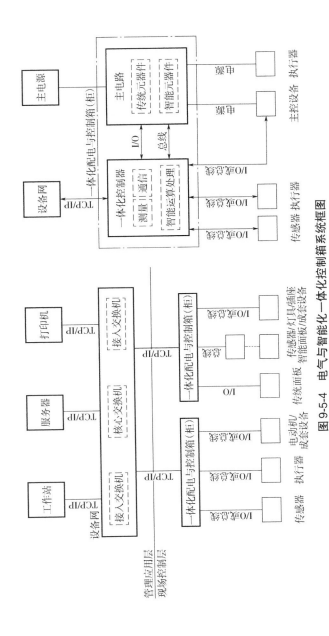

图 9-5-4 电气与智能化一体化控制箱系统框图

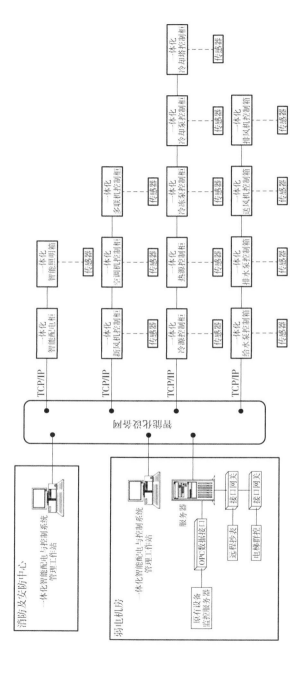

图 9-5-5　电气与智能化一体化控制系统示意图

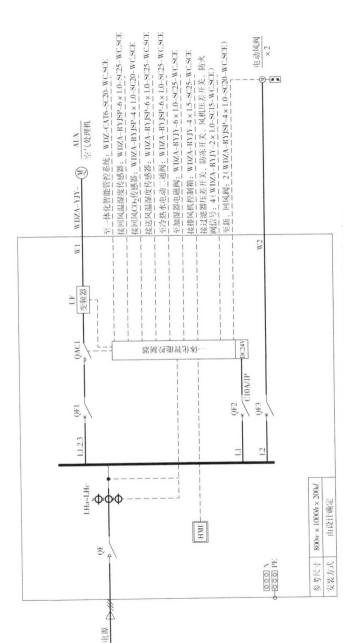

图 9-5-6　空调电气与智能化智能化一体化控制器一次系统示意图

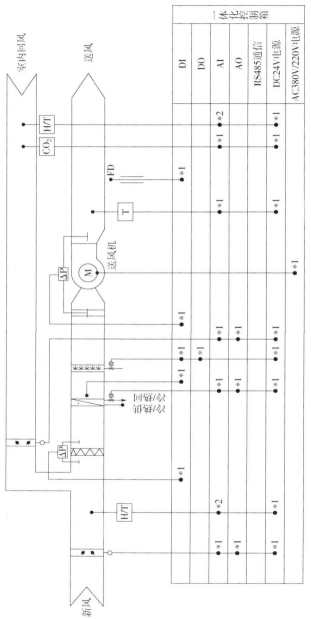

图 9-5-7　空调电气与智能化一体化控制箱控制原理示意图

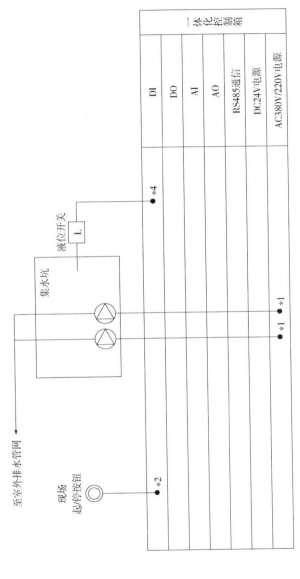

图 9-5-8 排水泵电气与智能化一体化控制箱控制原理示意图

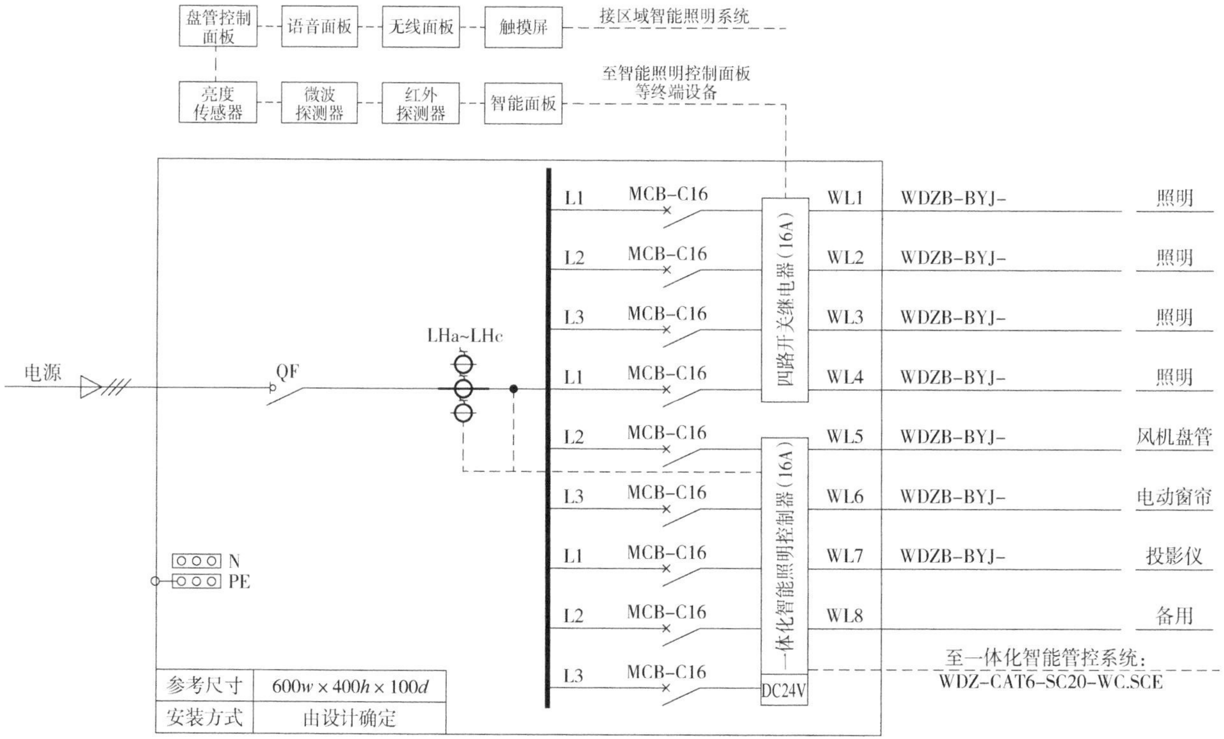

图9-5-9 智能照明电气与智能化一体化控制箱一次系统示意图

第10章　高铁站房通信信息专用系统

10.1　概述

高铁通信、信息专用系统在《铁路建设项目预可行性、可行性研究和设计文件编制办法》中分属不同章，本书将其合并在一章进行叙述，为清晰起见，本章内容基本都分为通信、信息两部分进行讲述。

10.1.1　分类、特点及要求

1. 通信系统分类

站在铁路通信系统的角度，可将通信系统分为中国移动、中国联通、中国电信三大运营商所用的通信系统与铁路通信系统两类，铁路通信系统所用技术、产品与三大运营商通信系统没有本质区别，但有铁路通信系统自身的特点。

铁路通信系统又分为高铁通信与普速铁路通信两类，这两类通信系统除无线通信系统部分有区别外，其余部分基本没有区别。

2. 通信系统特点及要求

高铁通信系统相比运营商通信系统，主要区别有两方面。

（1）可靠性要求高。运营商通信系统面向的是一般消费者客户，消费者通信过程中有几秒钟中断，基本不会有影响。

大部分高铁通信系统承载有控制列车运行的信息，如果通信过程出现几秒钟中断，轻则造成列车降速运行，重则可能造成更严重后果。

（2）特殊功能需求。运营商通信系统提供的主要是常规的语音与数据通信两种，而高铁通信需满足铁路运营，有一些特殊需求，比如列车运行在区间时，列车驾驶员可以一键呼叫前方车站的值班员，也可以一键呼叫列车运行所在线路的调度员，这在铁路通信中有一个专用名词，称为基于位置的呼叫功能，其他还有功能寻址、组呼、广播呼叫等专用功能。此类特殊需求主要集中在铁路无线通信系统方面，具体可以查看《铁路数字移动通信系统（GSM-R）总体技术要求》。

3. 信息系统分类

高铁站房信息系统根据服务对象不同，分为服务旅客与服务运营管理两类，服务旅客的主要是客票系统与旅客服务信息系统，其余均为服务运营管理类信息系统。

4. 信息系统特点及要求

高铁站房信息系统相比其他行业信息系统，主要区别有两方面。

（1）可靠性要求高。高铁站房聚集大量客流，若客票、旅服等信息系统出现故障，非常容易造成旅客滞留，对铁路及社会影响很大，因此客票、旅服等信息系统对可靠性要求很高。

（2）规范标准清晰。高铁站房信息系统功能、架构均非常成熟，标准规范清晰，每个高铁站房信息系统应在何处设置哪些设备均有成熟清晰的规定或约定俗成的规矩，基本不需要对信息系统进行定制开发。

10.1.2　本章主要内容

本章主要内容分为三部分，分别是高铁站房通信系统设计、高铁站房信息系统设计与智慧高铁站房通信信息系统创新技术。

1. 高铁站房通信系统设计

通信专业在高铁车站有两个重要的地点，分别是信号楼与站房，在不同高铁线路建设过程中，有的信号楼与站房合二为一，均在站房内；有的车站信号楼与站房分开建设，分别是两幢不同的建筑物；本章按信号楼与站房两者合二为一考虑（以下统称为站房），此时通信一般仅有一个机房，称为通信机械室。

高铁通信系统是覆盖高铁全线的通信系统，站房在高铁通信系统中仅是一个安装设备的节点，本章每一小节均先综述全线的通信系统构成，再具体讲述站房通信设备设计，本章讲述内容基本依据《铁路通信设计规范》（TB 10006—2016），同时也依据此规范之后国铁集团发布的部分建设规定。

由于篇幅有限，本章仅对高铁通信系统设计进行普及性介绍，让读者对高铁通信系统有一个整体印象，若要进行实际工程设计，尚需翻阅大量规范标准才能设计出合格的文件。

2. 高铁站房信息系统设计

高铁站房信息系统设计主要对客票系统、旅客服务与生产管控平台、旅客服务信息系统、门禁系统以及办公、公安等其他信息系统进行介绍，每个系统基本均分为系统构成、主要功能、网络及系统接口方案、系统设置几方面。

3. 智慧高铁站房通信信息系统创新技术

本章第三部分挑选部分已开始尝试，尚未大规模推广的通信信息系统进行介绍，主要有安检区域智能管理系统、旅客异常行为分析预警系统、站台车厢号地标电子显示系统和无源光局域网（POL）四部分。

10.2　通信系统设计

10.2.1　通信系统构成

1. 通信需求

高铁通信系统用于满足铁路运营、维护过程中的通信需求。

运营需求主要是解决高速列车行进过程中铁路局调度所调度员，车站值班员，列车驾驶员之间的语音、数据通信需求，这三者的语音通信在铁路通信中也俗称为"大三角通信"；而车站值班员、车站助理值班员、列车驾驶员的语音通信则俗称为"小三角通信"，车站值班员、列车驾驶员、列车长之间的语音通信也俗称为"小三角通信"。

维护需求主要是覆盖高铁全线的视频监控需求，以及降低通信维护人员劳动强度，提高维护效率的各类通信网管、监测、网络安全需求，当然也有工作所需的铁路电话、铁路移动电话以及办公、会议电视等通信需求。

2. 系统设置

为解决大小三角通信以及铁路工作人员移动电话需求，需设置高铁调度通信系统与高铁移动通信系统，目前全国高铁移动通信系统采用的是 GSM-R 系统。由于产业链升级换代，国铁集团正在大力推进 5G-R 系统的试验工作，未来几年高铁将采用 5G-R 系统作为移动通信系统。

为解决员工的铁路工作电话需求，高铁设置有接入网与交换系统，为解决视频监控需求，高铁设置有综合视频监控系统。

为解决车站、维修车间与铁路局之间的视频会议电视需求，需设置会议电视系统；为解决应急抢险需求，需设置应急通信系统。

为承载移动通信、调度通信以及铁路信号、电力、供变电、机务、车辆等专业的通信业务，需建设传输系统；为承载综合视频监控系统及前述部分专业的通信业务，需设置数据网系统。前述各专业通信业务承载在传输系统还是数据网系统，一般根据业务重要程度、业务设备技术来决定。

为连接传输系统设备、数据网设备，需沿高铁电缆槽道敷设光缆，为提高可靠性，高铁两侧均设有通信、信号专业共用的槽道，通信在两侧槽道分别敷设有长途光缆，目前一般为 48 芯光缆各 1 条，区间有其他需求时可再单独敷设 1 条 48 芯光缆或者敷设不贯通全区间的短段光缆。

为减轻运维工作压力，提高运维工作效率，在各系统网管之上设置有综合网络管理系统。

为保证传输系统正常工作，确保各类网管系统时间一致，需设置时钟同步及时间同步系统。

为给前述各系统设备供电，需设置通信电源，为监测通信电源及通信机械室的环境，需设置通信电源及环境监控系统。

总结起来，高铁通信设置有传输系统、接入系统、电话交换系统、数据通信系统、调度通信系统、移动通信系统、会议电视系统、应急通信系统、时钟同步及时间同步系统、综合视频监控系统、综合网络管理系统、通信线路、电源系统、电源及环境监控系统等。

下面介绍传输及数据网系统、综合视频监控系统、通信电源及设备房屋环境监控系统、通信电源、防雷及接地等内容，此部分系统在站房通信机械室均设置有设备。

10.2.2 传输及数据网系统

传输及数据网系统为承载业务的系统，先举例解释何为承载。

某工程在某车站设置一台摄像机，远在一千多公里外的某铁路局调度所视频终端（一般为一台 PC 机）需查看该摄像机的视频图像，不可能直接让摄像机通过光缆与铁路局调度所直连，此时就需要通信承载系统来解决远距离传输问题。

其简化流程为：摄像机产生的视频流在车站本地服务器进行存储，摄像机、服务器均连接至车站本地设置的交换机，服务器通过交换机与承载系统（此处的承载系统为数据网系统）相连，承载系统在铁路局调度所也通过交换机与视频终端相连，这样视频流就可以通过"摄像机→服务器→承载系统→视频终端"的简化顺序（之所以说是简化，是中间未体现交换机、也未体现网络安全所需的防火墙等设备）实现了前述的调看目标。

承载系统一般在每个车站设置一套设备，设备与设备之间通过光缆进行连接，其中承载系统与交换机之间的接口称为业务接口，承载系统内部的设备与设备之间的接口称为线路接口。

目前铁路所用的承载系统分为 OTN、基于 SDH 的传输系统（以下简称传输系统）以及数据网，OTN 比较复杂，也不是每条高铁均设置，此处不再展开介绍。传输系统与数据网主要不同有二，一是底层机制不同，二是提供的业务接口不同，两者也因此用于承载不同的业务。

1. 传输系统

传输系统常规提供 E1、FE、光 FE、GE 四类接口给各业务使用，目前主要承载数字调度通信系统、GSM-R 系统、信号 CTC 系统、旅客票务系统，之所以承载上述系统，是因为上述系统对通信时延要求高，传输系统正好满足低时延要求。通信系统一直在向 IP 化方向发展，再过几年，上述系统也有可能承载在 IP 化的承载网上。

同时因为上述业务系统重要，传输系统应采用双层架构，分为汇聚层与接入层，目前高铁汇聚层常采用基于 SDH 10Gb/s 传输系统，接入层采用基于 SDH 2.5Gb/s 传输系统，区间接入层采用基于 SDH 622Mb/s 传输系统。

站房通信机械室一般设置 SDH 10Gb/s ADM 设备与 SDH 2.5Gb/s ADM 设备，两设备间通过 2 个 SDH 2.5Gb/s 光口互联。

2. 数据网系统

数据网系统即属于 IP 化的承载网，常规提供 FE、光 FE、GE 三类接口给各业务使用，目前主要承载视频监控系统、电源及环境监控系统、旅客服务信息系统、SCADA 系统、灾害监测系统等。

数据网系统分为核心层设备、汇聚层设备、接入层设备三类，核心层设备设置于铁路局通信机房，汇聚层设备设置于多条高铁汇聚的枢纽通信机房，接入层设备设置于站房通信机械室，三层设备均为双套路由器，组成互相冗余备份的双平面数据网络。

核心层与汇聚层之间距离均比较远，常采用 OTN 虚拟的 10GE 光口互联，汇聚层与接入层之间通过 GE 光口进行光纤直联或通过 OTN 虚拟的 GE 光口互联，接入层设备之间采用光纤直连，带宽也为 GE。随着对数据网带宽需求的增加，目前有些项目已经将 GE 光口升级为 10GE 光口。

10.2.3 综合视频监控系统

高铁综合视频监控系统主要监控高铁站前广场，站房进站口、检票口、售票口、候车区、站台、出站口，沿线铁路路基、桥梁、隧道口，各类机房等区域。

综合视频监控系统主要功能有视音频实时监视与回放、视音频存储、视音频分发及转发、前端视频内容分析管理、视频图像质量诊断、字符叠加等。

综合视频监控系统由视频核心节点、视频区域节点、视频接入节点、前端设备、视频终端以及网络构成。前述三个节点由云计算设备、云存储设备构成，前端设备包括摄像机、室外设备箱，视频终端一般为 PC 机。

前端设备与接入节点之间常通过交换机互联，随着技术发展，也可采用 PON 设备互联。接入节点与区域节点、区域节点与核心节点之间通过数据网系统互联。

视频核心节点设置于国铁集团，视频区域节点设置于铁路局，视频接入节点设置于大站高铁站房通信机械室，覆盖站房的前端摄像机一般均由信息专业负责设置。

10.2.4　通信电源及设备房屋环境监控系统

通信电源及设备房屋环境监控系统比较简单，实现对电力配电设备、高频开关、UPS、蓄电池组的总体电流、电压及单体电池电压、温度、内阻的遥测、遥信，以及机房内温湿度、空调、水浸、门磁、烟感、玻璃破碎、红外入侵等环境变化的实时监控。

系统由中心、分站设备及网络构成，一个高铁项目常在就近的通信维修车间设置中心设备，每个通信机房设置一套分站设备，当然站房通信机械室也设置一套分站设备，分站设备主要有一套 RTU 与各类传感器，比如门磁、温湿度、水浸等，分站设备与中心设备之间通过数据网承载。

10.2.5　通信电源、防雷及接地

1. 通信电源

高铁通信设备所用电源负荷为一级负荷，通信所用电源种类有两种，一种为 220V 交流电，一种为 −48V 高频开关直流电源。

交流电通过 UPS 提供，主要供综合视频使用。直流电通过高频开关电源设备（以下简称高开设备）提供，前述除综合视频监

控系统之外的通信设备均通过该设备供电，高开设备在高铁站房均需设置双套。

高铁 UPS 及高开设备后备蓄电池时间在车站均要求一小时，在区间均要求三小时。

2. 通信防雷及接地

通信设备从室外引入室内的电源线、信号线均需接 SPD，SPD 均需接地。

通信机械室内接地一般由电力专业负责提供等电位接地端子板，等电位端子板根据需求分为 SPD 用（称为防雷接地）、高开设备正常工作用（称为工作接地）、机房内机柜防静电用（称为保护接地）以及室外用接地，其中工作接地与保护接地可以合设，其余接地均独立设置，各等电位端子板与室外接地体连接点应间隔 5m 以上，室外接地体电阻率应小于 1Ω。

10.2.6　通信与其他专业接口

通信专业为信号、电力、供变电等专业提供语音、数据、图像等通信通道，同时相关专业也为通信专业提供电缆槽、通信机房、设备用电、电缆架设等，涉及的专业包括桥梁、路基、隧道、站场、房建、暖通、电力、信号、信息、供变电、灾害监测、接触网等，此处仅对常规高铁站房涉及的专业接口进行讲述，此处接口为一般原则，实际设计过程中应以各设计院的专业分工规定为准。

1. 与房建专业的接口

（1）房建专业根据通信专业要求设置通信机械室、通信光电缆引入间，机械室与引入间的环境、装修应满足相关的技术指标，负责车站无线通信系统铁塔基础设计。

（2）房建专业为通信光电缆引入室内预留引入钢管，预留室内配线所需的沟、槽、管、洞，并在通信机械室内设置防静电地板、接地汇集线及电磁屏蔽需求。

2. 与暖通专业的接口

暖通专业为通信机械室配置机房专用空调、消防设施。

3. 与电力专业的接口

（1）电力专业为通信专业提供二路电源至通信机械室，接口在电力配电箱（电力专业设置），以电力配电箱（不含）为界，通信电源设备至电力配电箱的电力电缆属通信专业设计（项目实施过程中常将电力配电箱与通信设置的防雷箱合成防雷配电箱）。

（2）通信专业为电力专业提供电力远动、电力维护光 FE 通道，以电力设备（不含）为界，至电力设备配线属通信专业设计。

4. 与信息专业的接口

（1）通信专业为信息专业提供客票、旅服、办公、公安等 FE、光 FE、GE 通道，以信息设备（不含）为界，至信息设备配线属通信专业设计。

（2）通信专业为站房客运视频预留接入条件，以信息机房视频交换机（不含）为界，至视频交换机配线、视频存储、监控终端属通信专业设计。

10.3 信息系统设计

10.3.1 客票系统

1. 系统构成

高铁客票系统由客票中心–地区客票中心–车站三级构成，客票中心设于国铁集团，地区客票中心一般设于铁路局。

2. 主要功能

客票系统以交易处理和席位管理为核心，建立适用范围较广的渠道销售，适应包含电子客票等多种售检票方式、灵活营销策略和多样支付形式。

客票系统与火灾自动报警系统（FAS）联动，实现火灾情况下进站、出站检票机的紧急释放。

3. 网络及系统接口方案

（1）网络设计

1）车站采用主备传输网通道（光 FE 接口，不小于 $2 \times 10 \text{Mb/s}$），

接入地区客票中心。

2）客票系统设置站房局域网，在车站信息机房设置路由器、核心汇聚层交换机；在信息机房、信息配线设备间设置接入层交换机，负责完成现场设备的接入。

（2）系统接口设计

1）与旅客服务与生产管控系统接口。客票系统与旅客服务及生产管控系统在国铁集团通过数据/集成服务平台实现互联，交互包括列车到发、停靠站、余票等信息。

2）与火灾报警系统接口。客票自动检票机通过硬线接入车站消控室FACP盘，实现火灾报警系统与客票系统检票机的联动功能，火灾等情况下紧急开放检票机，疏导旅客安全疏散。

4. 安全方案

（1）基础设施安全：主要设备冗余配置，网络通道主备用配置，采用可靠供电、防雷、接地、机房环境等。

（2）网络和应用安全：采取有效的安全策略，车站设置网络管控器、安全通信平台、安全配置集中管理平台等网络安全设备，通过身份认证、访问控制、入侵监测、物理隔离等手段，保证票务系统接入安全。

5. 系统设置

站房信息机房设置应急售检票服务器、售检票终端（自动售票机、窗口售票机、补票机、进出站检票闸机）、实名制核验设备及客票安全系统设备，其中售检票设备数量按初期客流量及客运管理、旅客进出站需要综合考虑，预留远期设备安装条件。

（1）售票设备。在售票室设置人工售票设备、自动售票设备，在出站口设置补票设备。自动售票设备宜采用嵌入式安装并预留足够的检修空间。

（2）检票设备。在检票口及出站口设置自动检票闸机、柱式检票机，根据自动检票机组数配备手持检票机。

（3）实名制核验设备。采用验检分设的车站设置核验设备，包括人工实名制核验设备、自助实名制核验设备。

在进站核验区域设置人工、自助核验设备，每组自助实名制核验设备通道数配置不宜少于 2 通道，并且人工实名制核验设备宜配置不少于 1 套。

（4）其他。车站综合指挥中心、综合监控室或票务办公室设置管理终端。

10.3.2　旅客服务与生产管控平台

1. 系统构成

旅客服务与生产管控平台（以下简称"管控平台"）由国铁集团管控平台 – 铁路局管控平台 – 车站管控平台三级构成。

2. 主要功能

管控平台融合业务网络，整合既有客运管理与指挥、旅客服务系统功能，新增客站应急指挥业务、设备运用监控应用，集成和整合客票、调度命令、列车运行信息、车辆、12306 客服、机电设备监控、综合视频等相关客运业务数据，重构客运生产流程，实现旅客服务与客运生产的有机整合。

平台采用集中管理，正常工作模式下，车站管控平台实现与国铁集团管控平台的数据同步；应急工作模式下，车站管控平台实现本站旅客服务信息系统的应急功能。

管控平台主要实现如下四大应用。

（1）旅客服务应用。接收并解析调度系统的日计划、压轨信号、调度命令等信息，编制检票、引导、广播、生产作业等作业模板，自动生成或后台自动调整广播、引导、检票、生产作业等计划信息；旅服设备终端接收系统检票计划、引导、广播以及作业指令，实时监控控制旅服设备工作状态，并反馈设备的计划执行状态。

（2）客运管理与指挥应用。客运作业人员岗位自动排班、按岗位定制推送作业计划；上水、吸污、乘降等作业实时远程签认；指挥中心能对人员到岗、作业执行、岗位联控及互控情况实时监控；客运作业人员定位。

（3）客站设备运用监控应用。对空调、给水排水、照明、电梯、客票等各类机电设备运行状态实时监控；实现设备运维自动化管理及联动、设备能耗监控及分析。

（4）应急指挥应用。对车站应急事件的事前进行预防、事中进行减缓、事后进行总结以及日常管理，做到应急处置流程化、管理实现规范化和执行具象角色化。

3. 网络及系统接口方案

（1）网络设计。国铁集团管控平台、铁路局管控平台、车站管控平台之间通过通信设置的数据网系统进行数据传输。

管控平台设置站房局域网，局域网配置双套三层交换机作为核心汇聚层，设置在信息机房，信息设备配线间根据需求设置不同参数的二层交换机作为接入层。

（2）系统接口设计。旅客服务与管控平台需要与路内主要信息系统进行大量的信息数据交互，以支撑车站的客运业务。

4. 系统设置

管控平台主要包括接口及应用服务器、数据/应用服务器、网络设备、网络安全设备及应用软件等。

10.3.3 旅客服务信息系统

1. 系统构成

旅客服务信息系统采用路局－车站两级构架。

车站级旅客服务信息系统包括综合显示、客运广播、视频监控、车站旅客携带物品安全检查设备、时钟、入侵报警、站台端部防入侵报警装置等系统，相对应的配置网络设备及电源、防雷设施等，完成系统间信息共享和功能联动。

2. 主要功能

旅客服务信息系统主要为铁路旅客提供进站、候车、乘车、出站等一系列的客运服务信息，为客运服务人员提供作业指示、到发列车、视频监控等服务信息和作业手段。

3. 网络及系统接口方案

（1）网络设计。视频监控独立设置交换机，接入通信设置的综合视频监控系统，其余系统利用管控平台网络。

（2）系统接口设计。视频监控与综合视频监控系统间互联，其余系统利用管控平台网络接口。

4. 系统设置

（1）综合显示系统。综合显示系统由显示屏和到发通告终端组成，接入管控平台。综合显示系统按照乘客进、出站客流流向设置票额屏、售票窗口屏、进站屏、出站屏、站台信息屏等显示设备。

检补票室、公安值班室、客运值班室、安检值班室、母婴室、候车厅、商务候车厅、综合服务中心设置 LCD 到发通告屏，贵宾候车服务、站长室、副站长室设到发通告终端。

LED 显示屏均采用全彩显示屏，进站屏、候车大屏、票额屏及出站屏为同步屏，其他显示屏均采用异步屏。

显示屏安装方式依据位置不同可采用嵌入、吊挂等方式安装。

（2）车站客运广播系统。客运广播系统采用数字广播系统，具备自动广播、人工广播、应急广播等功能。客运广播与消防广播两者共用功放、扬声器终端设备和传输线路，当发生紧急事故（如反恐、火灾等）时，可根据后台程序命令自动切换至应急广播工作状态。系统可提供应急事件的报警联动广播，并且支持手动切换的实时广播等。

系统主要由音源设备、功率放大器、消防接口及自动倒换设备、扬声器等组成，广播主机按冗余配置。扬声器覆盖进站大厅、售票厅等区域，按照售票厅、进站集散厅、候车区域、站台区域、出站区域、办公区域等划分广播分区。

候车厅、站台等区域设置双路扬声器回路，其他区域设置单路扬声器回路。

广播分区不能与站房防火分区的分布有冲突，即同一回路广播不能跨两个防火分区。

小区广播采用数字无线对讲方式实现，按需配置移动手持终端设备。

（3）车站视频监控系统。视频监控系统在站前广场、综合服务台厅、安检区、独立安检用房、候车厅、进出站通道、站台、办公区、售票区等处设置摄像机。

综合服务台、补票室、票据室、进款室和安检区图像单独存储，具备接入通信设置的综合视频监控系统的条件，车站其他视频图像均接入综合视频监控系统。

（4）车站时钟系统。车站时钟系统从管控平台获取时钟源信号。各子钟具有独立计时的功能，日常跟踪母钟工作。当母钟突发故障或因数据传输等其他原因，无法获取标准时间信号时，子钟仍能通过自身晶振完成工作，同时向时钟系统管理中心发出错误告警。

站台子钟采用双面指针式子钟，与站台信息屏结合设置，其余部位采用 LED 显示屏显示时间信息。

（5）旅客运输安全检查系统。旅客运输安全检查系统设置于车站入口附近，采用双源双视角 X 射线技术对旅客携带物品进行安全检查，防止旅客携带容易引起燃烧、爆炸、腐蚀、毒害或有放射性的物品及管制刀具、枪支等可能危害公共安全的物品。站房每处进站口设置安检仪 2 套，液体探测仪 2 套及爆炸物探测仪各 1 套。

系统包括双源双视角安检仪（含不小于 1.5m 动力延长装置、不小于 1.5m 滚轴式接物架）、安全门、防爆毯、防爆罐、应急处置台（含 2 把座椅）、手检站立台、弃物箱、手持金属探测仪等。

安检仪设置 2 台枪式高清摄像机，用于记录进出安检仪的行包设施，安检门设置 2 台枪式高清摄像机，用于记录进出安检门旅客。安检仪摄像机独立设置，接入网络硬盘录像机。

（6）车站入侵报警系统。车站入侵报警系统由入侵报警主机、报警探头、报警工作站与声光报警器等构成，报警主机采用不少于 16 路输入的报警主机，报警探头采用微波/红外双鉴探头。

信息机房设置入侵报警主机；公安值班室设置入侵报警工作站、声光报警器及主控键盘；综合服务中心、进款室、票据室、补票室设置报警按钮；综合服务中心、进款室、票据室设置双鉴探头。

当入侵报警设备发生告警，相应的报警提示信息将显示在公安值班室的入侵报警终端上，并且联动相关地点的视频监控图像，将监控画面自动显示在公安值班室和综合监控室的视频监控终端上。

（7）站台端部防入侵报警装置。站台端部防入侵报警装置采用车站独立控制方式。设备可实现站台端部入侵检测，具有安全区域设定、预警及报警、身份识别、视频图像录制和存储、布放和撤防等功能。

站台两端头各设置一套监测及报警设备，接入信息机房的数据处理设备，综控室设终端操控设备。

10.3.4　门禁系统

1. 系统构架

门禁系统由门禁工作站、总控制器、现场控制器以及门禁系统前端设备（含门磁、读卡器、开门按钮、电锁等）组成。

2. 主要功能

门禁系统具备实时监控、记录进出人员及进出人员活动时间的相应信息、监控本系统设备运行状态及报警功能。

3. 网络及系统接口方案

（1）网络设计。门禁系统与旅客服务信息系统共享网络设备。

（2）系统接口设计。门禁系统与火灾自动报警系统联动控制，消防控制室设置门禁应急开门控制按钮，具备手动、自动切换功能。

4. 系统设置

门禁系统在车站消控/综合监控室设置门禁工作站，在信息机房、信息配线设备间、进款室、票据室、检补票室、办公候车结合部设置现场控制器、门禁系统前端设备（含门磁、读卡器、开门按钮、电锁等）。

10.3.5　其他信息系统

1. 办公管理信息系统

（1）系统架构。办公管理信息系统由路局、站段两级构成。

（2）主要功能。办公管理信息系统满足对公文流转的自动处理；提供事务管理、财务管理、信息发布平台、公共资信服务等功能。

（3）网络及系统接口方案

1）车站设置边缘路由器，通过通信设置的数据网系统提供的FE通道接入路局办公管理信息系统中心。

2）各生产房屋办公管理信息系统利用通信设置的传输系统提供的FE接口通道或光缆接入站房办公管理信息系统。

（4）系统设置。在车站、生产房屋等设置办公终端设备，车站配置1套终端安全网关设备。

2. 信息电源及设备房屋环境监控系统

（1）系统构架。信息电源及设备房屋环境监控系统采用路局监控中心、监控站两级架构。

（2）主要功能。信息电源及设备房屋环境监控系统实现对信息设备用房内电力配电设备、UPS、蓄电池组的总体电流、电压及单体电池电压、温度、内阻的遥测、遥信，以及机房内温湿度、空调、水浸、门磁、烟感、玻璃破碎、红外入侵等环境变化的实时监控。

信息电源及环境监控系统与机房照明互联，实现人员进出的自动开闭。

（3）网络及系统接口方案。信息电源及设备房屋环境监控系统与车站办公管理信息系统共享广域网通道，通过办公管理信息系统接入既有路局监控中心。

（4）系统配置。站房信息机房、信息配线设备间设置电源及环境监控系统监控站。

3. 综合布线系统

（1）主要功能。综合布线系统通过对数据、语音、设备控制信号等的统一规划和设计，采用统一的传输缆线、信息插座、交换设备等，把站房内不同信号整合到综合布线系统中进行传送。

（2）系统设置。车站站房设置综合布线系统，主要包括配线架、交换机、线缆、信息点出线盒等。

10.3.6 信息电源、防雷及接地

1. 信息电源

信息机房外供电源为一级负荷。站房内所需交流电源由电力专业提供两路可靠 380V 三相电源供电，各新建站房信息机房新设 UPS（备用 1h）负责对站房各信息设备进行集中供电。

2. 防雷及接地

站房信息设备采用建筑物综合接地系统，综合接地电阻应不大于 1Ω。

电力专业在交流配电设备的输入端设有电源防雷箱，UPS 设备、交流配电设备设置防雷器件。室外摄像机、显示屏和广播等设备的电源线、视频线及数据线两端加装 SPD 保护器进行防雷隔离。所有金属桥架、钢管、设备机壳及配线机柜均应接地。

10.3.7 信息与其他专业接口

1. 与桥梁专业接口

桥梁专业为信息专业提供旅客进出站地道主体内预埋管线及显示屏预埋件等。

2. 与房建专业接口

房建为信息专业提供信息房屋、接地汇集线、雨棚走线桥架、站房及雨棚预埋管线、站房及站台显示屏预埋件等。

3. 与暖通专业接口

暖通专业为信息专业提供信息房屋内空调及消防设施等。

4. 与电力专业接口

电力专业为通信专业提供二路电源至信息机房，接口在电力配电箱（电力专业设置），以电力配电箱（不含）为界，信息电源设备至电力配电箱的电力电缆属信息专业设计。

管控平台与 FAS 设备的接口在管控平台交换机，预留网络接口条件满足其系统接入。

自动检票设备与 FAS 系统的接口在消防控制设备输出模块的接线端子，自动检票设备至消防控制设备的信号控制线缆由信息专

业设置。

广播设备与消防广播系统的接口在信息机房的广播负载切换控制设备，信息专业负责消防接口控制模块的设置。

5. 与通信专业接口

与通信专业传输系统、数据网系统接口位于信息机房机柜外侧，由通信专业为信息专业提供所需通道的跳线及配线。

与通信专业综合视频监控系统接口位于信息机房视频交换机，由通信专业负责对视频监控进行存储、管理、分发及转发，视频监控终端由通信专业设计。

10.4 智慧高铁站房通信信息系统创新技术

10.4.1 安检区域智能管理系统

1. 系统构成

安检区域智能管理系统中每个安检点为一个安检区，每个安检区以禁带品智能识别机为基础，形成就地级安检信息化系统。禁带品智能识别机兼做就地级操作工作站，就地级操作工作站主要用于汇聚安检区内各联网设备数据。

2. 主要功能

利用人工智能、大数据以及智能算法等技术，将传统视频监控、X光通道式安检机、安检门及安检系统中其他相关的硬件设备进行智能化升级，赋予传统"冰冷、呆板"的设备以"智慧"，使其能具备一定程度的智能性去执行有关工作，从而辅助并减轻安检人员的工作压力，提升安检安全质量把控。

其次，通过将原有孤立的安检流程节点设备进行联网，获取边缘节点数据，实现安检系统信息化、数据融合与设备联动，实时、有效地对设备运行状态、安检作业流程等做到全感知。

最终，以电子地图为载体，融合各设备功能及数据，实现智能识别、三品登记、人包绑定、流程闭环、设备监控、数据融合等系统功能，实现设备智能化、安检作业流程优化、远程实时全感知的智能安检目标，最大限度地提升安全质量、提高通行效率、改善旅客出行体验。

据测试数据显示，这一系统相较于传统安检方式，提高了30%的安检效率，同时减少了误报率，显著提升了高铁站的安全性和旅客的出行体验。

3. 系统设置

在充分利用既有安检硬件设备的基础上，加装进出端人包采集设备、智能云盒和三品登记终端等设备及软件系统。

10.4.2 旅客异常行为分析预警系统

1. 系统构成

旅客异常行为分析预警系统基于高铁站房已建设的视频监控系统进行开发，主要由 AI 算力服务器、既有综合视频监控系统以及部署在 AI 算力服务器上的软件构成。

2. 主要功能

系统是一种基于人工智能和计算机视觉技术的安全监控系统，目的是通过实时监测和分析旅客的行为模式，来检测并预警可能存在的异常或威胁性行为。

系统利用视频图像智能分析技术，结合实际业务特征，将视频数据中用户关注的人、车、物等目标进行识别提取，并依据业务应用需求提供场景化的应用功能，从而支撑视频图像信息应用的拓展。

系统目前能实现的主要功能有：站台边缘白线入侵报警，闸机尾随报警，电梯异常情况如人员摔倒、电梯逆行、大件行李及婴儿车报警，通道人员异常聚集、人员打架、徘徊滞留、排队检测、物品遗留等报警，关键场所人员进出客流统计，安检人员未规范性手检报警，重点人员轨迹追踪，定制化视频巡更内容及路线等。

3. 技术原理

（1）基于统计分析与机器学习的异常检测。在异常行为分析中，统计分析和机器学习技术发挥着核心作用。通过对大量正常行为数据的统计分析，可以建立行为模式的基准线或模型。当新的行为数据出现时，系统会将其与基准线或模型进行比较，如果偏差超过设定的阈值，则被视为异常行为。

机器学习算法，如支持向量机（SVM）、随机森林、深度学习等，则被用于从数据中自动提取特征并构建分类器，以区分正常行为和异常行为。这些算法能够处理高维数据、非线性关系以及复杂模式，从而提高异常检测的准确性和效率。

（2）基于规则与模式的异常识别。在某些场景下，异常行为可以通过预定义的规则或模式进行识别。这些规则或模式可能基于领域知识、专家经验或历史数据，用于描述正常行为的特征和规律。当行为数据违反这些规则或模式时，系统可以将其标记为异常。

（3）基于时间序列分析的异常检测。对于连续的行为数据，时间序列分析是一种有效的异常检测方法。通过对行为数据的时间序列进行建模和分析，可以捕捉行为模式的变化和趋势。当时间序列中的某些特征（如均值、方差、周期性等）发生显著变化时，可能预示着异常行为的发生。

（4）多源数据融合与关联分析。在实际应用中，异常行为分析往往涉及多个数据源和多种类型的数据。因此，多源数据融合和关联分析是异常行为分析技术原理的重要组成部分。通过将不同来源、不同类型的数据进行融合和关联分析，可以获得更全面、更深入的行为信息，从而提高异常检测的准确性和可靠性。

（5）可视化与交互式分析。可视化技术和交互式分析方法在异常行为分析中发挥着重要作用。通过可视化手段，可以将复杂的行为数据以直观、易懂的方式呈现出来，帮助分析人员快速发现异常。同时，交互式分析方法允许分析人员与系统进行实时交互，根据分析结果调整参数、优化模型或进一步探索数据，从而提高异常行为分析的效率和准确性。

10.4.3　站台车厢号地标电子显示系统

1. 系统构成

系统由控制主机、分控装置与地面显示屏构成。

2. 主要功能

（1）地面显示屏为 LED 电子显示，使地标显示亮化，电子化，字体及颜色可根据需要选定，昼夜均能给旅客提供清晰车厢号等信息。

（2）车次、始发站、终点站、车厢号，车厢号方向指示、安全提示、广告、祝福、宣传等分类显示。

（3）每个地面显示屏由两部分组成：上部分重点显示车次，可直接和滚动播出车次和其他信息；下部分重点显示车厢号和车厢号方向等内容。

（4）地面显示屏还可以作为公益宣传和广告载体，为铁路局创造社会效益和可观的经济效益。

3. 系统设置

在站房信息机房设置控制主机（含操作终端、网络设备、控制柜等），站台值班室设置分控装置（切换组件、控制组件、通信组件、控制台、PLC 及报警装置）满足现场应急操作需求，根据使用需要，可在站台安全线内地面选择若干块地面显示屏按车门位置部署，也可采用贯通站台方式部署。

10.4.4　无源光局域网

PON 技术作为《铁路通信设计规范》（TB 10006—2016）中接入网的技术制式，已经在光纤到班组和区间视频回传等场景有成熟应用。基于 PON 技术的无源光局域网（POL），结合 PON 设备和数通设备的双重优势，除了在通信系统进一步深度应用以外，还可在信息系统进行创新型应用。

1. 网络总体结构层次

（1）传统以太网总体结构层次。大型高铁站房的信息网络一般采用核心层、汇聚层和接入层三层架构，一般采用双核心＋双汇聚＋接入。规模较小的高铁站房网络可采用核心层和接入层两层架构，一般采用双核心＋接入。

（2）POL 总体结构层次。高铁站房的信息网络采用 POL 技术时，由核心层、光线路终端（OLT）、分光器和光网络单元

（ONU）组成。一般采用双核心（接入路由器）、双 OLT、分光器和 ONU 组网。

2. 网络传输介质

传统以太网垂直主干传输采用光缆，水平部分采用网线或光纤；POL 垂直主干采用光缆，水平部分可采用网线、光缆或电话线。

3. 无源光局域网

（1）无源光局域网系统基本架构。无源光局域网（POL）是基于无源光网络（PON）技术的局域网组网方式。该组网方式采用无源光通信技术为用户提供融合的数据、语音、视频及其他智能化系统业务。POL 系统由光线路终端（OLT）、光分配网络（ODN）、光网络单元（ONU）和核心交换设备、出口设备、网络管理单元组成。POL 系统与入口设施、终端共同组成建筑物和建筑群的网络系统，基本架构如图 10-4-1 所示。

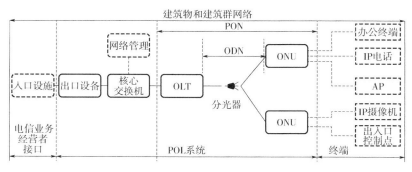

图 10-4-1　建筑物和建筑群的网络系统基本架构

（2）高铁站房无源光局域网系统架构。高铁站房无源光局域网综合布线如图 10-4-2 所示，接入路由器为站房内数据交换的核心节点，采用双机热备；OLT 作为高度集成的汇聚设备，同样采用双机热备；PON 网络采用一级分光或二级分光，分光器位于弱电间内。

4. 无源光局域网设置要求

（1）无源光局域网需支持语音、数据、控制、图像及多媒体

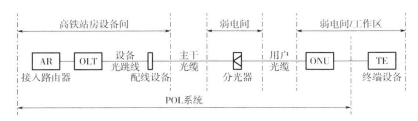

图 10-4-2　高铁站房无源光局域网综合布线

业务等数据接入，选用的技术及网络带宽根据用户需求确定，宜采用 XGS-PON 技术以支持长期的业务和带宽演进需求。

（2）OLT 宜根据网络规模来选择不同的 OLT 设备种类，可选择大型、中型或者小型的框式 OLT 设备，若网络规模更小，也可选择盒式 OLT 设备。

（3）无源光局域网需支持保护功能以提升网络可靠性，宜采用 2 台 OLT 互为备份的方式进行建设；PON 网络宜采用 Type B 双归属或者 Type C 双归属的方式进行保护；保护倒换时间宜小于 50ms。

（4）ONU 用户侧宜支持 GE 或者 10GE 以太网接口；可根据用户侧端口类型和数量选择不同款型 ONU，如可选择支持 128 个 POTS 接口的 ONU，或选择同时支持 GE 接口和 POTS 接口的 ONU 等。

（5）ONU 可提供 PoE 的供电功能，用于连接无线 AP 设备或者摄像头设备，ONU 宜提供满足 IEEE 802.3bt/af/at 标准不同等级的 PoE 供电方式。

（6）分光器可选择盒式或机架式分光器，指标需符合行业标准《平面光波导集成光路器件 第 1 部分：基于平面光波导（PLC）的光功率分路器》（YD/T 2000.1—2014）的规定。

（7）分光器的设置位置、分光比取决于 OLT 至 ONU 之间的全程传输指标的合理分配与设计要求，并考虑光纤最大化的有效利用。

第11章 优秀高铁站房建筑案例

11.1 优秀高铁站房建筑案例介绍

本章汇总近年开通运营的部分优秀高铁站房建筑的工程信息，供大家参考。具体工程信息详见表 11-1-1。

表 11-1-1 优秀高铁站房建筑工程信息汇总表

序号	1	2	3	4
项目	杭州东站	雄安站	南京南站	郑州航空港站
建设地点	杭州市	雄安新区	南京市	郑州市
站房面积/m²	155569	150045	281021	149999
站场规模	15 台 30 线	11 台 19 线	15 台 28 线	16 台 32 线
车站形式	线侧高架式	线下高架式	线上高架式	线侧高架式
供电电源	2 路 35kV	8 路 10kV	2 路 10kV	8 路 10kV
柴油发电机	2000kW	2×1250kVA	2×2000kVA	3000kW
变压器装机容量/kVA	27400	65000	37300	30000
单位面积用电指标/(VA/m²)	101.7	136	132.7	129.9
设计企业	中南建筑设计院股份有限公司	中国建筑设计研究院有限公司、中国铁路设计集团有限公司、北京市市政工程设计研究总院有限公司	北京市建筑设计研究院股份有限公司、中铁第四勘察设计院集团有限公司	同济大学建筑设计研究院（集团）有限公司

序号	1	2	3	4
项目	杭州东站	雄安站	南京南站	郑州航空港站
电气专业设计师	冯星明、魏素军、黄春枝	吕小征、胡桃、崔振辉等	李士峰、杨晓太、李震宇	海伟、汪汉、李昌辉

序号	5	6	7	8
项目	哈尔滨西站	上海东站	西安站	乌鲁木齐新客站
建设地点	哈尔滨市	上海市	西安市	乌鲁木齐市
站房面积/m²	80790	160000	127000	99982
站场规模	10台22线	15台30线	9台18线	16台18线
车站形式	线侧高架式	线侧高架式	线侧高架式	线上高架式
供电电源	4路10kV	4路10kV	双路10kV	4路10kV
柴油发电机	1320kW	2×2400kW	720kW	2×800kW
变压器装机容量/kVA	13700	22400（不含冷热源电源）	22000	15200
单位面积用电指标/(VA/m²)	128	140	173	95.3
设计企业	悉地（北京）国际建筑设计顾问有限公司	中铁第四勘察设计院集团有限公司、华东建筑设计研究院有限公司、日本设计、上海市政工程设计研究总院（集团）有限公司	中国建筑西北设计研究院有限公司、中国中铁第一勘察设计研究院有限公司	中信建筑设计研究总院有限公司
电气专业设计师	徐学民、岳远波	龚泽、邵民杰、殷小明、黄晓波、杨小琴、程明、姜朝曦等	谢夕闪、薛晓、杨晓琳、高晓盼	喻辉、陈车、熊光

序号	9	10	11	12
项目	成都东站	成都站	长沙西站	菏泽东站
建设地点	成都市	成都市	长沙市	菏泽市
站房面积/m²	108600	80000	85398	60407
站场规模	14 台 26 线	10 台 18 线	12 台 22 线	6 台 15 线
车站形式	高架式	线上高架式	线侧高架式	线上高架式
供电电源	2 路 10kV	2 路 10kV	4 路 10kV	2 路 10kV
柴油发电机	2300kW	2200kW	3300kW	无
变压器装机容量/kVA	15190	12000	24000	13900
单位面积用电指标/（VA/m²）	140	150	106	116.2
设计企业	中铁二院工程集团有限责任公司、中国建筑西南设计研究院有限公司	华南理工大学建筑设计研究院有限公司	中铁第五勘察设计院集团有限公司	中南建筑设计院股份有限公司
电气专业设计师	谭梅、韩钰婷	莫理莉、陈晓明	吴建云、穆醇、侯博文	冯星明、王云鹏、陈繁、彭杨

序号	13	14	15	16
项目	大兴机场站	西宁站	厦门北站	深圳福田站
建设地点	北京市	西宁市	厦门市	深圳市
站房面积/m²	115379	59000	50147	151139
站场规模	2 台 6 线	9 台 21 线	6 台 12 线	4 台 8 线
车站形式	全地下式	线上式	线上高架式	地下 +4 座岛式
供电电源	2 路 10kV	2 路 10kV	2 路 10kV	3 路 10kV
柴油发电机	1×1100kW + 1×720kW	1×1500kVA	800kW	3×720kW

序号	13	14	15	16
项目	大兴机场站	西宁站	厦门北站	深圳福田站
变压器装机容量/kVA	7860	10250	10950	22500
单位面积用电指标/（VA/m²）	68	173	100.4	149
设计企业	中国铁路设计集团有限公司	中铁第一勘察设计院集团有限公司	中南建筑设计院股份有限公司	中铁第四勘察设计院集团有限公司
电气专业设计师	吕小征	杨晓玲	李军、赵方、陈柳青	朱琳

11.2　雄安高铁站房

11.2.1　项目概况

　　雄安高铁站坐落于河北省雄安新区，距雄安新区起步区20km，京港台高铁、京雄城际、津雄城际三条铁路线路汇聚于此站。雄安高铁站为高架铁路车场，车场自西向东分别布置京雄城际、京港台车场，津雄城际车场，总规模为11台19线。其中京雄、京港台车场规模为7台12线，津雄车场规模为4台7线。

　　雄安高铁站以地面层进站为主、高架层进站为辅，主体共5层，其中地上3层，地下2层，且地面候车厅两侧利用地面层和站台层之间的空间设置出站夹层。雄安高铁站房屋总建筑面积约47.52万 m²，其中铁路站房总规模约为15万 m²，市政配套规模约为17.66万 m²，轨道交通规模约为6.05万 m²，地下开发空间约8.81万 m²。

　　雄安高铁站集国铁站房工程、市政配套工程、城市轨道交通工程、地下空间工程于一体，是雄安新区成立以来，首座建成通车的重要公共交通建筑。建筑造型简洁通透，椭圆形的屋盖轮廓如荷叶上的露珠，如图 11-2-1 所示。在建筑方案上巧妙地将铁路车场两侧屋盖拉开了 15m 间距，在屋顶中部形成一个 600m 长的光廊，将自然光线、景观引入各层候车厅内，打造明亮通透、温馨怡人的室内候车环境。在"站城融合"的设计理念指导下，结合进出站流线将站内商业开发、南北四个象限的配套场站与东西两侧城市开发进行连通和融合。

图 11-2-1　雄安高铁站夜景鸟瞰图

雄安高铁站房主要包含京港台/京雄场站房、津雄场站房及相应站台雨棚。雄安站预计最高聚集人数为 5000 人，属于大型高铁站建筑。项目于 2018 年 12 月 1 日开工，2020 年 12 月 27 日开通运营。

11.2.2　电气系统配置

1. 供配电系统

为了保障雄安高铁站的用电需求，在站区周边新建 220kV/10kV、110kV/10kV 变电站为雄安高铁站提供 10kV 市政供电电源。雄安高铁站房内共新建 4 座 10kV 高压总配电所，其中国铁站房 2 座，市政配套 2 座，各分别从不同上级市政变电站引 2 路 10kV 市政电源。雄安高铁站房内共新建 10 座 10kV/0.4kV 变电所，其中站房变电所 4 座，市政配套变电所 4 座，地下空间 2 座。电源引自站内新建 10kV 高压总配电所的不同母线段的馈出回路。10kV 高压总配电所至各站房变配电所之间的高压线路采用放射式配电。各变电所高压侧采用单母线分段中间加母联断路器的接线方式，正常运行时，两路 10kV 进线电源分别向所内两段 10kV 母线供电，母联断路器打开；当一路 10kV 电源故障时，母联根据实际情况手动投切，由另一路 10kV 电源为全所供电；低压侧采用单母线分段中间加母联断路器的接线方式，正常时两台 10kV 动力变压器分列运行，同时供电。当一台变压器解列时，切除三级负荷，低压母联开关闭合，由另一台变压器向全所一、二级负荷供电。

雄安高铁站变压器总装机容量为 65000kVA，其中雄安高铁站房用变电所共 4 座，每个变电所内设置 2 台 2500kVA 的干式变压器。为了预防突发性供电中断在政治上和经济上造成的重大损失、铁路运输秩序混乱或人身伤亡，站房内设置后备柴油发电机组（2 台主用功率 1250kVA）、应急电源装置（EPS）、不间断电源装置（UPS）。其服务范围主要包括站房中防灾报警系统设备、消防设备、综合调度及信息系统设备、变电所所用电源、基本站台照明、候车厅照明以及应急照明等。

2. 低压配电系统

低压配电系统采用 220V/380V 放射式与树干式相结合的配电方式，对于单台容量较大的负荷或重要负荷采用放射式供电；对于照明及一般负荷采用树干式与放射式相结合的供电方式。其中，一级负荷由双重电源供电，设备末端自动切换；一级负荷中的特别重要负荷在双重电源供电的基础上，增设后备电源。其中应急照明采用 EPS 作为后备电源；配电所自用电采用交直流屏作为后备电源；国铁部分消防负荷由柴油发电机作为后备电源。二级负荷一般由双电源单回线路供电，距离较远时由双回路供电。其中重要的二级负荷，例如智能化类主机房专用空调按一级负荷标准供电。三级负荷由单电源单回线路供电，当为其供电的变电所只有一台变压器运行或只有一路电源供电时，可视电源能力和变压器负载率情况自动将其切除。

3. 配电线路布线系统

高铁站房内电力缆线采用低烟无卤阻燃铜芯型，火灾情况下需继续工作的负荷线缆采用柔性矿物类绝缘电缆。线缆沿地、棚、墙穿金属管或金属线槽敷设。因高架候车区整体架空在轨道上空，候车区无垂直到顶的电气管井垂直布线受限。在实施过程中采用专设布线井、利用结构钢柱及幕墙柱的结构空腔作为线槽的垂直通道的方式解决了高架候车区上空照明、标识等系统的布线需求。

4. 电气照明系统

雄安高铁站房选用 LED 光源灯具，在进站厅、候车厅等公共对客区域采用智能照明控制。智能照明控制系统采用先进的计算机集中控制，具有过零断开、超级抗浪涌、机械自锁、坏灯检测、完全切断回路、总线自愈等技术特点，解决了高铁站房照明负载大、调光模式多、灯具体量大、管理范围广等实际问题。

在功率密度限值的选择上，依据现行规范要求的目标值设计。同时，利用照度传感器、时钟定时、红外人体感应等智能控制手段实现照明系统的节能控制。

5. 建筑物防雷及接地系统

雄安高铁站属于大型高铁站建筑，按照第二类防雷建筑进行设计。利用金属屋面作为接闪装置，利用结构柱内钢筋作为引下线，利用站内基础的桩基、基础及梁内的钢筋作为接地装置。防雷接地、变压器中性点接地、电气设备的保护接地、消防控制室、网络机房、信息机房等的接地共用统一接地装置，要求接地电阻不大于 1Ω。

6. 电气消防系统

雄安高铁站共设置 2 套系统，分别服务于国铁站房和市政区域，两者相对独立，各自管控相应区域，仅在消防控制室实现两个区域火灾自动报警系统报警信息的互通互联。高铁站房用消防控制室设置在建筑物首层，在与主体脱开的高架候车厅 FAS 机房内设区域报警控制器。高铁站房采用控制中心报警系统，在国铁站房消防控制室内设置集中火灾报警控制器，集中显示火灾报警部位信号和联动控制状态信号。同时设置火灾报警联动控制盘，对于消防水泵、喷淋泵、专用排烟风机等重要消防设备除通过火灾报警控制器的现场总线编码模块联动控制以外，同时还敷设控制电缆至火灾联动控制盘用于手动直接控制。在 FAS/BAS 机房设置区域型火灾报警控制器，与消防控制室火灾报警控制器通过光纤组网相互连通。

11.2.3 低碳节能技术应用

1. 机房规划

各变电所及配电间都靠近各自供电服务区负荷中心设置，使各个电压等级的供电距离均较短可控，减少供电损耗，以达到节能的目的。

2. 节能设备

照明采用高效节能的 LED 光源灯具，以直接照明为主、间接照明为辅，最大限度地提高人工照明效率，以达到节能目的。变压器选用满足一级能效的变压器产品。柴油发电机组就近配置高效消烟设施，使烟气的排放符合欧三排放标准。

3. 自然光的利用

在建筑设计中，在站房中间设置光廊空间、在高架区局部配置透光幕墙及透光屋顶，可将自然光引入下部候车、交通通廊及高架候车区。在高架候车厅、站场等自然光良好的公共区域设置光照度传感器，智能照明控制系统可结合自然光变化对照明灯具进行分时、分区智能控制，如图 11-2-2、图 11-2-3 所示。

图 11-2-2　城市通廊采光空间

图 11-2-3 高架候车厅采光空间

4. 新能源利用

屋面采用"光伏建筑一体化"系统，呈现出宛如白洋淀边一滴水的清新造型，契合雄安新区水文化，如图 11-2-4 所示。雄安高铁站房雨棚上太阳能光伏板安装面积约为 4.2 万 m^2，系统采用多晶硅类光伏组件，年发电量约 6MW，约占高铁站房总用电量比例的 12%。系统采用用户 10kV 母线并网，光伏电气系统通过升压变压器升压到 10kV 电压并网，采用"自发自用，余电上网"模式，并网点选择在高铁站 10kV 计量点下口。

图 11-2-4 雄安高铁站房屋面鸟瞰图

11.2.4 智慧电气技术应用

1. 智能照明控制技术应用

高铁站智能照明控制系统要在满足高铁正常运营以及特殊照明的情况下，同时兼顾环境舒适、科学管理，达到有效节能的目标。雄安高铁站房普通照明采用 ASF 智能照明控制系统，系统借助各种不同的"预设置"控制方式和控制元件，对不同时段、不同环境的光照度进行精确设置和合理管理，实现节能控制。系统主要技术特点见表 11-2-1。

表 11-2-1　ASF 智能照明控制系统主要技术特点

序号	技术名称	功能介绍
1	过零断开技术	捕捉回路电流为零的时刻闭合或者断开继电器，防止继电器损坏及发生意外的火灾，达到灭火弧的效果
2	超级抗浪涌技术	采用双继电器防止 LED 灯启动电流过大而导致继电器断不开的现象，避免灯光关不掉的现象
3	机械自锁技术	通过脉冲信号来控制模块各个回路的开关状态，回路的开关状态不因模块失电而改变
4	坏灯检测技术	根据实时的电流值与正常工作电流值的对比分析，当确认回路中有灯具损坏时可以在软件报警，及时提醒工作人员维护
5	短路保护技术	避免在施工期间火线和零线直接短路而损坏可控硅
6	调光曲线任意编辑和修改技术	针对不同的光源（阻性，感性，容性），确保调光等级相同时亮度等级保持一致
7	完全切断回路技术	避免调光箱在回路亮度调为 0 的状态下有漏电流、漏电压烧坏 LED 灯或者荧光灯的驱动或者灯具
8	总线自愈技术	当系统总线出现故障（如断路）时，系统可以自动启用无信通信，确保各个设备及时、正常、稳定运行，同时提醒工作人员及时维护

序号	技术名称	功能介绍
9	软件光晕效果	通过软件界面中有无光晕、光晕大小、光晕颜色来体现现场灯具的开关状态、亮度、类型等参数
10	面板多场景就地控制方式	智能控制面板可以在不同的时段发出不同的场景，来实现上下班，白天晚上模式等就地控制

智能照明控制系统对照明的控制是以模块式的自主控制为主，手动控制为辅，自动控制相结合。系统具有的智能化、网络化、人性化特点，将科学的管理思想与先进的管理手段相结合，帮助高铁站房各级管理人员和服务人员，对高铁站房运行过程中产生的大量动态的、复杂的数据和信息进行及时准确的分析处理，从而使高铁站房管理真正由经验管理进入到科学管理，将现代高铁站房光环境质量及照明控制管理变得智能和先进。

2. 新型建筑设备监控及能源管理系统应用

雄安高铁站房应用了最新研发的建筑设备监控及能源管理系统，采用了新的理念和技术，在国内铁路大型站房属于首例，技术达到国内先进水平。

多年来，大型站房能源管理系统受系统集成权限、专业接口匹配、运营管理模式等因素影响，一直处于零散分布、监而不控、测而不管的运行状态，对实际运营管理的辅助作用不明显，对提高运营经济效益、节能降耗的作用效果不佳。随着"互联网＋"和智能机器人技术的不断成熟，助力铁路车站智能化发展日趋紧迫，同时伴随着车站乘客舒适度体验和多样化需求不断提高，车站能源负荷运行状态、能耗分布时间和空间均有较大变化，传统的能源管理系统已不适应智能车站的管控需求。

通过对现状系统的研究、优化，充分利用新技术、新设备升级智能化水平，由只监不控升级为监控结合，由单纯的电能管理升级为全类别能源管理，从而形成管、控一体的智慧化管理系统。按分类、分区、分项原则，管控范围涵盖轨道交通电能、水、燃气、热力消耗及电能质量等能源数据的监控、管理、整合、分析和利用，以进一步提高节能水平以及节能管理的科学性和工作效率。

此次雄安站建筑设备监控及能源管理系统方案，作为智能客站大脑下的独立运行系统，具备与智能客站大脑之间交互信息的功能。同时，可接受并执行火灾报警系统（FAS系统）的消防联动需求，并实现为远程抄表系统提供水、电用能数据，以及向城市能源数据中心提供水、电用能数据，实现城市区域数据共享和云平台综合维护的物联网深度融合。以挖掘空调、照明系统的节能潜力为切入点，重点研究和改进了以下方面：现场传感器布设的优化，由单纯回风口感知向深入使用环境感知扩展运算和分析；空调系统设备自控，由串行滞后的控制向实时并行控制升级，提升系统设备间动作的协调效率，减低滞后过程中的能耗；机组开停机方案，由人工经验设定、模式设定向基于蓄冷蓄热效应对初始制冷制热时间的影响的智慧化分析、持续优化开停机方案升级；设备启停、照明开闭，由人工控制、模式设定向与运营关联进行扩展、升级。

系统深度集成了传统的机电设备监控系统（BAS）、中央空调节能控制系统、智能照明控制系统、电能管理系统等系统，通过逐年优化管理方案和实时联动调控设备两种方式达到节能目的。系统由现场仪表、传感器、控制器、总线网络、数据传输网络、数据采集控制、WEB SERVICE服务、专业节能软件组成，是一个集设备综合监测、能耗/环境参数监测、节能管控、系统联动、节能优化联控于一体的综合系统，如图11-2-5所示。本系统将不同功能的设备智能化子系统和控制设备，通过统一的集成，形成具有信息汇集、资源共享及优化管控等综合功能的一体化系统。主要能耗设备由各自系统内部自闭环的控制，扩展为与整个环境相关的大闭环控制，由只在管道设置传感器，到接近人流空间设置传感器，系统组成各设备的动作及其相互关联因此有了更多的参数支撑，相互间的动作和逻辑也更加合理、精细，起到进一步挖掘节能潜力的作用。新型建筑设备监控及能效管理系统在雄安高铁站房的成功应用，是铁路行业内站房能源管理系统的创新示范型案例，提升社会经济效益明显，具有极强的应用和推广价值。

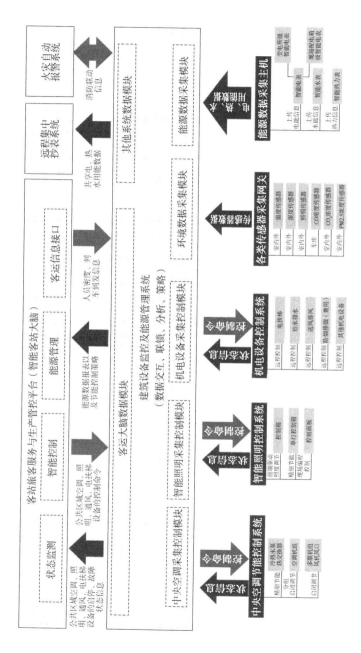

图 11-2-5 建筑设备监控及能源管理系统架构

11.3 大兴机场（高铁）站房

11.3.1 项目概况

大兴机场高铁站坐落于北京市大兴区榆垡镇、礼贤镇和河北省廊坊市广阳区之间，在北京与河北交界处，距市中心50km。大兴机场高铁站位于北京大兴机场地下二层，是京雄城际铁路和津兴城际铁路的交会车站、津兴城际铁路的终点站，也是京津冀地区首座高铁列车下穿机场车站，为全地下站。

大兴机场高铁站总建筑面积约11.54万 m^2，与北京地铁大兴机场线及怀兴城际铁路共同下穿北京大兴国际机场航站楼下方。高铁站为地下2层建筑，车站设计上采用"上进上出"的流线模式。地下一层建筑面积约2.29万 m^2，主要包括北区出站厅、南区候车厅以及部分设备用房；地下二层建筑面积约9.25 m^2，主要包括车站用房、站台区及铁路设备用房等。乘客由首层航站层进站，乘坐扶梯及垂梯向下进入一层站厅层，通过开放式进站口进站检票进入地下二层站台乘车；出站通过地下一层南北区换乘通廊向上进入航站楼。

大兴机场高铁站除了承担新机场的集疏运服务外，还将服务于临空经济区和京津冀地区。大兴机场高铁站不仅对京雄城际铁路全线顺利通车起着至关重要的作用，还将对完善京津冀区域路网布局、构建快速立体式交通体系、加快产业聚集和区域经济联络，推动京津冀协同发展，以及支撑雄安新区建设具有重要而深远的意义。

大兴机场高铁站房预计最高聚集人数为3000人，属于大型高铁站建筑。项目于2016年12月开工，2019年9月26日开通运营。

11.3.2 电气系统配置

1. 供配电系统

大兴机场高铁站所需的2路10kV电源接引自新机场枢纽

110kV 变电站。在大兴机场站的地下二层夹层房屋区设置一座 10kV 配电所为全线贯通线路及本站用电负荷供电。配电所主接线采用单母线分段、母联互备投；配电所设贯通母线段，经调压器后馈出两路一级负荷贯通线和两路综合贯通线路，调压器中性点经小电阻接地，调压器不设旁路开关；利用贯通母线实现跨所供电，所外不另设跨所供电装置。

大兴机场高铁站变压器总装机容量为 7860kVA，大兴机场高铁站内共新建 4 座站房变电所。在大兴机场高铁站地下一层设置 1# 变电所为地下一层候车厅用电负荷供电，变压器容量为 2 × 1250kVA；在大兴机场高铁站地下二层北侧站台端设置 2# 变电所为地下二层北侧站台及北侧道岔区用电负荷供电，变压器容量为 2 × 1250kVA；在大兴机场高铁站地下二层夹层房屋区设置 3# 变电所为地下二层房屋区及地下二层南侧站台用电负荷供电，变压器容量为 2 × 800kVA；在新机场站地下二层南侧站台端设置 4# 变电所为地下二层南侧道岔区用电负荷供电，变压器容量为 2 × 630kVA。

为保障人员密集区消防负荷供电，在地下一层 1# 变电所旁设置 1# 柴油发电机为地下二层南侧站台范围、地下二层设备区、地下一层候车厅及设备区、地下一层出站厅消防负荷供电，柴油发电机主用容量为 1100kW。在地下二层 2# 变电所旁设置 2# 柴油发电机为地下二层北侧站台范围消防负荷供电，柴油发电机主用容量为 720kW。1#、2# 柴油发电机作为人员密集区消防负荷的后备应急电源，当正常电源中断时机组立即启动，并在 15s 内投入正常带负荷运行。机组与供消防负荷设备的正常电源通过 ATS 进行切换，在 1#、2# 变电所设置消防负荷母线段。当正常电源恢复供电时，机组自动退出工作状态并延时停机。

2. 低压配电系统

低压配电系统采用 220V/380V 放射式与树干式相结合的配电方式，对于单台容量较大的负荷或重要负荷采用放射式供电；对于照明及一般负荷采用树干式与放射式相结合的供电方式。其中，一级负荷采用从变电所两段低压母线上各接引一路电源供电，设备末端自动切换。当变电所只有一路电源时，应保证其供电。为重要一级负荷设备提供正常运行环境的空调也按一级负荷标准供电。二级负荷一般采用从变电所任一段低压母线上接引一路电源供电，距离电源较远的采用双回路供电，当变电所只有一路电源时，应尽量保证其供电。三级负荷采用从变电所三级负荷母线段上接引一路电源供电，当变电所只有一路电源时，可切除三级负荷。

3. 配电线路布线系统

大兴机场高铁站房高压电源电缆线路采用低烟无卤阻燃电缆，低压电缆采用低烟无卤阻燃电缆。为一级负荷供电的电缆采用低烟无卤阻燃耐火电缆，消防负荷供电电缆采用矿物绝缘电缆。室内电力电缆敷设方式一般采用电缆桥架敷设，无吊顶的房间采用梯型桥架，需在闷顶中安装的采用槽式防火型桥架。电缆桥架至配电箱及用电设备部分采用穿钢管敷设。用电设备与电缆、导线保护钢管间采用电工用软管过渡。

4. 电气照明系统

大兴机场高铁站房公共区域、走廊、道岔区灯具均采用 LED 光源灯具，设备区灯具采用荧光灯或 LED 光源灯具。公共区域照明及部分房屋照明采用智能照明控制系统，咽喉区照明、标识照明、广告照明采用 BAS 系统集中控制方式。

公共区域设正常照明、应急照明（由疏散照明和备用照明组成）、疏散诱导标志灯、标识照明、广告照明；一般房屋设正常照明，重要房间（如综合监控室、售票室、消防及设备控制室、信息机房、变电所、柴油发电机房、消防水泵房等）设备用照明；咽喉区设正常照明、疏散照明及疏散诱导标志灯。

5. 建筑物防雷及接地系统

大兴机场高铁站房属于全地下高铁站房，整体位于新机场综合交通枢纽地下一层、地下二层，地上为机场民航建筑，防雷集中设置于机场屋面，大兴机场高铁站房不再单独设置防雷装置。大兴机场高铁站房设置综合接地系统，作为强电设备、弱电设备、非金属管道设备等的共用接地装置。接地装置设置方案与新机场综合交通枢纽接地方案保持一致，利用建筑桩基、梁、柱子内的结构钢筋焊接连通，构成闭合电气通路的自然接地体。接地电阻阻值与新机场综合交通枢纽综合接地系统保持一致，不大于1Ω。

对整个机场综合交通枢纽而言，大兴机场高铁站房接地装置作为整个枢纽接地装置的一部分，需与相邻市政接地网在分界处可靠焊接连通。

6. 电气消防系统

大兴机场高铁站房设置消防控制室一处，设置于地下一层，配有独立的对外疏散出口。高铁站房采用控制中心报警系统，设置火灾报警系统、消防联动控制系统、消防应急广播系统、火灾警报系统、消防专用电话系统、电梯监视控制系统、电气火灾监控系统、防火门监控系统、消防设备电源监控系统、气体灭火控制系统、吸气式极早期火灾预警系统等子系统。大兴机场高铁站电气消防系统自成系统，管理相对独立，可与机场综合交通枢纽消防控制室中心通过光纤组网实现互连互通。

11.3.3 低碳节能技术应用

1. 照明节能控制

大兴机场高铁站房属于全地下站，平时照明以人工照明为主。在站房场所照度标准及照明功率密度限值上严格按照规范要求选取。通过照明智能控制、BAS系统集中控制等智能方式实现照度水平与实际需求相匹配。系统可与铁路车次信息同步，集合高铁到站信息调整相关区域的照明场景模式。在满足高铁正常运营以及特殊照明的情况下，同时兼顾环境舒适、科学管理和有效节能的目标。

2. 无功损耗补偿

在变电所集中设置无功补偿装置，10kV侧补偿后应为0.9以上；为尽最大可能减少低压系统对高压感性补偿的影响，适当提高低压补偿度，0.4kV侧补偿后应为0.95以上。

3. 电扶梯节能控制

电梯具备节能运行功能，两台及以上电梯集中排列时设置群控设施。电梯具备无外部召唤且轿厢内一段时间无预制指令时，自动转为节能运行模式的功能。自动扶梯、自动人行步道具备空载时暂停或低速运转的功能。

4. 变电所控制保护

大兴机场高铁站房的变、配电所按无人值班设计，采用计算机保护和综合自动化系统。高压配电所采用计算机保护模块，分散设置在高压柜上，后台采用综合自动化系统。柜内设数字仪表及通信装置，实现全所电气设备的测量、控制、保护等功能，并提供电力远动接口；数字仪表布置在高压柜仪表单元上，通信装置布置在控制室内。交直流电源装置及交直流开关均纳入配电所综自系统。综自设备接入 SCADA 系统，在现场无人值班情况下可实现除设备检修外的全部保护和控制功能。10kV/0.4kV 变电所 10kV 侧通过环网柜断路器单元实现动力变压器保护，通过智能仪表纳入电力远动。10kV/0.4kV 通信、信号变电所设负荷开关加熔丝保护，通过 RTU 纳入远动。

11.3.4 智慧电气技术应用

1. 智慧防雷监控系统应用

大兴机场高铁站房设置一套智慧防雷监控系统，将接地电阻的实时监测与 SPD 的实时监测合二为一。系统可对综合接地系统接地电阻变化、SPD 运行状态进行实时监控，包括防雷模块插入/拔出、是否受雷击、熔断器是否断路、热脱扣保护状态、漏流变化、是否劣化、通信状态等状况。

当电涌保护器正常工作时，监控系统主机反馈的监控实时状态显示正常；当电涌保护器发生故障事件时，通过监控系统主机可以显示报警信息，包括电涌保护器的具体故障内容、发生时间、安装位置和对应的模块编号等信息。监测出故障信息可发出报警来提示维护人员及时处理，大幅降低了物业的维护管理压力，提升了高铁站的防雷能力。

2. 感温电缆和感温光纤应用

在高铁站房消防控制室设置缆式线型感温和光纤感温火灾探测器专用主机。在变电所电缆夹层内、强电电缆井、强电缆槽内设置缆式线型感温火灾探测器。在首层、站台板下层、高架层电缆沟内敷设高压电缆的电缆支架上设置光纤感温火灾探测器。通过设置在站房消防控制室的系统主机，采用接触式的敷设方式对高、低压线缆温度进行实时监测，当线缆出现温度超过设定阀值、温度快速升高等情况时进行报警，提升动力电缆的电气火灾预警能力。

参 考 文 献

［1］ 国家发改委. 关于印发《中长期铁路网规划》的通知［EB/OL］.（2016-07-13）
［2018-03-01］. http://www.ndrc.gov.cn/zcfb/zcf-btz/201607/t20160720_811696.html.

［2］ 中国国家铁路集团有限公司. 新时代交通强国铁路先行规划纲要［EB/OL］.
［2020-08-12］. http://www.china-railway.com.cn/xwzx/rdzt/ghgy/gyqw/202008/t2020081
2_107636.html.

［3］ 交通运输部, 等. 现代综合交通枢纽体系"十四五"发展规划［EB/OL］.［2022-01-
29］. https://www.mot.gov.cn/zhuanti/shisiwujtysfzgh/202201/t20220129_3639070.html.

［4］ 铁道第三勘察设计院集团有限公司. 铁路电力设计规范：TB 10008—2015［S］. 北
京：中国铁道出版社, 2016.

［5］ 铁道第三勘察设计院集团有限公司, 中铁第四勘察设计院集团有限公司. 高速铁路
设计规范：TB 10621—2014［S］. 北京：中国铁道出版社, 2014.

［6］ 中国建筑东北设计研究院有限公司. 民用建筑电气设计标准：GB 51348—2019
［S］. 北京：中国建筑工业出版社, 2019.

［7］ 中国机械工业联合会. 供配电系统设计规范：GB 50052—2009［S］. 北京：中国计
划出版社, 2010.

［8］ 公安部天津消防研究所. 建筑设计防火规范：GB 50016—2014（2018年版）［S］.
北京：中国计划出版社, 2018.

［9］ 现代设计集团华东建筑设计研究院有限公司. 交通建筑电气设计规范：JGJ 243—
2011［S］. 北京：中国建筑工业出版社, 2012.

［10］ 中国电器工业协会. 低压开关设备和控制设备 第1部分：总则：GB/T 14048.1—
2023［S］. 北京：中国标准出版社, 2023.

［11］ 中国电力企业联合会. 变电站室内轨道式巡检机器人系统通用技术条件：DL/T
2241—2021［S］. 北京：中国电力出版社, 2021.

［12］ 中国机械工业联合会. 户内悬挂导轨式巡检机器人系统：JB/T 14401—2022［S］.
北京：机械工业出版社, 2022.

［13］ 中国国家铁路集团有限公司. 铁路供电调度控制（SCADA）系统主站：Q/CR
796—2020［S］. 北京：中国铁道出版社, 2021.

［14］ 铁道部专业设计院. 铁路工程设计技术手册：电力［M］. 北京：中国铁道出版
社, 1991.

［15］ 北京市建筑设计研究院有限公司. 建筑电气专业技术措施［M］. 2版. 北京：中国
建筑工业出版社, 2016.

［16］ 中国铁路设计集团有限公司. 铁路旅客车站设计规范：TB 10100—2018［S］. 北
京：中国铁道出版社, 2018.

［17］中国铁路经济规划研究院．铁路照明设计规范：TB 10089—2015［S］．北京：中国铁道出版社，2016.

［18］应急管理部．消防应急照明和疏散指示系统技术标准：GB 51309—2018［S］．北京：中国计划出版社，2019.

［19］住房和城乡建设部．建筑物电子信息系统防雷设计规范：GB 50343—2012［S］．北京：中国建筑工业出版社，2012.

［20］管亚敏．铁路大型客站大空间照明方案研究［J］．铁道工程学报，2008（4）：78-81.

［21］中国建筑标准设计研究院有限公司．建筑电气智能化通用规范：GB 55024—2022［S］．北京：中国建筑工业出版社，2022.

［22］全国电线电缆标准化技术委员会．阻燃和耐火电线电缆或光缆通则：GB/T 19666—2019［S］．北京：中国标准出版社，2019.

［23］公安部天津消防研究所．母线干线系统（母线槽）阻燃、防火、耐火性能的试验方法：GA/T 537—2005［S］．北京：中国标准出版社，2005.

［24］李洁，王亮，张瑞强．基于 Revit 与 Dynamo 交互模式的电缆算量方法研究［J］．建筑经济，2020，12.

［25］杜毅威．消防用耐火母线槽的选择［J］．建筑电气，2017，9.

［26］中国航空规划设计研究总院有限公司．工业与民用供配电设计手册［M］．4 版．北京：中国电力出版社，2016.

［27］住房和城乡建设部．建筑物防雷设计规范：GB 50057—2010［S］．北京：中国计划出版社，2011.

［28］住房和城乡建设部．交流电气装置的接地设计规范：GB/T 50065—2011［S］．北京：中国计划出版社，2011.

［29］国家铁路局．铁路防雷及接地工程技术规范：TB 10180—2016［S］．北京：中国铁道出版社，2016.

［30］陈谦．建筑物自然构件电气贯通的防雷分析［J］．建筑电气，2020（3）：9-13.

［31］韩占强．多电源系统一点接地应用探讨［J］．智能建筑电气技术，2022（5）：26-30.

［32］国家铁路局．铁路工程设计防火规范：TB 10063—2016［S］．北京：中国铁道出版社，2017.

［33］刘正华．二线制火灾自动报警系统设计探讨［J］．建筑电气，2023（1）：54-59.

［34］中国建筑标准设计研究院．《火灾自动报警系统设计规范》图示：14X505-1［S］．北京：中国计划出版社，2014.

［35］李俊民．高大空间火灾探测技术专题报告［R］．2023（第三届）电气安全与火灾报警论坛，2023.

［36］中国城市发展规划设计咨询有限公司，华为技术有限公司．双碳智慧园区规划与电气设计导则（中英文）：T/IGEA 001—2022［S］．北京：机械工业出版社，2024.

[37] 莫理莉，陈志忠，邹军．数字化转型下的智慧园区系统架构与关键技术分析［J］．智能建筑电气技术，2024，18（1）：35-41.

[38] 中国建筑节能协会电气分会，等．双碳节能建筑电气应用导则［M］．北京：机械工业出版社，2022.

[39] 莫理莉，陈志忠，王静，等．"光储直柔"建筑电气设计探究［J］．智能建筑电气技术，2022，16（3）：1-8.

[40] 中国科学院电工研究所，等．中低压直流配电电压导则：GB/T 35727—2017［S］．北京：中国标准出版社，2017.

[41] 莫理莉．太阳能技术在"绿色凹宅"中的应用［J］．现代建筑电气，2014，5（12）：42-44.

[42] 冯亮．电动汽车充电站规划研究［D］．天津：天津大学，2013.

[43] 黄德中，沈吉宝．建筑节能技术综述［J］．太阳能学报，2007（6）：682-688.

[44] 朱晓红．智能建筑设备节能优化运行控制技术研究［D］．重庆：重庆大学，2005.

[45] 中国建筑节能协会，等．建筑光储直柔技术与工程案例［M］．北京：中国建筑工业出版社，2023.

[46] 国家铁路局．铁路通信设计规范：TB 10006—2016［S］．北京：中国铁道出版社，2016.

[47] 国家铁路局．铁路数字移动通信系统（GSM-R）总体技术要求：TB/T3324—2021［S］．北京：中国铁道出版社，2021.

[48] 中国国家铁路局集团有限公司．铁路综合视频监控系统技术规范：Q/CR 575—2022［S］．北京：中国铁道出版社，2022.

[49] 中国国家铁路局集团有限公司．铁路客运服务信息系统设计规范：Q/CR 9140—2023［S］．北京：中国铁道出版社，2023.

[50] 中国国家铁路局集团有限公司．铁路旅客服务与生产管控平台配置暂行技术条件：TJ/KH 035—2020［S］．北京：中国铁道出版社，2020.

[51] 住房和城乡建设部．20kV及以下变电所设计规范：GB 50053—2013［S］．北京：中国计划出版社，2013.

[52] 北京照明学会照明设计专业委员会．照明设计手册［M］．3版．北京：中国电力出版社，2016.

[53] 住房和城乡建设部．火灾自动报警系统设计规范：GB 50116—2013［S］．北京：中国计划出版社，2013.

[54] 中国建筑设计院有限公司．建筑电气设计技术细则与措施［M］．北京：中国建筑工业出版社，2015.

[55] 中国建筑设计研究院有限公司．建筑电气设计统一技术措施［M］．北京：中国建筑工业出版社，2021.

[56] 住房和城乡建设部．电力工程电缆设计标准：GB 50217—2018［S］．北京：中国计划出版社，2018.